MOSHE ZUCKERMANN
„ANTISEMIT!"

Bibliografische Information der Deutschen Bibliothek:

Die Deutsche Bibliothek verzeichnet diese Publikation in der Deutschen Nationalbibliografie; detaillierte bibliografische Daten sind im Internet über http://dnb.ddb.de abrufbar.

5., unveränderte Auflage 2022
© 2010 Promedia Druck- und Verlagsgesellschaft m.b.H., Wien
Alle Rechte vorbehalten
Lektorat: Hannes Hofbauer
Gestaltung: Stefan Kraft
Druck: Custom Printing, Warszawa
Printed in Poland
ISBN: 978-3-85371-318-1

Fordern Sie einen Gesamtprospekt des Verlages an:

Promedia Verlag
E-Mail: promedia@mediashop.at
Internet: www.mediashop.at
                www.verlag-promedia.de

„Antisemit!"

Ein Vorwurf als Herrschaftsinstrument
Moshe Zuckermann

PROMEDIA

Inhaltsverzeichnis

Über den Autor

Moshe Zuckermann, 1949 in Tel Aviv geboren, ist Professor für Geschichte und Philosophie an der Universität Tel Aviv. Nach zehnjährigem Aufenthalt in Deutschland entschloss er sich mit 20 Jahren zur Rückkehr nach Israel. Er gilt als profunder Kritiker israelischer Politik und tritt für eine Zwei-Staaten-Lösung des israelisch-palästinensischen Konflikts ein. Zuletzt ist von ihm auf deutsch das Buch „Sechzig Jahre Israel. Die Genesis einer politischen Krise des Zionismus" (Bonn 2009) erschienen.

Vorbemerkung

Als in den 1880er Jahren der Historiker Theodor Mommsen gebeten wurde, sich zum Antisemitismus zu äußern, auf dass sich sein Wort „hilfreich und reinigend" auswirke, antwortete er: „Sie täuschen sich, wenn Sie annehmen, dass überhaupt etwas durch Vernunft erreicht werden könnte. In vergangenen Jahren habe ich das selbst geglaubt und fuhr fort, gegen die ungeheuerliche Niedertracht des Antisemitismus zu protestieren. Aber es ist nutzlos, völlig nutzlos. Was ich oder irgend jemand anders sagen könnte, sind in letzter Linie Argumente, logische und ethische Argumente, auf die kein Antisemit hören wird. Sie hören nur ihren eigenen Hass und Neid, ihre eigenen niedrigsten Instinkte. Alles andere zählt für sie nicht. Sie sind taub für Vernunft, Recht und Moral. Man kann sie nicht beeinflussen… Es ist eine fürchterliche Epidemie, wie die Cholera – man kann sie weder erklären noch heilen. Man muss geduldig warten, bis das Gift sich selbst aufgezehrt und seine Virulenz verloren hat".[1]

Max Horkheimer, der diese Einschätzung Mommsens in seinem kurzen Artikel „Über das Vorurteil" (1961) zitierte, kommentierte deren letzten Satz mit den Worten: „Es hat sich nicht aufgezehrt, sondern die furchtbare Wirkung geübt", um dann nachzusetzen: „Der Glaube, es sei nun verbraucht, ist zukunftsfroh. Anstatt dass die Bedingungen für den autoritären Charakter geschwunden sind, haben sie sich überall vermehrt. Der vielbesprochene Rückgang der Familie, die Not in überbesetzten Schulen sind nicht geeignet, autonomes Denken, Phantasie, die Lust an geistiger Tätigkeit zu entwickeln, die nicht zweckgebunden ist. Das Wachstum der Bevölkerung, die Technik selber zwingen die Menschen, innerhalb und außerhalb der Arbeitsstätte, in der Fabrik und im Verkehr, auf Zeichen zu achten, in gewisser Weise selbst zum Apparat zu werden, der auf Signale reagiert. Wer immer auf Zeichen blickt, dem wird am Ende alles zum Zeichen, die Sprache und das Denken selbst. Er wird dazu getrieben, alles zum Ding zu machen. Das ist der inneren Freiheit nicht günstig. Trotz der Steigerung der Herrschaft über die Natur, der vermehrten Kenntnis und des Scharfsinns, der sich nichts vormachen lässt und doch alles mitmacht, hat sich die Fähigkeit zur eigenen Erfahrung und zum Glück nicht ausgebreitet. Der Glaube, dass der Lebensstandard und die Vollbeschäftigung auf die Dauer alles kompensieren werden, kann trügen".[2]

Trotz der von Mommsen verwendeten epidemologischen Metapher und des bei Horkheimer kurz anklingenden weltgeschichtlichen Katastrophenzusammenhangs, zeichnet sich der Kommentar des Frankfur-

ter Denkers durch das Paradigma einer *sozial* verstandenen Einbettung
des Antisemitismus aus: Er bezeichnet für ihn nichts Metaphysisches,
nichts, was nicht – bei aller Resistenz gegenüber „Vernunft, Recht und
Moral" – auf (gescheiterte) gesellschaftliche Sozialisationsmechanis-
men und neuralgische Sozialstrukturen zurückführbar wäre. Eine Dialektik der Aufklärung im Sinne einer ins Gegenteile umgeschlagenen
historischen Glücksverheißung gilt ihm nicht als Kapitulation vor der
siegreich gewordenen Irrationalität, sondern treibt ihn zu einer umso
dringlicheren Insistenz auf die Erkenntnis dessen, was bei der Bekämpfung des antisemitischen Vorurteils „trügen" könnte. Es mag nicht
überflüssig sein, dies im hier erörterten Zusammenhang hervorzuheben, denn bei allem Abscheu vor dem manifesten Antisemitismus unserer Tage, gilt es auch dem verdinglichenden Charakter der (wie immer
ehrlich) entrüsteten Reaktion auf ihn zu begegnen. Denn nicht nur der
Antisemitismus selbst ist eine der verruchtesten Formen der Ideologie,
auch seine sich kritisch gerierende Rezeption kann sich als wesentlich
ideologisch entpuppen.

   Kann sich entpuppen? Man darf inzwischen diese vorsichtige For-
mulierung getrost hinter sich lassen. Längst schon ist die lustvoll heteronome Verwendung von „Antisemitismus" als Parole im vermeintlichen Kampf gegen Antisemitismus in „eine fürchterliche Epidemie,
wie die Cholera" umgeschlagen. Längst schon ist sie zum Totschlag-
Ideologem eines durch und durch fremdbestimmten Anspruchs auf po-
litisch-moralische Gutmenschlichkeit geronnen. Ob man diese Epidemie heilen kann, wird sich erst erweisen müssen. Dass man sie erklären
muss, scheint mittlerweile dringlicher denn je. Das Angebot, geduldig
zu warten, „bis das Gift sich selbst aufgezehrt und seine Virulenz verloren hat", kann keine Geltung mehr beanspruchen. Zu viel steht auf
dem Spiel. Zu desaströs sind die Auswirkungen dieser Epidemie auf
vernunftgesteuerte emanzipative Bestrebungen der Gegenwart. Zu offensichtlich kommen gerade die zu Schaden, welche die Träger der an-
ti-antisemitischen Farce meinen, „beschützen" zu sollen – freilich nicht
zuletzt durch das Selbstverschulden jener, die sich im Wohlgefühl einer
Solidarität suhlen, die keine ist, ihrem Wesen nach auch keine sein kann.

   Das reale Problem des (modernen) Antisemitismus ist, wie von
Horkheimer dargelegt, sozialen, mithin politischen Ursprungs. Die
ernste Auseinandersetzung mit ihm muss, wenn sie nicht zur paro-
lenhaften Phrasendrescherei verkommen möchte, in diesen Bereichen
des Realen ansetzen. Dies wird heutzutage aber kaum noch geleistet,
was seinen Grund darin haben mag, dass die in Auschwitz kulmini-
rende „furchtbare Wirkung", welche der Antisemitismus gezeitigt hat,

die Antisemitismus-Rezeption nahezu vollständig in die Sphäre moralischer Entrüstung katapultierte. Zu fragen bleibt indes, wie sich das
genuine Entsetzen zum Fetisch verfestigen konnte und sich die hohe
Moral zur hohlen Worthülse verdinglichte. Wie ist zu erklären, dass
das Grauen vor den monströsen Folgen des Antisemitismus im 20.
Jahrhundert und im ersten Jahrzehnt des 21. Jahrhunderts zum Go-
lem heranwuchs, der – unfähig zur realen Wahrnehmung – Schatten
von Bergen für Berge ausgibt, die Bekämpfung des wirklichen Antisemitismus mithin dahingehend verrät, dass er durch sein wahlloses
Wüten vom eigentlichen, historisch real gewachsenen Problem dieser
zum Paradigma der Menschenverachtung gewachsenen Zivilisations-
erscheinung ablenkt.

Man hat es vordergründig mit einem Nomenklaturproblem zu tun.
Im Jahre 1947 schrieb noch Adorno: „Was die Nazis den Juden antaten,
war unsagbar: die Sprachen hatten kein Wort dafür, denn selbst Mas-
senmord hätte gegenüber dem Planvollen, Systematischen und Totalen
noch geklungen wie aus der guten alten Zeit des Degerlocher Haupt-
lehrers. Und doch musste ein Ausdruck gefunden werden, wollte man
nicht den Opfern, deren es ohnehin zu viele sind, als dass ihre Namen
erinnert werden können, noch den Fluch des Nicht gedacht soll ihrer
werden antun. So hat man im Englischen den Begriff "genocide" geprägt. Aber durch die Kodifizierung, wie sie in der internationalen Erklärung der Menschenrechte niedergelegt ist, hat man zugleich, um des
Protestes willen, das Unsagbare kommensurabel gemacht. Durch die
Erhebung zum Begriff ist die Möglichkeit gleichsam anerkannt: eine
Institution, die man verbietet, ablehnt, diskutiert. Eines Tages mögen
vorm Forum der Vereinten Nationen Verhandlungen darüber stattfinden, ob irgendeine neuartige Untat unter die Definition des „genocide" fällt, ob die Nationen das Recht haben einzuschreiten, von dem sie
ohnehin keinen Gebrauch machen wollen, und ob nicht angesichts un-
vorhergesehener Schwierigkeiten in der Anwendung auf die Praxis der
ganze Begriff des „genocide" aus den Statuten zu entfernen sei. Kurz
danach gibt es mittelgroße Schlagzeilen in der Zeitungssprache: Geno-
zidmaßnahmen in Ostturkestan nahezu durchgeführt."[3]

Man mag Adorno vorwerfen, „weltfremd" zu sein. Wozu die Kritik dessen, was doch als selbstverständlich gelten darf? Ist es nicht „natürlich", dass man begrifflich zu fassen trachtet, was sich im Bereich
menschlicher Wahrnehmung manifestiert? Adorno ist sich dessen wohl
bewusst – registriert er doch selbst, wie wichtig es ist, einen Ausdruck
fürs Präzedenzlose zu finden. Seine Kritik versteht sich aber auch gar
nicht als billige Polemik gegen die (letztlich unumgängliche) Einord-

nung der Dinge. Ihm ist es um den Preis zu tun, mit dem das Bedürfnis, das Unfassbare zu benennen, erkauft wurde, um die Feststellung, dass mit seiner schieren Benennung das Unsagbare kommensurabel, Unbegreifliches fassbar werden musste – dass die Kategorisierung des Unsäglichen also seine zivilisatorische Manifestation mutatis mutandis hinnehmbar werden ließ. Entsprechend nahm sich für Adorno die mit dem kommunikativen Akt geförderte verbale Veralltäglichung des Monströsen, seine bürokratische Versprachlichung, als unverzeihlich aus. Denn was als unfassbar zu überdauern, sich im Entsetzen zu erhalten hätte, schlug sich im routinierten, tendenziell austauschbaren Sprachgebrauch in die Banalisierung des Grauens und die Trivialisierung des rezeptiven Umgangs mit ihm um.

Adornos Unbehagen an der sich etablierenden Kommunikationspraxis meinte indes nicht nur die Aporie des Hangs zur Artikulation dessen, was sich der Bebilderung und Benennung, mithin der Repräsentation entzieht, sondern – im Hinblick auf die sozialpsychologische Unbedachtheit gängiger Alltagsinteraktion – nicht zuletzt auch die zu wahrende Sparsamkeit in der Namens- und Begriffsverwendung. Der Begriff muss, wenn er denn seinen Namen verdient, inhaltlich mit dem von ihm Benannten überein stimmen, seine Akkuratesse soll gewissermaßen seine Verwendung dahingehend kompensieren, dass er für das vorbehalten bleibt, was als das von ihm Bezeichnete der Fall ist. Der Begriff dessen, was unsagbar zu bleiben hätte, darf also nicht zum Allerweltsbegriff verkommen, eine Banalität des Bösen darf sich nicht dadurch reproduzieren, dass die Strukturbanalität der historischen Monstrosität sich in einer unbekümmerten Praxis nachmaliger verbaler Repräsentationen der Katastrophe wiederholt. Es geht dabei nicht um Tabuisierung von Heiligem, wie ein falsch verstandenes (religiöses) Bild- und Namensverbot suggerieren könnte, sondern um die Wahrung der Würde der historischen Opfer im Stande ihres Opferseins, nicht zuletzt durch deren Inschutznahme vor heteronomer Vereinnahmung, nicht minder aber auch um die moralische Integrität nachmaliger Rezipienten, um das allzu leichtzüngig beschworene Gedenken, um den zur schändlichen Koketterie verkommenen Umgang mit der Vergangenheit.

Genau dessen machen sich aber Gruppen, Parteien und Kollektive im gegenwärtigen Gedenk- und Erinnerungsdiskurs – Betroffene und empathische *bystanders*, brave Gutmenschen und enthusiasmierte Solidarisierer – schuldig. Behutsam Anzugehendes ist zum Objekt raffender Rezeptionsbegierde entartet, was Adorno noch zu benennen zögerte, zum inflationierten Schlagwort polemischer Schlammschlachten degeneriert. Noch nie sind „Shoah", „Antisemitismus", „Juden" und „Judenhasser" so vollmundig zelebriert und mit Genuss öffentlich gefaucht worden. Noch nie ist der konstruierte Zusammenhang von Zionismus, Israel, Shoah, Antisemitismus und Nahostkonflikt so weidlich instrumentalisiert, perfide ausgekostet und schändlich missbraucht worden wie im gerade abgelaufenen ersten Jahrzehnt des 21. Jahrhunderts. Nie noch ist die von Benjamin beschworene „schwache messianische Kraft" so verunstaltet, ja in ihr Gegenteiliges verkehrt worden.

Das Phänomen ist in vielen Ländern auszumachen, tritt aber – aus nachvollziehbaren Gründen – besonders stark in Israel, Deutschland, Österreich und (etwas gewandelt) den USA hervor. Der vorliegende Band wird sich primär mit Israel und Deutschland befassen, wiewohl Bezüge zu den USA und die Wechselwirkung der Diskurse im deutschsprachigen Raum und Israel miterörtert werden sollen. Die Vorzeichen besagter Diskurse sind in beiden Ländern unterschiedlich gestellt. Das versteht sich von selbst. Dass aber dies Unterschiedliche mittlerweile selbst zum Fetisch, das Manichäische zu einer von Wahrnehmungsentstellungen nur so durchsetzten Ideologie geronnen ist, „Täter" und „Opfer" mithin kruder heteronomer Verdinglichung (auf beiden Seiten) ausgesetzt sind, soll hier nicht minder mitbedacht werden.

1. Teil: ISRAEL

Zionismus und Antisemitismus

Der Zionismus wurde aus dem Antisemitismus geboren. Zwar wehren sich zionistisch gesinnte Israelis zuweilen gegen diese historische Einsicht, weil sie zu sehr auf einer negativen Bestimmung dessen basiere, was sie für eine aus sich selbst gewachsene Bestrebung des jüdischen Volkes nach kultureller Erneuerung und politischer wie gesellschaftlicher Souveränität erachten; die Erhabenheit der Selbstkonstituierung als Nation solle sich tunlichst keiner Fremdbestimmung verdanken. Und doch darf ihre Sicht des Zionismus als beschränkt angesehen werden. Denn nicht nur muss bezweifelt werden, ob es je eine Nationalstaatsbildung gegeben hat, die sich der Reibung daran, wovon sie sich zu emanzipieren trachtete, entziehen konnte; nicht nur ist darüber hinaus historisch nachweisbar, dass und wie sich das Bewusstsein der Notwendigkeit einer nationalen Heimstätte für Juden sowohl an europäischen Vorbildern infolge der Französischen Revolution orientierte als auch eben an der Heraufkunft des modernen Antisemitismus schärfte, sondern der in unzähligen Schriften zur umfassenden Ideologie geronnene Diskurs über die Begründung der geschichtlichen Notwendigkeit des Zionismus ist ohne sein zentrales Postulat der Diaspora-Negation schlechterdings nicht nachvollziehbar, wobei das zu negierende diasporische Dasein gerade von jenen als ein degeneriert-unwürdiges apostrophiert wurde, die sich der traditionellen, orthodox-religiösen jüdischen Lebenswelt entwunden hatten, um an die säkularisierte bürgerliche Gesellschaft einen Anspruch zu stellen, den diese ihnen gleichwohl weitgehend verweigerte – den der bürgerlichen Gleichstellung. Diese Gleichstellung wurde ihnen jedoch nicht mehr aus religiösen, sich aus überkommenem Judenhass speisenden Gründen verweigert, sondern eben im Zuge des sich in der zweiten Hälfte des 19. Jahrhunderts mit einiger Rasanz ausbreitenden, im Wesen religionsfernen Antisemitismus. Insofern das sogenannte „jüdische Problem" als ein modernes gelöst werden sollte, standen den europäischen Juden die tendenzielle Selbstauflösung in der Assimilation, der universal-emanzipative Sozialismus oder eben der aufkeimende politische Zionismus zu Gebote. Und dieser verstand sich nun einmal selbst primär als Reaktion auf die sozialen Auswüchse des modernen Antisemitismus.

Diese Grundrelation zwischen Zionismus und Antisemitismus sollte indes zwei verschiedene, dialektisch freilich miteinander verschwisterte

Wirkungen zeitigen. Zum einen verfestigte sich die Auffassung des Zionismus als „Antwort" auf den Antisemitismus zum regelrechten Axiom zionistischer Ideologie. Nach der Shoah und der durch sie beschleunigten Gründung des Staates Israel avancierte dieses Axiom nachgerade zur zionistischen Staatsdoktrin. Noch im Jahr 2005 machte sich eine deutliche Spannung bemerkbar, als Yad-Vashem-Direktor Avner Shalev sich anlässlich der Neueröffnung des umgestalteten Museums zu behaupten anmaßte, der Zionismus sei nur *eine* der möglichen „Antworten" auf die Shoah; der Besucher im Museum möge durchaus den Eindruck gewinnen können, eine jüdische Existenz in New York z.B. sei nicht minder legitim – dies aber in ausgesprochenem Gegensatz zur zuvor erfolgten Anweisung des israelischen Außenministeriums, die Zeremonien der Neueröffnung hätten vor allem die Botschaft zu übermitteln, dass Israel die *einzige* „Antwort" auf eine Erscheinung wie die Shoah sei. Der brave Museumsdirektor vollführte kurz darauf den von ihm erwarteten Gesinnungsrückzieher.

Zum anderen erwuchs aber aus ebendiesem Axiom ein (vermeintliches) Paradoxon: Der Anspruch des Zionismus, den Antisemitismus (qua „Antwort" auf diesen) zu überwinden, ließ die „Erhaltung" des Antisemitismus in der Welt notwendig werden, solange das Projekt des Zionismus nicht zum historischen Abschluss gebracht worden ist – was zentralen Postulaten des Zionismus zufolge so lange der Fall sein muss, wie ein Großteil der Juden in der Welt, sei's aus lebensgeschichtlichem Zwang, sei's aus freier Wahl, nicht im für sie gegründeten zionistischen Staat leben. Die Forderung, Juden aus aller Herren Ländern mögen sich in Israel versammeln, verstand sich dabei nie als ein beliebiges Nice-to-have, sondern stets als raison d'être des Judenstaates, der das Ziel jüdischer Massenimmigration ins Land entsprechend von Anbeginn zur vordringlichen Staatspolitik erhob. „Heimstätte" stellte sich für Israels Zionismus daher nie als Möglichkeit dar, die man nach Belieben wahrnimmt oder nicht, sondern immer schon als ein praktisches Ziel, das man unter Verwendung großer materieller, diplomatischer, erzieherischer und ideologischer Ressourcen zu verfolgen hatte (und letztlich noch immer hat).

Was man sich dabei über Jahrzehnte (mit wenigen Ausnahmen) kaum je vor Augen zu führen gestattete, war der einer von solchem Geist beseelten Antisemitismus-Bekämpfung inhärente Widerspruch. Denn nicht um die konsequente Eliminierung des Antisemitismus in der Welt ging es den Sachwaltern des Zionismus, sondern um die zionistische „Antwort" auf diesen bzw. die vom Zionismus angebotene Lösung des „jüdischen Problems", welches – willkommener Weise –

auf den in der Welt grassierenden Antisemitismus zurückgeführt werden konnte. Nicht nur hatten also Existenz und Entfaltung des Zionismus für ihn selbst Vorrang vor dem Kampf gegen den das Judentum bedrohenden Antisemitismus, sondern der reale Fortbestand des Antisemitismus in der als solcher apostrophierten Diaspora war sein *Interesse*. Der Zionismus initiierte zwar nicht den Antisemitismus, gab sich auch stets betroffen, wenn dessen Auswirkungen konkret zutage traten, aber nicht von ungefähr zeichneten sich die Reaktionen vieler Israelis auf antisemitische Erscheinungen im Ausland, nicht selten auch Kommentare der israelischen Medienwelt, durch eine zumeist offen artikulierte Schadenfreude aus: Recht geschieht es ihnen! Wenn diese Juden das Leben in Israel verschmähen und ein diasporisches Dasein bewusst vorziehen, mögen sie sich nicht wundern und darüber beklagen, dass sie antisemitischen Ausfällen ausgesetzt sind.

Das will wohlverstanden sein: Die Logik, wonach die Verschlechterung der Zustände, die den Antrieb zu ihrer Überwindung speisen, das Anliegen derer begünstigt, die sich um die Abschaffung der Zustände bemühen, ist nicht exklusiv dem Zionismus zuzuschreiben. Die dialektische Doktrin des Je-schlechter-desto-besser entstammt bekanntlich einem anderen historischen Zusammenhang, darf aber im übrigen als Erbteil nahezu aller Befreiungsbewegungen der Moderne angesehen werden. Was sie gleichwohl im Zionismus spezifisch auszeichnet, ist die binäre Rigorosität, mit der diese Doktrin hochgehalten wurde, um sich in eine stramme staatsoffizielle Politik mit entsprechendem ideologischen Anspruch zu übersetzen. Die radikale Verächtlichmachung des Diasporischen, die sich im hebräischen Substantiv *gola* und dem von diesem abgeleiteten Adjektiv *galuti* verdichtet findet, zeitigte nicht nur eine selbstherrliche Verdinglichung alles *Israelischen*, sondern auch die ideologische Perpetuierung einer Mischung aus Abscheu vorm Diasporischen und dem Schrecken vor einer absehbaren „nächsten Shoah". Besonders in den ersten Jahrzehnten nach der Staatsgründung wuchs die Israel-Diaspora-Dichotomie zur Zentralachse einer stets herbeibemühten zionistischer Selbstvergewisserung heran. Noch 1976 durfte der damalige israelische Premierminister, Yitzhak Rabin, jüdische Abwanderer aus Israel in einem Interview als „schwächliche Abfallprodukte" der israelischen Gesellschaft bezeichnen und sich dabei der Zustimmung eines Großteils der jüdisch-israelischen Bevölkerung gewiss sein. Das Ressentiment gegenüber den „verräterischen" Emigranten wusste sich dabei der nicht minder konsensuellen Verachtung für ihre „Erbärmlichkeit", sich freiwillig einem „degenerierten Dasein" aussetzen zu wollen, verschwistert.

Von Bedeutung ist aber im hier erörterten Zusammenhang vor allem
die ideologische Verzahnung von Diaspora (bzw. *gola*, Exil) und Antisemitismus: Wenn Zionismus im Kern die Überwindung der Diaspora
zum Inhalt hatte, musste diese negativ konnotiert werden, und zwar so,
dass der Gegensatz von Jüdischsein und nichtjüdischer Umwelt zum
Paradigma existentieller Bedrohung für Juden heranwuchs. Wo das
Diasporische sich nicht als primär antisemitisch auswies (etwa in den
USA), behalf man sich mit der „Assimilation" als propagandistischer
Notwaffe, wobei orthodoxe Religiöse und säkulare Zionisten einander
diesbezüglich in nichts nachstanden: So wie die pseudo-theologische
Erläuterung geliefert werden konnte, die Shoah habe sich ereignet, weil
das jüdische Volk vor der totalen Assimilation gestanden habe (also als
Gottes Bestrafung und „Reinigung" des auserwählten Volkes), reden
Religiöse in Israel oft auch von der „Shoah der Assimilation" (*schoat
ha'hitbolelut*) in unseren Tagen (also der kulturellen Selbstauflösung
des jüdischen Volkes) und können sich dabei dem säkularen Zionismus, welcher das Menetekel der Assimilation im Interesse seiner politischen Zielsetzungen stets einzusetzen wusste, durchaus verbunden fühlen. Unschlagbare Waffe dieses Diskurses war und blieb gleichwohl der
Antisemitismus. Denn nicht nur hat er der schleichenden Assimilation
das akut Sensationelle voraus, er darf darüber hinaus auch, wann immer
nötig, als ein historisch gefestigter „Beweis" für die Vergeblichkeit aller
Assimilation und die Verlogenheit aller universeller Emanzipationsbe-
strebungen herangezogen werden. Nichts lässt sich in den polemischen
Schlachten der zionistischen Ideologie effektvoller instrumentalisieren,
nichts geriet ihr zur besseren strategischen Waffe, als der Antisemitismus. Darin weiß sich der Zionismus gewiss – kann er doch stets mit einem unschlagbaren Beleg aufwarten: der Shoah.

Israel und die Shoah

„Die israelische Regierung ruft in diesen Tagen Shoah-Überlebende auf, die ‚Zentrale für Rechte der Überlebenden' zu kontaktieren, um ihre Rechte wahrzunehmen. Ich hörte diese Woche folgende Schlussworte des dazu [im Radio] gesendeten Clips: ‚Historische und soziale Gerechtigkeit wird verwirklicht'. Was für ein Zynismus! Jahrzehntelang haben sich Israels Regierungen der Erfüllung von Rechtsansprüchen der Shoah-Überlebenden entwunden. In den letzten Jahren, nachdem die meisten von ihnen gestorben sind, hat man die Zentrale errichtet".[4]

Diese schlichten Zeilen eines Leserbriefs an die israelische Tageszeitung „Haaretz" kodieren Wesentliches von dem, was es an der Grundbeziehung von „Israel und der Shoah" zu erörtern gilt. Nicht nur die Entrüstung des Lesers über das seit Bestehen des Staates vorherrschende Verhalten israelischer Regierungsinstanzen den Shoah-Überlebenden gegenüber fällt dabei auf, sondern nicht minder die von heraus hörbarer Ohnmacht durchdrungene Empörung über den selbstgefälligen Anspruch, bei der verspäteten Korrektur noch „historische und soziale Gerechtigkeit" walten zu lassen. Dass dieser Anspruch in einem kulturindustriell vergnüglichen PR-Slogan verpackt wird, zeugt von der Seriosität der Initiatoren des Aufrufs – ihr Zynismus hält ihrem Narzissmus die Waage. Dass die Verspätung des nunmehr Initiierten sich womöglich wirtschaftlichem Kalkül verdankt, ist zwar nicht nachweisbar, aber in Israel auch kein allzu fremder Gedanke. War doch die politische Auseinandersetzung Israels mit „der Shoah" von Anbeginn auf heteronome Interessen gestellt, allen voran Interessen aus dem Bereich des ökonomischen Tauschwerts. Ganz abgesehen davon, was jene, die den Slogan des Clips formuliert haben, sich gedacht haben, als sie sich anmaßten, von „historischer" (und dazu, auf gleicher Ebene gesetzt, „sozialer") Gerechtigkeit zu reden, sie enthüllten dabei, wohl gegen ihren eigenen Willen, eine Dimension des realen (historischen) Verhältnisses des Staates Israel zu den in ihm lebenden Shoah-Überlebenden, nicht zuletzt auch des – freilich kokett aufbereiteten – Schuldgefühls ihnen gegenüber. Nicht von ungefähr erklärte die Richterin Dalia Dorner, Vorsitzende des Anfang 2008 eingesetzten parlamentarischen Ausschusses zur Untersuchung der Hilfeleistungen für Shoah-Überlebende, im Juni 2008, israelische Regierungen hätten die Überlebenden über Generationen hinweg vernachlässigt, sie mithin um ihnen zustehende Geldsummen geprellt, und die vom Ausschuss angesichts der eklatanten Missstände ausgesproche-

nen Empfehlungen hätten zur Nachholung von Unterlassenem „nur
wenig an der Schande" zu decken vermocht.[5]

So wie nichts an den ermordeten Opfern der Shoah „wiedergutge-
macht" werden kann, darf man sich nicht einbilden, den einst nach Israel gekommenen Opfern heute noch eine wie immer verstandene „historische Gerechtigkeit" widerfahren zu lassen: Den bereits verstorbenen
Überlebenden kann nichts mehr zugute kommen; den noch lebenden
unter ihnen wird niemand mehr das Gefühl nehmen können, vom Staat,
der sich selbst als ihre historische Zufluchtsstätte apostrophiert hatte,
hintergangen worden zu sein. Das hatte mit vielem zu tun, primär aber
mit zentralen Koordinaten der israelischen Staatsideologie. Denn während sich heute kaum noch jemand einfallen ließe, den objektiv zustan-
de gekommenen Konnex von Israel und der Shoah – eben den einer für
die Entwurzelten errichteten nationalen Zufluchtsstätte – hinterfragen
zu wollen, ist es um die *reale* Begegnung der in Israel nach der Katastrophe angelangten Überlebenden mit dem Kollektiv der Alteingeses-
senen und den sie beseelenden ideologischen Ausrichtungen nicht gar
so einfach, geschweige denn, positiv bestellt gewesen.

Der Zionismus vereinnahmte sehr früh das Gesamtereignis der
Shoah und integrierte es nahtlos in sein Narrativ, konnte aber mit den
realen Subjekten des Ereignisses, vor allem mit den im Territorium
seiner jüngst etablierten politischen Wirkungssphäre konkret auftau-
chenden Überlebenden nicht sehr viel anfangen: Sie widersprachen als
geschundene Opfer seinem propagierten Ideal des heroischen Neuen
Juden, mochten ihm tendenziell gar als das, was er sie ideologisch re-
zipierte, zur Last fallen. Der Zionismus konnte das *Schicksal* der Sho-
ah-Opfer gebrauchen, den *abstrakten* Aspekt dessen, was zum funkti-
onalen Baustein der von ihm konstruierten Erlösungsteleologie taug-
te; er bediente sich der Shoah als *Argument*, wusste dieses Argument
im Sinne seiner heteronomen Interessen zu instrumentalisieren und
für praktische Zwecke effektiv einzusetzen[6] – aber mit den Überlebenden als solchen, den real Leidenden, lebensgeschichtlich Geschla-
genen, vermochte er sich nicht auseinander zu setzen, sondern begeg-
nete ihnen im besten Fall paternalistisch, im gängigeren jedoch mit
unverhohlener, bar allen Einfühlungsvermögens artikulierter Arro-
ganz. Jahre sollten vergehen, ehe die von totalem Unverständnis ge-
schlagene Frage, wie man sich wie Vieh zur Schlachtbank habe führen lassen können, verstummte. Dass dabei eigene Ängste neben dem
empathischen Defizit eine Rolle gespielt haben mögen, sollte nicht
darüber hinwegtäuschen, wie sehr es vor allem die gefestigten ideologischen Strukturen waren, welche die ignorante, sich in der Frage wi-

derspiegelnde Einstellung speiste und zur Ideologie kollektiv-narzisstischer Selbstvergewisserung werden ließ.

Gewiss, es gab objektive Gründe für die ideologische Verhärtung. Man war ja dabei, einen Staat zu institutionalisieren und eine Gesellschaft aufzubauen, und zwar unter schwersten ökonomischen (Vor) Bedingungen und höchsten demographischen wie sicherheitsmäßigen Herausforderungen. Das empfindungsresistente Verhältnis zur Schwäche lässt sich in dieser Hinsicht durchaus rationalisieren. Nur lasse man dann tunlichst die pathosgeschwängerte Selbstsuggestion, es habe sich um ein Projekt großer solidarischer Humanität und kollektiver Erlösung gehandelt, wie sie sich die Ideologie des israelischen Zionismus stets einzureden wusste. Ein jüngst gefundenes Dokument aus der Feder Golda Meirs bezeugt aufs beredteste, welcher Geist bei der Bewältigung der historischen Herausforderung des gesellschaftlichen Aufbaus Israels realiter Pate stand. Es handelt sich zwar um ein Schreiben aus dem Jahr 1958, das sich nicht direkt auf die Shoah (wiewohl auf einen Teil ihrer Überlebenden) bezog, und doch dokumentiert sich in ihm ein Zugang, der zum damaligen Zeitpunkt bereits als zionistische „Tradition" gelten durfte: In einem als „streng geheim" eingestuften Brief vom 29.4.1958 bat Golda Meir, damalige Außenministerin Israels, den israelischen Botschafter in Polen, Katriel Katz, der polnischen Regierung auszurichten, dass Israel die Einrichtung einer „Selektion" unter den nach Israel emigrierenden polnischen Juden wünsche, da man keine weiteren „Behinderten und Kranken" aufzunehmen vermag. Meir fragte den Botschafter, ob man dies den Polen vermitteln könne, ohne die Aliyah (die Einwanderung nach Israel) zu schädigen. Der dazu befragte polnisch-jüdische Historiker Szymon Rudnicki, der das Dokument gefunden hat, zeigte sich zutiefst betroffen. Es handle sich um ein „sehr zynisches" Dokument; man wisse jedoch, dass Golda Meir „eine brutale Politikerin war, die eher Interessen, als Menschen verteidigte".[7]

Die Leserreaktionen in den israelischen Medien vereinnahmten sogleich diese Nachricht, um Belange, die mit dem gefundenen Dokument nur indirekt etwas zu tun hatten, mit Verve zur Sprache zu bringen. Besonders prominent die aufatmende Erkenntnis, offenbar nicht nur orientalische, sondern auch aschkenasische Juden seien vom Establishment des jungen zionistischen Staates mit überheblichem Paternalismus behandelt worden– eine „Erkenntnis", die auf die Unterhöhlung der politisch brisanten Klagen orientalischer Juden zielte, vom israelischen Staat aus *ethnischen* Gründen diskriminiert worden zu sein. Die relevante Einsicht in diesem Zusammenhang brachte indes Tom Segev auf den Punkt. Seine Ausführungen seien hier mit einiger Ausführlichkeit zitiert, denn sie fassen in Segevs lakonisch-faktenbezogener Sprache zusammen, worum es eigentlich geht:

Golda Meir sei eine zugleich sentimentale und verhärtete Frau gewesen, aber die in ihrem Brief an den israelischen Botschafter in Polen gegebene Anweisung zeichne sie mitnichten spezifisch aus. Die Unterscheidung zwischen willkommenem und unwillkommenem „Menschenmaterial" habe den Zionismus von seinem Anbeginn begleitet; der Ausdruck finde sich schon in Herzls „Judenstaat". Zwar sollte die Errichtung des Staates Israel die Juden in der Welt vor dem Untergang retten, aber bereits in den 1930er Jahren habe sich das Gefühl verfestigt, dass die Einwanderung der Juden nach Palästina vor allem vonnöten sei, „um das jüdische Kollektiv in Erez Israel zu retten und die Errichtung des Staates zu ermöglichen". Im israelischen Zionistischen Archiv fänden sich Dokumente, welche die Absicht widerspiegelten, die Einwanderung von an infektiösen Krankheiten leidenden bzw. geisteskranken Juden zu beschränken, wenn nicht ganz zu verhindern. Noch 1936 sei eine Stiftung gegründet worden, die die Finanzierung der Rücküberführung von Todkranken nach Europa leisten sollte, damit sie „der Öffentlichkeit nicht zur Last fallen". Die am meisten erwünschten Immigranten waren „ledige Männer im Alter von zwanzig bis dreißig Jahren: Nur 20% der Zertifikate wurden für junge Frauen ausgestellt. Man neigte auch dazu, die Immigration von Kommunisten, Kriminellen, Alkoholikern und Journalisten zu erschweren". Nach der Staatsgründung habe man angesichts der massiven Einwanderungswellen begonnen, die „Regulierung" und „Selektion", wie sie gemeinhin hießen, noch strikter zu implementieren, mithin Krankheitslisten auszuarbeiten, die die Einwanderung von Kranken verhindern sollten. Diese – mit der zionistischen Vision in eklatantem Widerspruch stehenden Politik – sei von keinem anderen als von Nahum Goldmann, dem langjährigem Präsidenten des Jüdischen Weltkongresses und der Zionistischen Weltorganisation, ideologisch legitimiert und abgefedert worden: ein Staat und ein Volk hätten ein „Recht zu einer gewissen Grausamkeit". Segev führt zahlreiche weitere Beispiele für die teilweise sich noch strenger ausbildenden „Selektions"-Politik an. Im Laufe der Zeit, meint er aber, habe sich die ideologische Dimension dieser Politik zunehmend abgeschwächt, und man sei dazu übergegangen, alte und kranke jüdische Menschen in ihrem Ursprungsland (etwas der ehemaligen Sowjetunion) zu belassen, sie also nicht mit einer Überführung nach Israel zu belasten, und ihnen durch freiwillige Hilfsorganisationen Unterstützung angedeihen zu lassen.[8]

Wohlverstanden, es geht hier nicht um moralisierende Schadensabwicklung. Dass Kollektive in Wendezeiten (und nicht nur in diesen) das

„Recht zu einer gewissen Grausamkeit" beanspruchen dürfen, ist unter den Bedingungen historischer Prozesse im Stande der Unfreiheit nachvollziehbar. Das gilt nicht nur für den Zionismus. Prekär wird es allerdings, wenn sich das Kollektiv selbst als Moralinstanz aufspielt und den Anspruch, eine solche zu sein, auch noch monopolistisch ausdeutet. Die historischen Zwänge, denen der Zionismus bei der Verwirklichung seiner Ziele ausgesetzt war, sind bekannt. Auch dass er diese Zwänge zum Anlass nahm, sich selbst zu heroisieren, sei ihm ideologisch zugestanden. Man wird dann aber, wenn diese ideologische Moralverdinglichung zur blanken Lüge umschlägt, den Schleier lüften und das womöglich inzwischen zur Fratze entstellte Gesicht enthüllen dürfen. Und wenn sich herausstellt, dass Führungsinstanzen des politischen Zionismus nicht nur im Jahre 1958, sondern auch vor und unmittelbar nach der Shoah (in den DP-Lagern) bei ihrem historischen Werk der Staats- und Gesellschaftserrichtung von selektierendem Geist beseelt waren, dann war der Zionismus eben nicht die Zufluchtsstätte für *alle* Juden der Welt, sondern zunächst für die Juden, an denen der Zionismus interessiert war – und zwar ungeachtet der Frage, ob ihn die Juden selbst bei ihren jeweiligen lebensgeschichtlichen Entscheidungen für eine adäquate Zufluchtsstätte überhaupt erst erachteten. Der in Realpolitik umgeschlagenen zionistischen Ideologie waren die Juden in erster Linie „Menschenmaterial". Die orientalischen Juden z. B. standen gar nicht im Blickfeld des klassischen Zionismus. Erst nach der monströsen Katastrophe des europäischen Judentums besann man sich auf die jüdischen Menschenkontingente in den arabischen Ländern, mit denen man das „ungünstige" demographische Verhältnis zwischen Juden und Arabern nach 1948 umzustrukturieren gedachte. Zwar entsprachen sie nicht dem Bild des zionistischen Menschenideals, aber sie waren als *Argument* verwendbar – so wie eben auch die Überlebenden der europäischen Shoah als *case* verwertbar waren. Weder um die Traumata der einen noch um die der anderen, weder um die konkreten Lebensrealitäten dieser noch um die jener kümmerte man sich dabei. So entstand das innerjüdische ethnische Problem Israels; so etablierte sich auch die entfremdete, ideologisch dafür umso lautstark und vollmundig verklärte Beziehung des Staates Israel zu seinen Shoah-Überlebenden. Wenn diese es – *against all odds* – schafften, ihr Leben zu meistern und sich (zumeist unter selbstgewählter Verinnerlichung der zionistischen Ideale) in die soziale und kulturelle Realität Israels zu integrieren, in dieser vielleicht sogar aufzublühen, so war das keine Leistung des Zionismus und seiner Ideologie, sondern vollzog sich *trotz* seiner instrumentellen, zuweilen dezidiert pejorativen Beziehung zu ihnen als Shoah-Überlebenden.

Der im sechzigsten Jahr der Staatsgründung Israels als nachmalige Sühne und eine Art innerjüdischer „Wiedergutmachung" ernann-
te Ausschuss zur wahrhaft verspäteten Untersuchung des real an den
Shoah-Überlebenden nicht mehr zu Entschädigenden ist, so besehen,
das Symptom eines leisen Schuldeingeständnisses, darüber hinaus aber
auch der entlarvende Akt eines bis zum heutigen Tag nicht versiegen
wollenden Impulses zur fortgesetzten Instrumentalisierung der Shoah
für heteronome Belange – jüngst erst wieder plastisch vorgeführt bei einer Rede des israelischen Premiers in den Vereinten Nationen, die im
folgenden erörtert sei.

Eine UNO-Rede

Am 24. September 2009 hielt Israels Premierminister Benjamin Netanjahu vor der Vollversammlung der Vereinten Nationen eine bemerkenswerte Brandrede. Als bemerkenswert darf sie gelten, nicht etwa, weil in ihr etwas zur Sprache gekommen wäre, das man nicht bereits – gerade aus dem Munde dieses Politikers – gekannt hätte, sondern weil dem allzu Bekannten, tausendfach Wiederholten und gebetsmühlenartig Abgespulten diesmal ein Prolog vorangeschickt wurde, der in seiner Mischung aus rhetorischer Selbsterregung und performativem Pathos alles in den Schatten stellte, was in dieser Hinsicht an manipulativer Abgeschmacktheit bekannt war, bzw. in einer Weise reproduzierte, die der vermeintlichen Sensation den Anstrich von ideologischer Verkommenheit verlieh.

Tags zuvor hatte Irans Präsident Mahmud Ahmadinedschad vor der Vollversammlung geredet. Ahmadinedschad ist ein perfider Shoah-Leugner; er war es vor Netanjahus Rede und ist es vermutlich auch nach ihr geblieben. Das dürfte allen mit diesem „Thema" Befassten von vornherein klargewesen sein. Netanjahu hielt dies jedoch nicht davon ab, seine Rede mit folgenden Worten zu beginnen:[9]

„Vor bald 62 Jahren haben die Vereinten Nationen das Recht der Juden, eines 3500 Jahre alten Volkes, auf einen eigenen Staat in ihrem angestammten Heimatland anerkannt. Ich stehe heute hier als der Ministerpräsident des Staates Israel, des jüdischen Staates, und ich spreche zu Ihnen im Namen meines Landes und meines Volkes.

Die Vereinten Nationen wurden nach dem Gemetzel des Zweiten Weltkriegs und den Schrecken des Holocausts gegründet. Sie wurden beauftragt, die Wiederkehr solch fürchterlicher Geschehnisse zu verhindern. Nichts hat diese zentrale Aufgabe mehr untergraben als der systematische Angriff auf die Wahrheit. Gestern stand der Präsident des Iran auf eben diesem Podium und spie seine neuesten antisemitischen Tiraden aus. Erst vor einigen Tagen hat er wieder behauptet, dass der Holocaust eine Lüge ist".

Bis hier hielt sich die Rede im gängigen Rahmen der von israelischen Politikern im Ausland verwendeten Pathosformeln, wenn es ihnen um historisch geschwängerte Selbstsetzung geht. In besonderen Feierstunden wird stets die Altehrwürdigkeit der jüdischen Nation bzw. der gesamte Leidensweg des jüdischen Volkes herbeibemüht, um gleich klarzustellen, dass dieses historisch-kulturelle Kapital in die Funktion des gerade sprechenden israelischen Repräsentanten miteingegangen ist.

Das war aber bei Netanjahu nur der Prolog zum Prolog. Es ging dann ans Eingemachte:

„Im vergangenen Monat betrat ich eine Villa in einem Vorort von Berlin namens Wannsee. Dort, am 20. Januar 1942, trafen sich hochrangige Nazi-Funktionäre nach einem herzhaften Mahl und entschieden, wie man das jüdische Volk vernichten solle. Die detaillierten Protokolle dieses Treffens sind von den deutschen Regierungen aufbewahrt worden. Hier ist eine Kopie dieser Protokolle, in denen die Nazis präzise Anweisungen erteilten, wie die Vernichtung der Juden durchgeführt werden solle. Ist dies eine Lüge?

Einen Tag, bevor ich in Wannsee war, hatte ich in Berlin die Originalbaupläne für das Konzentrationslager Auschwitz-Birkenau erhalten. Diese Pläne tragen die Unterschrift von Hitlers Stellvertreter, Heinrich Himmler, persönlich. Hier ist eine Kopie der Pläne für Auschwitz-Birkenau, wo eine Million Juden ermordet wurden. Ist dies auch eine Lüge? Im Juni dieses Jahres besuchte Präsident Obama das Konzentrationslager Buchenwald. Zollte Präsident Obama einer Lüge Tribut? Und was ist mit den Auschwitz-Überlebenden, deren Arme noch immer die tätowierten Nummern tragen, die ihnen von den Nazis eingebrannt worden sind? Sind diese Tätowierungen eine Lüge? Ein Drittel aller Juden fiel dem Weltbrand zum Opfer. Fast jede jüdische Familie wurde davon betroffen, einschließlich meiner eigenen. Die Großeltern meiner Frau, die beiden Schwestern und drei Brüder ihres Vaters, und all die Tanten, Onkel und Cousins wurden von den Nazis ermordet. Ist das auch eine Lüge?"

Man traut seinen eigenen Augen und Ohren nicht. Da steht Israels Premierminister im Jahre 2009 auf der Bühne der Weltöffentlichkeit und entblödet sich nicht, sich auf das Niveau der Holocaust-Leugnung zu begeben. Als gelte es noch nachzuweisen, dass die industrielle Massenvernichtung der Juden tatsächlich stattgefunden hat (und somit dem Treiben der Shoah-Leugner nolens volens Legitimation zu verschaffen), tischte Netanjahu allen Ernstes Nachweise für die Realität des Geschichtsereignisses auf, die sich von den Protokollen der Wannsee-Konferenz über die Baupläne von Auschwitz bis hin zu den Tätowierungen auf den Armen der Überlebenden erstreckten. Als würden sich die Shoah-Leugner je von Fakten beeindrucken lassen (und als handle es sich überhaupt um ein Problem vorenthaltenen Wissens), nahm Netanjahu gleich alle deutschen Nachkriegsregierungen und US-Präsidenten Obama in Beschlag, um seinen eigenen Worten (so, als würde er ihnen selbst nicht trauen) äußere Gültigkeit zu verschaffen – womit zu erwarten steht, dass Ahmadinedschad jetzt, da er erfahren hat, dass

Obama Buchenwald besucht hat, nicht mehr anders kann, als reuig von seiner Leugnungspraxis abzulassen. Über das Unwesen theatralischen Herumgefuchtels mit historischen Dokumenten bei politischen Reden sei hier kein Wort verloren. Das polemische Pulver war damit indes noch lange nicht verschossen. Jetzt kam erst einmal suggestive Beschämungsrhetorik dran:

„Gestern sprach der Mann, der den Holocaust eine Lüge nennt, von diesem Podium aus. Ich möchte all jenen, die sich weigerten hierher zu kommen, und jenen, die im Protest diesen Raum verlassen haben, meine Hochachtung ausdrücken. Sie sind für moralische Klarheit aufgestanden und haben ihren Ländern Ehre gemacht. Aber jenen, die diesem Holocaust-Leugner Gehör geschenkt haben, sage ich im Namen meines Volkes, des jüdischen Volkes, und der anständigen Menschen überall: Haben Sie kein Schamgefühl? Haben Sie keinen Anstand?

Gerade einmal sechs Jahrzehnte nach dem Holocaust verleihen sie einem Mann Legitimität, der leugnet, dass der Mord an sechs Millionen Juden stattgefunden hat, und schwört, den jüdischen Staat auszulöschen. Was für eine Schande! Was für eine Verhöhnung der UN-Charta! Womöglich denken einige von Ihnen, dass dieser Mann und sein abscheuliches Regime nur die Juden bedrohen. Sie irren. Die Geschichte hat uns wieder und wieder gezeigt, dass das, was mit Angriffen auf Juden beginnt, am Ende viele andere in Mitleidenschaft zieht".

Netanjahu, Premierminister eines Landes, dessen erster Ministerpräsident, David Ben-Gurion, das hebräische Diktum „Um-Schmum" geprägt hat (übersetzbar etwa als UNO-SCHMUNO im Sinne einer Verspottung der irrelevanten Vereinten Nationen), darüber hinaus aber auch stets hervorzuheben wusste, dass es wichtig sei, was die Juden *täten*, nicht, was die Gojim *sagten*; Netanjahu, der selbst einer israelischen Politikergeneration angehört, die Beschlüsse der UN systematisch zu ignorieren pflegt; er, der eine Politik *praktiziert*, die an völkerrechtlicher Ungesetzlichkeit alles in den Schatten stellt, was andere an perfider Schwafelrhetorik von sich geben, maßte sich an, von einer „Verhöhnung der UN-Charta" zu reden und sich dazu noch in manipulativem Entrüstungs- und Schmeichelgestus zu einem über alle Realpolitik stehenden Moralapostel aufzuschwingen. Von „Schande" redete *er*, dessen Politik in den besetzten Gebieten nicht zuletzt jene verurteilen, denen er Lob im Kontext der Ahmadinedschad-Rede zollte; wenn sie ihm zu gegebener Zeit wieder die Unmoral seines eigenen Wirkens vorhalten werden, wird er kaum noch meinen wollen, sie machten ihren Ländern „Ehre". Dann nämlich werden sie wieder, wie von seinem Außenminister stets proklamiert zu „Antisemiten" avancieren (darüber wird noch gesondert zu reden sein). Worum es Netanjahu aber letztlich ging, kam jetzt erst nach und nach zur Sprache; er holte zunächst im Historiosophischen aus:

„Das iranische Regime wird von einem extremistischen Fundamentalismus angeheizt, der vor drei Jahrzehnten die Weltbühne erklommen hat, nachdem er für Jahrhunderte geschlummert hatte. In den vergangenen 30 Jahren hat dieser Fanatismus den Erdball mit mörderischer Gewalt und kaltblütiger Willkür bei der Wahl seiner Opfer überschwemmt; Muslime und Christen, Juden und Hindus und viele andere wurden herzlos abgeschlachtet.

Obgleich sie aus verschiedenen Zweigen besteht, trachten die Anhänger dieser Heilslehre danach, die Menschheit in mittelalterliche Zeiten zurück zu befördern. Wo immer sie können, erzwingen sie eine rückwärtsgewandte, reglementierte Gesellschaft, in der Frauen, Minderheiten, Schwule und jeder, der nicht als wahrer Gläubiger betrachtet wird, brutal unterjocht wird. Der Kampf gegen diesen Fanatismus spielt nicht Glauben gegen Glauben oder Zivilisation gegen Zivilisation aus. Es spielt Zivilisation gegen Barbarei aus, das 21. Jahrhundert gegen das neunte, jene, die das Leben heiligen, gegen jene, die den Tod verherrlichen. Der Primitivismus des 9. Jahrhunderts darf dem Fortschritt des 21. Jahrhunderts nicht ebenbürtig sein. Der Reiz der Freiheit, die Kraft der Technologie, die Reichweite von Kommunikation sollte gewiss den Sieg davontragen".

Es ist Netanjahu nicht darin zu widersprechen, wenn er das iranische Mullah-Regime reaktionär nennt. Man spricht allenthalben von der islamistischen *Revolution* von 1979. Insofern man für sie diesen emanzipativ konnotierten Begriff überhaupt in Anspruch nehmen möchte, sollte man auf keinen Fall vergessen, dass es sich um eine zutiefst regressive Revolution handelte, eine Revolution, die linker Freiheitsgesinnung wesensfremd bleiben muss. Nicht klar ist indes, warum gerade Netanjahu meinte, in der politischen Position zu sein, sich als Kritiker dieses Regimes aufzuspielen. Ist doch das von ihm regierte Land nur dann als das „angestammte Heimatland" der Juden zu begreifen, wie von ihm zu Beginn seiner Rede suggeriert, wenn man auf biblische Vorzeiten rekurriert und ihre Mythen für bare Münze bei der Begründung realer politischer und territorialer Belange des heutigen Israels nimmt. Der klassische Zionismus hatte sich dieses Ideologems bedient. Dies hat epochenbedingte, realpolitische Ursachen, nicht zuletzt die der Notwendigkeit einer ideologischen Konsolidierung des in aller Welt versprengten jüdischen Volkes, welches es, kollektivpsychisch gekittet, in einem Territorium zu versammeln galt. Der sich säkular wähnende

Zionismus verschmähte es dabei nicht, die Religion als seine eigene Legitimationsmatrix durch die Gesinnungshintertür wieder einzuschleusen. Und was noch bis 1967 als eine latente Matrix fungierte, wandelte sich ab diesem historischen Wendepunkt zur manifesten Grundlage eines expansiv-kolonisierenden Faktors der israelischen Politik, von dem der gesamte israelisch-palästinensische Konflikt gebeutelt ist und dem sich gerade die von Netanjahu zusammen gebastelte Regierungskoalition (mithin seine eigene Partei) besonders eng verschwistert und verbunden weiß. Der religiös sich speisende und reproduzierende israelische Siedler-Fundamentalismus steht dem islamistischen an Reaktion und Menschenverachtung in nichts nach; er ist angesichts seiner unhinterfragbaren, doktrinär gestählten Berufung aufs „gottverheißene Land der Urväter" nicht minder fundamental und – wie eine Jahrzehnte währende Okkupationspolitik ununterbrochen erweist – nicht minder gewalttätig, mörderisch und barbarisch. Netanjahu ist wahrlich kein angemessener Kronzeuge, um den Fortschritt des 21. Jahrhunderts gegen das 9. Jahrhundert auszuspielen; ein Teil seiner (von ihm selbst als solche apostrophierten) „natürlichen Verbündeten" begründen ihre heutige politische Raison mit Verweisen auf deutlich weiter zurückreichende Zeiten als das 9. Jahrhundert. Netanjahu aber fuhr fort:

„Letztendlich kann die Vergangenheit nicht über die Zukunft triumphieren. Und die Zukunft bietet allen Nationen großartige Prämien der Hoffnung. Das Tempo des Fortschritts wächst exponentiell. Wir haben Jahrhunderte dafür gebraucht, von der Druckerpresse zum Telefon zu gelangen, Jahrzehnte, um vom Telefon zum Personal-Computer zu gelangen und nur einige Jahre, um vom Personal-Computer zum Internet zu gelangen.

Was vor einigen Jahren unmöglich schien, ist bereits veraltet, und wir können kaum die Veränderungen abschätzen, die da noch kommen werden. Wir werden den genetischen Code knacken. Wir werden die Unheilbaren heilen. Wir werden unser Leben verlängern. Wir werden eine billige Alternative für fossile Brennstoffe finden und den Planet sauber machen".

Das Problem solch populistischer Historiosophie ist, dass in ihr jede zukunftsfrohe und fortschrittsgläubige Botschaft den Anstrich zynischer Verlogenheit erhalten muss, sobald man sich vor Augen hält, aus welch bigottem Munde sie kommt. Allein die Deklaration, dass die Vergangenheit letztlich nicht über die Zukunft triumphieren könne, dürfte denen, die sich der realen Begründungszusammenhänge der israelischen Staatsideologie und der von dieser über Dekaden abgeleiteten Parolen und politischen Praktiken bewusst sind, nur ein müdes Lächeln

abringen. Worum es Netanjahu aber eigentlich ging, trat dann schnell
genug zutage:

„Ich bin stolz, dass mein Land Israel an der vordersten Front die-
ser Fortschritte steht – mit führenden Innovationen in Wissenschaft und
Technologie, Medizin und Biologie, Landwirtschaft und Wasser, Ener-
gie und Umwelt. Diese Innovationen bieten der Menschheit eine strah-
lende Zukunft unvorstellbarer Verheißung.

Aber wenn der primitivste Fanatismus die tödlichsten Waffen erwer-
ben kann, könnte das Rad der Geschichte für eine Zeit zurückgedreht
werden. Und wie bei dem verspäteten Sieg über die Nazis werden die
Mächte des Fortschritts und der Freiheit nur obsiegen, nachdem der
Menschheit ein fürchterlicher Tribut an Blut und Vermögen abverlangt
wird. Daher ist die größte Gefahr, die der Welt heute droht, die Ver-
mählung von religiösem Fanatismus und Massenvernichtungswaffen".

Israel als Platzhalter „der vordersten Front dieser Fortschritte" auf
der einen Seite und die Träger „des primitivsten Fanatismus" auf der
anderen – das sind die beiden Protagonisten im globalen Showdown,
bei dem es um nicht weniger geht, als um etwas dem „verspäteten Sieg"
der „Mächte des Fortschritts und der Freiheit" über „die Nazis" Ver-
gleichbarem. Dass Iran und die Nazis dabei wie selbstverständlich in
einen Topf geworfen werden, darf nicht verwundern; alles, was einem
in Israel nicht in den nationalen Kram und die politische Agenda gewisser Politiker passt, wird oft, so inflationär wie nur möglich, mit „Hitler", „Nazis", „Shoah" und davon abgeleiteten Ideologemen gleichgesetzt. Schon gar nicht darf es bei einem Politiker verwundern, der die
Ermordeten seiner Familie und der seiner Frau – mir nichts, dir nichts
– zum billigen Argument auf weltöffentlicher Bühne und austauschbaren Mittel pseudo-intimer oratorischer Suggestion verkommen lässt.
Dass aber die apokalyptische Vision einer „Vermählung von religiösem
Fanatismus und Massenvernichtungswaffen" nicht nur den iranischen,
sondern durchaus auch den israelischen Zusammenhang belangen mag,
ist zumindest dem israelischen Publizisten und Autor Mati Golan in
den Sinn gekommen, der in seinem (2002 uraufgeführten) Theaterstück
„Atom" genau diese Möglichkeit anvisierte. Man darf über das Stück
geteilter Meinung sein; wahr bleibt aber, dass nicht mit Steinen werfen soll, wer im Glashaus sitzt. Netanjahu wähnte sich jedoch nicht
im Glashaus, sondern bemüßigte sich nunmehr pathosgeschwängerter
Aufrufe an die Weltöffentlichkeit:

„Die dringlichste Herausforderung für diese Organisation besteht
darin, die Tyrannen von Teheran an der Erlangung von Atomwaf-
fen zu hindern. Sind die Mitgliedstaaten der Vereinten Nationen be-

reit für diese Herausforderung? Wird die internationale Gemeinschaft einem Despotismus entgegentreten, der sein eigenes Volk terrorisiert, während es tapfer für seine Freiheit eintritt? Wird sie gegen die Diktatoren zur Tat schreiten, die am helllichten Tag eine Wahl geklaut und iranische Demonstranten niedergeschossen haben, die in den Straßen an ihrem eigenen Blut erstickten? Wird die internationale Gemeinschaft den bösartigsten Sponsoren und Praktikern des Terrors entgegentreten? Und vor allem: Wird die internationale Gemeinschaft das terroristische Regime des Iran daran hindern, Atomwaffen zu entwickeln und damit den Frieden der gesamten Welt zu gefährden? Das iranische Volk bietet seinem Regime mutig die Stirn. Menschen guten Willens auf der ganzen Welt sind mit ihnen, so wie die Tausende, die draußen vor diesem Saal demonstriert haben. Werden die Vereinten Nationen ihnen zur Seite stehen?"

Globale atomare Abrüstung ist ein ohne Zweifel unterstützungswürdiges Thema. Aber Israel, das sich zu seinen eigenen nuklearen Kapazitäten seit Jahrzehnten beharrlich ausschweigt, ist nun wahrlich nicht der überzeugendste Sachwalter dieses Anliegens. Worüber man in Israel nicht reden darf, jeder aber weiß, ist die formale Grundlage für den iranischen Anspruch, in Besitz dessen zu sein, was Israel als Bedrohung ansieht. Und weil Israel nicht bei sich selbst beginnen will/ kann, obwohl es als erstes Land nukleare Waffen in den Nahen Osten eingebracht hat, muss es die formal beanspruchte Gleichheit der Bestrebung, in Besitz von nuklearen Waffen zu kommen, dadurch unterwandern, dass es sich (wie in den hier wiedergegebenen Worten Netanjahus) als Ritter demokratischer Tugenden und ziviler Menschenrechte aufspielt. Als wüsste Netanjahu nichts von den brutalen Ausschreitungen israelischer Sicherheitskräfte gegen israelische wie nichtisraelische Demonstranten gegen das von Israel in den besetzten Gebieten begangene Unrecht, gibt er sich als Anwalt mutiger iranischer Demonstranten. Als habe nicht gerade er in der Vergangenheit zionistische Linke aus wahltaktischen Gründen als Menschen diffamiert, die „schon vergessen" hätten, „was es heißt, Jude zu sein"; und als habe nicht gerade er seinen gewichtigen Beitrag zur propagandistischen Hetze gegen Rabin geleistet, bis dieser schließlich ermordet wurde, ist er scheinheilig genug, vom iranischen Volk zu schwärmen, das seinem Regime „mutig die Stirn" biete. Das mutige iranische Volk dürfte sich für diese Schützenhilfe aus dem Munde des israelischen Premierministers von Herzen gefreut haben. Besonders, da sich im nächsten Teil der Netanjahu-Rede nun endgültig erweisen sollte, mit welch einem Kämpfer für Menschenrechte und Humanität man es zu tun hat:

„Das letzte Wort zu den Vereinten Nationen ist noch nicht gesprochen, und jüngste Anzeichen sind nicht ermutigend. Statt die Terroristen und ihre iranischen Patronen zu verurteilen, haben einige hier ihre Opfer verurteilt. Das ist genau, was ein aktueller UN-Bericht zu Gaza getan hat, der fälschlich die Terroristen mit denen gleichgesetzt hat, die von ihnen angegriffen wurden. Acht Jahre lang hat die Hamas Tausende von Raketen und Mörsergranaten von Gaza aus auf nahe gelegene israelische Städte abgefeuert. Jahr für Jahr, da diese Raketen mutwillig auf unsere Zivilisten geschleudert wurden, ist keine einzige UN-Resolution verabschiedet worden, die diese kriminellen Angriffe verurteilte. Wir haben nichts, absolut nichts vom UN-Menschenrechtsrat gehört, einer falsch benannten Einrichtung, wie sie im Buche steht.

Im Jahr 2005 zog sich Israel in der Hoffnung, den Frieden voranzubringen, einseitig von jedem Fußbreit des Gaza-Streifens zurück. Es räumte 21 Siedlungen und entwurzelte über 8000 Israelis. Wir haben keinen Frieden bekommen. Stattdessen erhielten wir eine iranisch gestützte Terrorbasis fünfzig Meilen von Tel Aviv entfernt. Das Leben in den israelischen Städten und Ortschaften nahe Gaza wurde zu einem Albtraum. Die Raketenangriffe der Hamas wurden nicht nur fortgesetzt, sie wurden ums zehnfache gesteigert. Abermals schwieg die UNO".

Es ist stets schwer, im Grunde unmöglich, eingewurzelte Polit- und Sozialmythen zu widerlegen. Das ideologische Grundbedürfnis, an ihnen festzuhalten, lässt sich durch keinerlei Fakten konterkarieren, ihre zum Glaubensdogma geronnene Persistenz durch keine alternativen Analysen und Einsichten abbrechen. Es stimmt, Hamas hat Israel mit Kassam-Raketen beschossen; das war für die am Gazastreifen gelegenen israelischen Orte zweifellos eine Zeit der Not. Netanjahu verlor aber kein Wort darüber, wie es dazu kam, dass die Hamas im Gazastreifen an die Regierung gelangte; welche gravierende Rolle die No-partner-Doktrin Ehud Baraks nach den gescheiterten Camp David- und Taba-Verhandlungen dabei spielte, und welchen entscheidenden historischen Anteil Israel überhaupt an der Heraufkunft der Hamas hatte, als es in den 1970er Jahren begann, den keimenden palästinensischen Religionsfundamentalismus als Kontrahenten der von ihm bekämpften säkularen PLO *bewusst* zu fördern, um eine Politik des *divide et impera* zu betreiben, die schließlich mit dem palästinensischen Bürgerkrieg an ihr Ziel gelangen sollte. Kein Wort verlor Netanjahu darüber, dass in den Monaten vor dem Gazakrieg eine relative Ruhe in Israels Süden herrschte; dass Israel mit dem Angriff auf Gaza nicht zuletzt das Fiasko des zweiten Libanonkrieges kompensieren wollte, und dass der militärische Angriff, als er schließlich stattfand, sich durch eine unverhältnismäßige Brutalität, eine sich selbst zugestandene wüste Überreaktion und eben durch die Barbarei auszeichnete, die der Goldstone-Bericht daraufhin zurecht auflistete. Von selbst versteht sich, dass man sich in Israel nicht entblödete, Goldstone sogleich als Antisemiten zu schmähen. Netanjahu konnte sich seinerseits auf die latente Matrix dieser perfiden Bezichtigung stellen, als er sich wieder einmal dessen befleißigte, worin es Israels politische Kultur mittlerweile zur wahren Meisterschaft gebracht hat: sich als Opfer zu stilisieren, wo man gerade selbst massenhaft Opfer und Not verursacht hat – Selbstviktimierung, Selbstvergewisserung. Und als hätte dies nicht gereicht, setzte Netanjahu sogleich mit einem weiteren Schwindel nach: Im Jahre 2005 räumte Israel 21 Siedlungen und 8000 in ihnen lebende Israelis nicht „in der Hoffnung, den Frieden voranzubringen", sondern weil Ariel Sharon, wie andere vor und einige nach ihm, begriffen hatte, wie sehr Israel einer (nach zionistischer Maßgabe ernstzunehmenden) *demographischen* Bedrohung ausgesetzt ist. Sharon war immerhin ehrlich genug, einzugestehen, er „opfere" den Gazastreifen, um palästinensische Ansprüche im Westjordanland für lange Zeit zum Verstummen zu bringen. Mit Frieden hatte dies absolut nichts zu tun. Schon gar nicht vergesse man darüber hinaus aber auch, dass der israelische Staat Israelis „entwurzelte", die in den besagten Siedlungen (unter Sharons Jahrzehnte währender, aktiver Förderung) *völkerrechtswidrig* Wurzeln geschlagen hatten. Davon wollte Netanjahu in seiner Rede freilich nichts wissen. Aber es sollte ja ohnehin noch besser kommen:

„Letztendlich, nach acht Jahren unablässigen Beschusses war Israel gezwungen zu reagieren. Aber wie sollten wir reagieren? Nun, es gibt nur ein Beispiel in der Geschichte, wo Tausende von Raketen auf die Zivilbevölkerung eines Landes abgefeuert wurden. Es geschah, als die Nazis während des Zweiten Weltkriegs britische Städte bombardierten. Während dieses Krieges ebneten die Alliierten deutsche Städte ein, mit Hunderttausenden von Opfern. Israel entschied sich anders zu reagieren. Gegenüber einem Feind, der ein doppeltes Kriegsverbrechen beging, indem er auf Zivilisten schoss, während er sich hinter Zivilisten verschanzte, suchte Israel chirurgische Eingriffe gegen die Raketenwerfer durchzuführen.

Das war nicht leicht, da die Terroristen von Wohnhäusern und Schulen aus Raketen abfeuerten und dabei Moscheen als Waffendepots missbrauchten und Sprengstoff in Krankenwagen transportieren. Israel versuchte im Gegensatz dazu, die Zahl der Opfer zu minimieren, indem es palästinensische Zivilisten dazu drängte, die ins Visier genommenen Gebiete zu verlassen. Wir haben unzählige Flugblätter über ihren Häu-

sern abgeworfen, Tausende von Textnachrichten verschickt und Tausende Mobiltelefone angerufen, um die Menschen zum Verlassen aufzufordern. Niemals ist ein Land so weit gegangen, um Schaden von der Zivilbevölkerung des Feindes abzuwenden. Doch wen entschied sich der UN-Menschenrechtsrat in Anbetracht solch eines klaren Falles von Aggressor und Opfer zu verurteilen? Israel. Eine sich rechtmäßig gegen Terror zur Wehr setzende Demokratie wird moralisch gehängt, gestreckt und geviertelt und erhält obendrein noch einen unfairen Prozess. Bei diesen verrenkten Standards hätte der UN-Menschenrechtsrat Roosevelt und Churchill als Kriegsverbrecher auf die Anklagebank schleifen müssen. Was für eine Perversion der Wahrheit. Was für eine Perversion der Gerechtigkeit".

Alles an Verdrehungen und Entstellungen ist möglich, wenn man sich erst einmal, wie Netanjahu, in eine rhetorische, nahezu vollkommen auf manipulative Suggestion ausgerichtete Ekstase geredet hat. Wie kommuniziert man mit jemandem, der 1400 palästinensische Tote im Gazakrieg, unter ihnen Hunderte von Zivilisten, Frauen und Kindern, Begriffen wie „chirurgische Eingriffe" zuordnet und sich noch selbstgefällig rühmt, das Wohl der attackierten Zivilbevölkerung vor Augen gehabt, ja sich um sie regelrecht gesorgt zu haben? Wieviel Neusprech verträgt eine Rede, ehe man den sie Vortragenden nur noch für zynisch, unglaubwürdig und verlogen erachten muss. Auf den Punkt gebracht hat dies der israelische Publizist Gideon Levy, der am Tag nach der Rede unter anderem schrieb: „Kaum anzunehmen, dass irgendein seriöser Mensch, ausgestattet mit elementarem historischen Wissen, dem Premierminister den perfiden Vergleich, den er zwischen der Hamas und den Nazis bzw. dem Londoner Blitzkrieg und den Kassam-Raketen in Shderot gezogen hat, abnehmen wird. Am Blitzkrieg – daran möge Netanjahu, der ja einiges an Geschichtswissen besitzt, erinnert werden – haben 400 deutsche Bomber und 600 Kampfflugzeuge teilgenommen, die 43 000 Menschen getötet und über eine Million Häuser zerstört haben. Die Hamas ist nicht einmal im Besitz ernstzunehmender Flugdrachen, und ihre Kassam-Raketen, die vielleicht primitivsten Waffen der Welt heute, haben 18 Menschen in acht Jahren getötet. Gewiss, sie haben Schrecken verbreitet – aber Blitzkrieg? Wenn es uns gestattet ist, eine an Kampfmitteln arme Terrororganisation mit der grauenerregenden Nazimaschinerie zu vergleichen, warum dürfen andere nicht den Vergleich zwischen dem Verhalten der IDF-Soldaten und dem der Nazis ziehen? In beiden Fällen handelt es sich um widersinnige, empörende und skandalöse Vergleiche".[10] Das Problem besteht allerdings nicht nur in der eklatanten Unhaltbarkeit des Vergleichs zwi-

schen den Realitäten und der diesem Vergleich aufgepfropften Nomen-
klatur, sondern nicht minder in der apologetischen Funktion und ideologischen Gewissensentlastung, die diese Melange aus narzisstischer
Selbstviktimierung und brutaler Aggression in Israels politischer Kultur erfüllen. Was immer Netanjahu selbst von dem geglaubt hat, was er
da der Weltöffentlichkeit vorsetzen zu sollen meinte, er durfte sich gewiss sein, dass seine Auslassungen in einem jahrzehntelang gepflügten,
dicht besäten und ordentlich bewässerten ideologischen Boden gängiger israelischer Selbstglorifizierung fußten. Kein Klischee eingeübten
Selbstmitleids, aber auch keine abgedroschene Pathosformel selbstherr-
licher Tugendhaftigkeit ließ er aus, um seinen Zuhörern die Gerechtigkeit seines Anliegens zu suggerieren. Die Vereinten Nationen interessieren Netanjahu nicht sonderlich. Er weiß sich darin eins mit Generationen von israelischen Politikern, deren Politik stets ein allzu performatives Zeugnis von dieser Einstellung ablegten. Gleichwohl hielt ihn
dies in seiner Rede nicht davon ab, sich im Hinblick auf die bevorste-
hende Annahme des Goldstone-Berichts in anklagend moralisierenden
Beschwörungen zu ergehen:

*„Delegierte der Vereinten Nationen, werden Sie diese Farce akzep-
tieren? Sollten Sie dies tun, würden die Vereinten Nationen zu ihren
dunkelsten Tagen zurückkehren, als die schlimmsten Menschenrechtsver-
letzer über gesetzestreue Demokratien zu Gericht saßen, als der Zionismus mit Rassismus gleichgesetzt wurde und eine automatische Mehrheit
erklären konnte, dass die Erde flach sei. Wenn diese Körperschaft diesen
Report nicht zurückweist, würde dies eine Botschaft an Terroristen al-
lerorts übermitteln: Terror zahlt sich aus; wenn du deine Attacken von
dicht besiedelten Gebieten aus beginnst, wirst du Immunität erlangen.
Außerdem würde diese Körperschaft mit der Verurteilung Israels dem
Frieden einen Todesstoß versetzen. Und zwar aus folgendem Grund.*

*Als Israel Gaza verlassen hat, hofften viele, die Raketenangriffe wür-
den aufhören. Andere glaubten, dass Israel wenigstens die internationale
Legitimität haben würde, sein Recht auf Selbstverteidigung auszuüben.
Welche Legitimität? Welche Selbstverteidigung? Dieselbe UNO, die Israel applaudiert hat, als es Gaza verließ, und uns versprochen hat, unser Recht auf Selbstverteidigung zu unterstützen, klagt uns – mein Volk,
mein Land – nun der Kriegsverbrechen an? Und weswegen? Wegen verantwortlichen Handelns in Selbstverteidigung? Was für ein Hohn!*

*Israel hat sich rechtmäßig gegen Terror verteidigt. Dieser parteiische
und ungerechte Bericht ist ein klarer Test für alle Regierungen. Werden Sie auf Israels Seite sein oder auf der der Terroristen? Wir müssen
die Antwort auf diese Frage nun erfahren. Jetzt und nicht später. Denn*

*wenn Israel erneut gefragt wird, mehr Risiken für den Frieden auf sich
zu nehmen, müssen wir heute wissen, dass Sie morgen auf unserer Seite
stehen werden. Nur wenn wir die Gewissheit haben, dass wir uns selbst
verteidigen können, werden wir in der Lage sein, weitere Risiken für
den Frieden einzugehen".*

Das Lächerliche an Netanjahus Beschwörungspathos bestand vor allem darin, dass er so tat, als würde er sich auch nur einen Deut darum scheren, was die Delegierten der Vereinten Nationen beschließen
würden. Er sagte es ja selbst: Würden sie nicht im Sinne Israels stimmen, bedeutete das nicht nur die Rückkehr zu den „dunkelsten Tagen"
der Weltorganisation, sondern auch ein dem Frieden versetzter „Todesstoß". Der Appell an die Delegierten basierte auf einer prästabilisierten
Konvention: Israel wird UN-Beschlüssen, die seinen Interessen widersprechen, keine Folge leisten und dabei auf das Veto der USA rechnen
dürfen, wenn die Beschlüsse von Israel selbst als israelfeindlich apostrophiert werden. Netanjahu beklagte die mögliche Rückkehr von Tagen der UNO, in denen „eine automatische Mehrheit erklären konnte, dass die Erde flach sei". Seine Worte entbehrten nicht der Wahrheit; in der Tat hat es eine solche Mehrheit gegeben – nur hat sie nie be-
schlossen, dass die Erde flach sei, sondern dass Israel sich aus den von
ihm im 1967er Krieg besetzten Gebieten zurückzuziehen habe, ein Beschluss, dem sich Israel stets verweigert hat. Das kam aber in Netanjahus Rede nicht zur Sprache. Die von ihm mit viel Verve beklagte Israelfeindschaft wurde enthistorisiert, kein Kalter Krieg, kein Blocksystem
erwähnt, kein Kontext, der diese Feindschaft in einen realpolitischen
Kausalbezug hätte setzen können. Der Kalte Krieg ist längst beendet,
das alte Blocksystem seit Jahrzehnten zusammengebrochen, der Weltzustand zutiefst verändert, geblieben ist aber – gefestigter denn je – die
israelische Okkupation mit allem, was sie an Leid, Not, Gewalt und
Gefahr nach sich zog und in sich birgt. Netanjahu hinderte dies jedoch
nicht daran, von Frieden zu schwadronieren:

*„Meine Damen und Herren, ganz Israel will Frieden. Jedes Mal,
wenn ein arabischer Führer wirklich Frieden mit uns schließen wollte,
haben wir Frieden geschlossen. Wir haben Frieden mit Ägypten unter
der Führung Anwar Sadats geschlossen. Wir haben Frieden mit Jordanien unter der Führung König Husseins geschlossen. Und wenn die Palästinenser wirklich Frieden wollen, werden ich und meine Regierung
und das ganze israelische Volk Frieden schließen. Aber wir wollen einen
echten Frieden, einen verteidigungsfähigen Frieden, einen dauerhaften
Frieden. 1947 stimmte diese Körperschaft für die Gründung von zwei
Staaten für zwei Völker – einen jüdischen Staat und einen arabischen*

Staat. Die Juden haben diese Resolution akzeptiert. Die Araber haben sie zurückgewiesen.

Wir bitten die Palästinenser darum, endlich das zu tun, was sie sich 62 Jahre lang zu tun geweigert haben: ja zu sagen zu einem jüdischen Staat. So wie wir darum gebeten werden, einen Nationalstaat für das palästinensische Volk anzuerkennen, müssen die Palästinenser darum gebeten werden, den Nationalstaat des jüdischen Volkes anzuerkennen. Das jüdische Volk ist kein fremder Eroberer im Land Israel. Dies ist das Land unserer Vorväter. An der Wand außerhalb dieses Gebäudes steht die große biblische Friedensvision geschrieben: ‚Eine Nation soll nicht gegen eine andere Nation das Schwert erheben. Sie sollen keinen Krieg mehr lernen'. Diese Worte wurden vor 2800 Jahren von dem jüdischen Propheten Jesaja gesprochen, als er in meinem Land, meiner Stadt, in den Hügeln von Judäa und den Straßen von Jerusalem wandelte.

Wir sind keine Fremden in diesem Land. Es ist unser Heimatland. So tief verbunden wir mit dem Land sind, erkennen wir doch, dass die Palästinenser auch dort leben und eine eigene Heimat haben wollen. Wir wollen Seite an Seite mit ihnen leben, zwei Völker, die in Frieden, Wohlstand und Würde leben. Aber wir müssen Sicherheit haben. Die Palästinenser sollten alle Befugnisse zur Selbstregierung haben, außer einer Handvoll von Befugnissen, die Israel gefährden könnten. Daher muss ein palästinensischer Staat effektiv entmilitarisiert werden. Wir wollen kein weiteres Gaza, keine weitere iranisch gestützte Terrorbasis, die an Jerusalem angrenzt und wenige Kilometer entfernt von Tel Aviv in den Hügeln sitzt.

Wir wollen Frieden. Ich glaube, dass solch ein Frieden erzielt werden kann. Aber nur, wenn wir die Terrorkräfte zurückdrängen, die vom Iran geführt werden, die den Frieden zu zerstören, Israel zu vernichten und die Weltordnung zu überwinden trachten. Die Frage, die sich der internationalen Gemeinschaft stellt, ist, ob sie bereit ist, diesen Kräften entgegenzutreten oder ob sie sich mit ihnen arrangiert. Vor mehr als 70 Jahren beklagte Winston Churchill, was er die ‚bestätigte Unbelehrbarkeit der Menschheit' nannte, die bedauerliche Angewohnheit zivilisierter Gesellschaften, so lange zu schlafen, bis die Gefahr sie fast überwältigt. Churchill beklagte den ‚Mangel an Voraussicht, die Unwilligkeit zu handeln, wenn Handeln einfach und effektiv wäre, das Fehlen klaren Denkens, das Durcheinander des Beratens, bis der Notfall eintritt, bis der kreischende Gong der Selbsterhaltung ertönt'. Ich spreche heute hier in der Hoffnung, dass Churchills Einschätzung der ‚Unbelehrbarkeit der Menschheit' ein für alle mal widerlegt wird. Ich spreche hier heute in der Hoffnung, dass wir aus der Geschichte lernen können – dass wir die Gefahr rechtzeitig abwenden können. Lassen Sie uns im Geis-

*te der zeitlosen Worte Josuas von vor über 3000 Jahren stark und guten
Mutes sein. Lassen Sie uns dieser Gefahr begegnen, unsere Zukunft si-
chern und, so Gott will, einen dauerhaften Frieden für die kommenden
Generationen schmieden".*

Das war in der Tat ein angemessener Schluss für diese Rede. „Ganz
Israel will Frieden", versicherte Netanjahu. Er hätte auch sagen mögen:
Ganz Italien will gesund oder alle Usbeken wollen reich sein. Natürlich
will ganz Israel den Frieden, aber unter welchen Bedingungen will es
ihn? Israel will schon immer den Frieden, es will nur nicht den Preis für
ihn zahlen. Niemand weiß das besser als Netanjahu selbst. Mit Ägypten und Jordanien ließ sich Frieden schließen, weil Israel den Preis gezahlt hat (im Falle Ägyptens), oder weil es im geopolitischen Interesse
des Partners lag (im Falle Jordaniens). Wo Israel den Preis nicht zahlen wollte (im Falle Syriens), gibt es bis heute keinen Frieden, ganz zu
schweigen von den Palästinensern, wo Israel den Kuchen aufessen, ihn
zugleich aber auch ganz erhalten möchte. Wenn Netanjahu sagt: „Das
jüdische Volk ist kein fremder Eroberer im Land Israel. Dies ist das
Land unserer Vorväter", dann meint er entweder, schon „unsere Vorväter" seien Eroberer gewesen (was sie historisch wie auch im mythischen
Narrativ tatsächlich waren), oder aber, dass das Land zu dem „unserer
Vorväter" wurde, weil es gottverheißen, mithin von Gott so gewollt
war. In beiden Fällen kann man nur den Kopf schütteln: Da steht das
Oberhaupt eines modernen Staates vor der Weltöffentlichkeit und be-
gründet den ausgebliebenen Frieden seines Landes mit einem Kollektiv,
das den Preis für die Gründung seines Staates realhistorisch gezahlt hat,
nicht etwa mit der Realität der seit Jahrzehnten perpetuierten Unterdrückung des historischen Opfers, sondern mit der Unerhörtheit, dieses Opfer könne irgendwelche Ansprüche erheben, bzw. mit dem Re-
kurs auf eigene, religiös abgepolsterte Ansprüche aus mythischen Vorzeiten. Unerörtert mag hier bleiben, dass die Palästinenser Israel schon
längst anerkannt haben. Was sie nicht anerkannt haben, ist die fortwährende israelische Okkupation bzw. die ihnen gestellten Vorschreibun-
gen, unter welchen Bedingungen diese Okkupation zu beenden sei. Da
kann Netanjahu Jesaja, Churchill oder sonst wen herbeibemühen, die
Demagogie fruchtet nichts: Es bleibt, was vor wie nach der Rede jedem
klar war und ist – Israel hat die Gebiete der Palästinenser okkupiert;
Israel allein hat es in der Hand, diesen Zustand aufzuheben. Ob Israel
das will, bemisst sich nicht an pathetisch vorgetragenen Bereitschafts-
deklarationen, sondern einzig daran, wie Israel in dieser Sache *handeln*
wird. Dass Israel nicht so leicht handeln kann, wie es die reale Konstellation des Okkupationszustands gebietet, hat wenig mit den in Ne-

tanjahus Rede beschuldigten Palästinensern zu tun, viel hingegen mit
der inneren Sackgasse, in die sich das Land manövriert hat: Israel kann
den Rückzug aus den besetzten Gebieten vollziehen, dabei aber einen
innerisraelischen Bürgerkrieg riskieren; es kann hingegen beschließen,
diese Gebiete nicht mehr zu verlassen, in welchem Fall es der objektiven Entstehung einer binationalen Struktur nolens volens Hilfe leisten
würde. Beide Optionen stellen eine ernste Bedrohung für das gesamte
zionistische Projekt dar. Das muss Benjamin Netanjahu, der sich die
rechtsgerichtetste Regierungskoalition der gesamten israelischen Parlamentsgeschichte konstruiert hat, besser wissen als viele andere. Und
weil er in dieser Situation weder ein noch aus weiß, rekrutiert er den
Iran, die Shoah, die friedensunwilligen Palästinenser und die feindseli-
ge Weltöffentlichkeit als Blitzableiter im sich gegenwärtig global über
Israel ergießenden Gewitter. Nicht von ungefähr meinte Gideon Levy,
Netanjahus Rede vor der UN-Vollversammlung habe „das Andenken
der Shoah banalisiert"[11]. Das tat sie ohne Zweifel, aber daran ist man in
Israel längst schon gewöhnt. Kein Tag vergeht, an dem diese zum festen
Bestandteil der israelischen Politkultur gewordene Erscheinung sich
nicht in verschiedensten Bereichen des öffentlichen Diskurses reproduzieren würde. Gefährlich wird es freilich, wenn sich dieses Grundmus-
ter realpolitisch formt und Israels Außenpolitik beginnt, in alle Richtungen mit „Shoah", „Antisemitismus" und anderen verwandten Ideologemen als leere Worthülsen herumzuschleudern. Das Phänomen des
gegenwärtigen israelischen Außenministers, Avigdor Lieberman, bietet
hierfür ein eklatantes Paradebeispiel.

Der Außenminister

Avigdor Lieberman, Israels gegenwärtiger Außenminister, hat ohne Zweifel Profil. Man hat ihn bereits als Faschisten, Rassisten, Rechtsradikalen und Rechtspopulisten apostrophiert, und er hat stets alles in seinen Kräften Stehende getan, um den ihm zugeschriebenen Attributen gerecht zu werden. Araber mag er nicht, Avigdor Lieberman. Darin weiß er sich mit vielen jüdischen Israelis gesinnungsverwandt, aber man muss schon von einer ganz bestimmten staatsoffiziellen politischen Ecke Israels kommen, um die ungeliebten arabischen Bürger des Landes eine „fünfte Kolonne" zu nennen, ihren „Transfer" aus Israel zu fordern, um das Land araberrein werden zu lassen, oder darauf zu bestehen, die im Land verbleibenden einem Loyalitätstest zu unterziehen: Mit der Parole „Ohne Loyalität keine Staatsbürgerschaft" ging er in den letzten Wahlkampf und ließ sich keine Minute lang von sich darüber echauffierenden Medien beirren. Lieberman lässt sich durch nichts beirren. Er, der 1978 im Alter von 20 Jahren aus der Sowjetunion nach Israel emigrierte, weiß ganz genau, was gut ist für Israel. Israelische Araber und Linke gehören nicht dazu. Sie gelten ihm als Landesverräter, und er weiß Bescheid, wie mit ihnen umzugehen sei. Dass er sich dabei brachial gibt, ist keine bloß äußere politische Mache; der Mann *ist* gewalttätig: Nicht nur ging er in seinen studentischen Jahren mit Fahrradketten auf „Araberjagd" und machte sich einen Namen als Schläger (er war Türsteher in seinem Herkunftsland); im Jahre 2001 verurteilte ihn das israelische Gericht zu einer Geldstrafe von 17.500 Schekel wegen Gewaltanwendung gegen einen Minderjährigen. Yossi Sarid, damaliger Oppositionsführer der Knesset, wusste schon, was er sagte, als er erregt rief: „Keine Chance, Kinder gegen Gewalt zu erziehen, wenn in der Regierung Minister wie Avigdor Lieberman sitzen, die Gewalt gegen Kinder praktiziert haben"[12]. Sarid hätte freilich den breiteren Kontext des Lieberman-Phänomens zur Sprache bringen können (was er im Laufe seiner reichen politischen Laufbahn auch oft genug getan hat), nämlich den, dass der permanente Gewaltzustand, in dem sich Israel nicht zuletzt durch die Alltagsbrutalität der eigens reproduzierten Okkupationspraxis befindet, Politiker vom Schlage Liebermans nahezu zwangsläufig in prekäre Machtpositionen katapultiert.

In der Tat sind die persönlichen Eigenschaften Liebermans zwar abstoßend, stellen aber nicht das eigentliche Problem dar. Lieberman ist nur das Symptom verborgener, in breiten Schichten der israelischen Gesellschaft lungernder Bedürfnisse. Er verkörpert lediglich, was sich in den

fünfzehn Mandaten kundtut, die seine Partei, *Israel Beitenu*, bei den
Knessetwahlen von 2009 errungen hat. Dass sie mit diesem Wahlergeb-
nis zur drittstärksten Partei des israelischen Parlaments avancierte, ist
nicht nur deshalb ein Problem, weil ihre Stärke den rabiaten Politiker in
die Position des israelischen Außenministers hievte, sondern vor allem
auch deshalb, weil sich darin ein genuiner Wille vieler Israelis widerspiegelt. Man hat sich oft gefragt, wie Lieberman so viel Macht akkumulieren konnte. Die Antwort liegt wohl zum Teil darin, dass viele der Ein-
wanderer aus der ehemaligen Sowjetunion in ihm ihren „authentischen"
Vertreter erblicken: In einer repressiven politischen Kultur sozialisiert,
lieben sie zumeist den „starken Mann", hassen alles, was sich „links" ausnimmt bzw. nach „Sozialismus" riecht (die erbärmliche, von dem, was
sie einst ausmachte, längst abgekommene Arbeitspartei erscheint ihnen
heute noch als „linker" Ausbund eines israelischen „Stalinismus") und
zeichnen sich durch eine von geschärftem kulturellem Dünkel gespeiste
Aversion gegen „Fremde", insbesondere Araber (und orientalische Juden), aus. Es ist schon bemerkenswert, was eine lang anhaltende sowjet-
kommunistische Wirklichkeitserfahrung alles an Ressentiments verdeckt
haben muss, dass dabei so viel manifester Rassismus und Fremdenhass,
gepaart mit autoritärer Machtverherrlichung, wie sie Lieberman repräsentiert, herauskommen konnte. Aber die Resonanz innerhalb der eine
Million Menschen zählenden russischen Einwanderung der 1990er Jahre bietet nur einen Teil der Erklärung für Liebermans Erfolg. Denn seine
auf sektorale Belange und Interessen der russischen Ethnie beschränkte
politische Aktivität konnte letztlich keinen Machtanspruch in der allgemeinen israelischen Politik rechtfertigen, mochte ihm gerade diese Immi-
grantenklientel noch so sehr zur besagten Machtakkumulation verhelfen.
Das begriff er sehr bald selbst und erweiterte den Wirkungskreis seiner
Agitation, indem er – selbst Erzeugnis einer stalinistischen Tradition –
die Integration in die große israelische Politik als Sachwalter einer kruden, paranoid geschwängerten Ideologie der Verfolgung und Beseitigung
von „inneren Feinden" in Gang setzte und vorantrieb. Er traf damit ins
Schwarze: Eine infolge des zusammengebrochenen Osloprozesses und
der zweiten palästinensischen Intifada stagnierende Politik der Hoff-
nungs- und Perspektivlosigkeit erwies sich zunehmend als fruchtbarer
Boden für die innere nationale Konsolidierung durch einen rassistisch
gespeisten Hass auf den „Feind" im Innern und die verfolgungswahnar-
tige Absetzung vom Rest der Welt nach außen hin.
    Mitte Dezember 2009 sprach Lieberman auf einer Jerusalemer „Ta-
gung gegen Antisemitismus". Verschiedenenorts, sagte er, mache man
vom Antisemitismus Gebrauch, um „Hass gegen Juden zu schüren und

die Delegitimation Israels zu betreiben"; er erkannte darin einen „neu-
en Antisemitismus", der seine Geburtsstunde auf der Durban-Welt-
konferenz gegen Rassismus im Jahre 2001 gehabt habe. Keinen souveränen Staat auf der Welt gebe es, dessen Existenzrecht als Staat so infrage gestellt wird wie das Israels, fuhr der Außenminister fort und fügte
dem die Erkenntnis hinzu: „Die hinter dieser Attacke stehenden Menschen haben eine Grenze überschritten. Sie wollen den jüdischen Staat
zerstören und versuchen, das Selbstbestimmungsrecht des jüdischen
Volkes in Abrede zu stellen". Die UNO-Rede Netanjahus diente ihm
bei dieser Gelegenheit als Steilvorlage zur obligatorischen Heranzie-
hung der Shoah: Beängstigend sei es, dass „nur sechzig Jahre nach dem
Grauen der Shoah wir uns Beispielen von Antisemitismus konfrontiert
sehen, die von Iran finanziert werden. Der Iran leugnet den Holocaust,
ruft auf zur Vernichtung Israels und ist bestrebt, in den Besitz von Nuklearwaffen zu kommen. Das alles gemahnt an Geschehnisse, die sich
vor siebzig Jahren zugetragen haben".[13]

Was an einem Antisemitismus, der Hass gegen Juden schüren möchte, *neu* sein soll, darf hier unerörtert bleiben. Gemeinhin stellt man sich
unter Antisemitismus genau das vor bzw. Formen der Aversion gegen
Juden (zu denen selbstverständlich auch der Hass gehört), die als Ge-
sinnungsspektrum, das sich von ungehaltenem Nasenrümpfen über gesellschaftliche Ausgrenzung bis hin zu ausufernden Vernichtungsphan-
tasien erstrecken mag, nach Verbreitung streben. Nichts Neues daran.
Auch der vermeintlich automatische Konnex von Antisemitismus und
Antizionismus (der mitnichten für selbstverständlich erachtet werden
sollte[14]) kann nicht gerade als *neu* gelten. Genau um diesen Konnex ging
es Lieberman aber letztlich. Israelische Politiker aller Couleur kümmern sich für gewöhnlich kaum um antisemitische Vorkommnisse in
der Welt, sofern sie Israel nicht direkt tangieren. Man gibt sich „ent-
rüstet", wenn sich daraus politisches Kapital schlagen lässt, zuckt aber
im übrigen mit der Schulter, als wolle man indizieren, dass man sich
über dieses Schicksal „diasporischer Juden" ganz und gar nicht wun-
dere. „Interessant" wird der Antisemitismus für sie erst, wenn er sich
an Antizionismus und Israelkritik anbinden lässt. Nicht von ungefähr
setzte Lieberman die Geburtsstunde des „neuen Antisemitismus" mit
der Durban-Konferenz von 2001 an. Man darf Wesen und Ertrag dieser
Konferenz, zumindest was Israel belangt, mit Fug und Recht als scheinheilig und verlogen verwerfen. In der Tat konnte man sich darüber entrüsten, dass gerade „Diktatoren, die Tausende Menschen auf dem Gewissen haben, [...] das demokratische Israel als rassistischen Staat" be-
zeichneten.[15] Von mörderischen Diktatoren muss man sich nichts vor-

halten lassen. Zu fragen bleibt gleichwohl, ob Israel wegen der Unangemessenheit der Kritiker auch schon von dem, was man ihm zurecht anlasten kann, automatisch entlastet werde; darüber hinaus aber auch, wessen Kritik Israel überhaupt zuzulassen gewillt ist, ohne den Kritiker gleich als „neuen Antisemiten" abzustempeln.

Für Lieberman erhob sich diese Frage in seiner Jerusalemer Rede erst gar nicht. Er selbst prägte ja den Begriff des „neuen Antisemitismus", um sicherzustellen, jedwede Kritik an Israel von vornherein in Verruf zu bringen, dies umso mehr, als es um schwerstes Geschütz ging: die Zerstörung des jüdischen Staates, die Delegitimation seiner Existenz sowie die Infragestellung des Selbstbestimmungsrechtes des jüdischen Volkes. Nicht weniger. Nun darf man sich freilich fragen, was es genau sei, das der ansonsten unerschütterliche Lieberman so beängstigend an alledem findet. Meint er allen Ernstes, dass sich irgendjemand in der Nahostregion – der Iran eingeschlossen – einfallen lassen könnte, Israel in seiner physischen Existenz bedrohen zu wollen, ohne dabei Gefahr zu laufen, selbst eliminiert zu werden? Glaubt er wirklich, Israels erklärte Feinde würden nicht wissen, welches Zerstörungspotential sein Land für diesen endzeitlichen Ernstfall akkumuliert hat? Mag sich Irans Präsident das Verschwinden des zionistischen Staates noch so sehr herbeisehnen, es darf davon ausgegangen werden, dass selbst er mit dem nötigen Realitätssinn und Einschätzungsvermögen ausgestattet ist, um zu wissen, wie sehr es in Israels Macht liegt, seine eigene Zerstörung zur Verwüstung weiter Räume des gesamten Nahen Ostens ausarten zu lassen. Inwieweit dabei Lieberman seine eigenen Gewaltphantasien auf andere projiziert, sei dahingestellt. Ähnliches (und davon abgeleitet) lässt sich über die von Lieberman beklagte Delegitimation der Existenz Israels behaupten. Es dürfte Lieberman nicht entgangen sein, dass die Legitimität der Gründung des israelischen Staates und seiner Existenz von nicht wenigen Staaten und Organisationen in der Welt bereits seit Jahrzehnten in Abrede gestellt wird. Er wird auch wissen, dass dies etwas mit dem zu tun hat, was man heute als den Nahostkonflikt zu apostrophieren pflegt. Vor allem aber weiß er, dass diese delegitimierende Position der *realen* Existenz Israels nie einen Abbruch getan hat, und dass selbst diese Position sich weitgehend in Wohlgefallen auflösen dürfte, sobald der Nahostkonflikt, in welchem besagte Delegitimation als Ideologem der Macht- und Einflusslosen (in Verbund mit potenteren Interessenten in der Welt) fungiert, friedlich und endgültig beigelegt würde. Was also beklagt der israelische Außenminister? Dass diejenigen, die (aus welchen Gründen auch immer) anti-israelisch eingestellt sind, sich dessen bedienen, was sich ihnen als vermeintliche „Waffe"

gegen Israel bietet? Seit wann ist er, dessen Partei- und Ministerialpo-
litik das Rabiate zur Tugend erhoben hat, so emphatisch um formal
gewährte Legitimation besorgt? Und es muss in ebendiesem Kontext
auch gefragt werden, wieviel Zynismus sich ein Repräsentant Israels
leisten darf, um – ohne mit der Wimper zu zucken – zu monieren, dass
man das Selbstbestimmungsrecht des jüdischen Volkes in Abrede stelle.
Er, der einen Staat vertritt, dessen ehemalige Premierministerin Golda
Meir sich nicht entblödete, zu proklamieren, dass es *kein* palästinensi-
sches Volk gebe; dessen Raison primär darauf basiert, das Selbstbestimmungsrecht der Palästinenser mit allen Mitteln zu bekämpfen; und dessen Außenpolitik sich seit Jahrzehnten auf die Verhinderung der Gründung eines palästinensischen Staates als *reale* Umsetzung des Selbstbe-
stimmungsrechts des palästinensischen Volkes kapriziert – gerade er erlaubt sich, Krokodilstränen darüber zu vergießen, dass man das Selbstbestimmungsrecht des jüdischen Volkes *rhetorisch* ankratzt?

An Lieberman muss allerdings eine ungleich schwerwiegendere
Frage gestellt werden: Was hat Israels Politik, vor allem die der Besat-
zungsbarbarei, dazu beigetragen, um den von Lieberman so benannten „neuen Antisemitismus" zu schüren? Und welchen Anteil hatte
nicht zuletzt er selbst an dieser Entwicklung in den letzten Jahren?
Man kann die Frage spontan mit der Begründung abschmettern, Antisemiten bräuchten keinen Anlass, um ihrem Antisemitismus zu frönen. Und doch sei auch hier zur Sprache gebracht, was bereits andernorts zur Reflexion angeboten wurde:[16] Erst seit Errichtung des
zionistischen Staates, der ja das „jüdische Problem" ein für allemal lösen sollte, haben Juden in Israel angefangen, den Hass diverser Nichtjuden „ehrlich zu verdienen". Das will mitnichten besagen, es gebe
keine Antisemiten mehr auf der Welt, schon gar nicht, dass man das
Pathologische ihrer Gesinnung rechtfertigen könne oder solle. Aber
welche „humanistische" Rationalisierung für ihr Ressentiment liefert
ihnen der Zionismus – gerade er, der zu dem verkommen ist, was Israels Staat seit Jahrzehnten mit dem Okkupationsregime betreibt und
an „Errungenschaften" aufzuweisen hat.

Was nun Lieberman selbst anbelangt, bedarf es keiner tiefschür-
fenden Interpretation, um seinen Beitrag zum Ansehen Israels in der
Welt einzuschätzen. Es scheint, als stelle sich das Entsetzen über seine
Aktivität (vor allem als Außenminister) wie von selbst ein. Stellver-
tretend für unzählige Auslassungen darüber sei hier aus dem Leitartikel der „Haaretz" vom 29.12.2009 zitiert: „Dutzende israelischer Botschafter aus aller Welt wurden letzte Woche in Jerusalem versammelt,
um aus dem Munde ihres vorgesetzten Ministers vergessene Kapitel

der israelischen Außenpolitik zu lernen. Avigdor Lieberman versteift sich darauf, Israel in die schlimmen Zeiten von ‚Alle Welt ist gegen uns' und ‚Es gibt keinen Gesprächspartner' zurückzuversetzen. Der Außenminister, dessen Auftrag es ist, Israels Ansehen in der internationalen Staatengemeinschaft als ein friedenswilliges Land zu fördern, hat einen schändlichen gewaltbeseelten Zugang präsentiert. Lieberman ist längst schon zur *persona non grata* in den Schlüsselstaaten des Nahen Ostens und Europas geworden. Er hat den Sitz, den einst Personen wie Moshe Sharett, Golda Meir, Abba Eban, Yigal Alon, Moshe Dayan, Shimon Peres und Yitzhak Shamir innehatten, zu einer ‚Bank der Spötter' verkommen lassen". Entsprechend hieß es nach einigen plastischen Ausführungen im Schlussteil des Artikels: „Israel kann es sich nicht leisten, dass ein extremistischer und verantwortungsloser Politiker wie Lieberman als sein Schaufenster in der Welt fungiert. Die Ernennung Liebermans zum Außenminister erweist sich als einer der gravierendsten Fehler Netanjahus bei seiner Regierungsbildung. Wenn der Premierminister wirklich daran interessiert ist, Friedensinitiativen voranzutreiben und das Vertrauen der internationalen Staatengemeinschaft zu gewinnen, muss er diesen Fehler korrigieren und Lieberman aus seinem Amt entlassen".[17]

Das lässt sich freilich im Leitartikel einer Zeitung leichter fordern, als im Sumpf realer Interessenpolitik durchführen. Ob Netanjahu über Liebermans Ausrichtung allzu ungehalten ist, darf bezweifelt werden; im großen Ganzen gehören beide demselben Gesinnungsfeld an. Aber selbst, wenn es Netanjahu wollte, könnte er es sich gar nicht leisten, Lieberman zu entlassen. Er ist auf ihn als Koalitionspartner angewiesen (was an sich schon auf die Substanz der gegenwärtigen hohen israelischen Politik schließen lässt). Und so kann Lieberman walten, wie es ihm gefällt und ihn gelüstet. Besonderen Gefallen findet er offenbar an schulmeisterlicher Rüge. Seine Anweisung an die 150 versammelten Botschafter lautete schlicht, man solle gefälligst aufhören, „sich vor den Staaten der Welt zu erniedrigen". Er sei Botschaftern begegnet, deren „Solidarität mit der anderen Seite" so groß sei, dass sie diese immerzu rechtfertigen und erklären wollen. Das Problem der israelischen Diplomatie über Jahre bestünde genau darin, „die Ehre des israelischen Staates" in nicht genügendem Maße zu wahren. Begriffe wie Ehre hätten nun mal Gewicht im Nahen Osten; daher dürfe es keine Einstellung der „Selbsterniedrigung und Selbstverneinung" sowie des Bedürfnisses geben, die andere Seite immer erklären zu wollen. „Wir werden keinen Anlass zu Konflikten und Reibungen suchen", sagte er, „aber auch nicht die andere Wange hinhalten. Bei jedem Vorkommnis wird es künftig eine Reaktion geben. Das ist die Politik, die ich den Botschaftern abfordere. Die Zeit der Selbsterniedrigung ist vorbei. Man muss den Staat, bei dem man zu Gast ist, respektieren und gute Beziehungen zu ihm wahren. Kränkungen und Schmähungen werden aber nicht mehr hingenommen".[18] Es ist schon bemerkenswert, wie Lieberman es sich leisten kann, im Diskursfeld harscher Interessen- und Machtpolitik auf archaisch anmutende, biblisch-religiösen und ritterlichen Vorstellungswelten entnommene Begriffe wie Ehre, Selbsterniedrigung und Vergeltung zu insistieren. Noch bemerkenswerter allerdings, mit welcher Unverfrorenheit er sich gestattet, diese Begriffe zu entkontextualisieren, so, als gebe es keine nachvollziehbaren Gründe für die Tatsache, dass Israel sich Kritik – von ihm natürlich nur als „Kränkungen und Schmähungen" rezipiert – ausgesetzt sieht. Ist schon das Metier der Diplomatie scheinheilig-verlogen, mit dem Ziel gleichwohl, Konfliktwogen zu glätten, so schafft es Lieberman, die Raison des ihm staatsoffiziell unterstellten Bereich der Diplomatie auszuheben, dabei aber auch noch verblendet-bigott zu bleiben. Nicht von ungefähr sah man sich zu besorgtem Kommentar über die Diplomatentagung veranlasst: „Seitdem Lieberman das Amt des Außenministers übernommen hat, ist die israelische Diplomatie ungleich aggressiver geworden als in der Vergangenheit. Das Außenministerium empört sich wütend gegen jeden Staat, der Israel öffentlich angreift, aber in den letzten Monaten wurde aus Jerusalem eine besonders scharfe ‚Megaphon-Diplomatie' gegen die Schweiz, die Türkei, gegen Schweden, Norwegen, Britannien und sogar die USA geführt".[19] Lieberman contra mundum.

Wie sehr es aber bei diesem pathetisch sich aufspreizenden Rumgetöne über „neuen Antisemitismus", israelische „Ehre", „Selbsterniedrigung" und dergleichen letztlich um wichtigtuerische Selbstdarstellung geht; wie sehr die groteske Überspanntheit im Diplomatischen umkippt und die Aufplusterung sich als Politfurz herausstellt, sobald es sich um reale staatliche Interessen handelt, sollte sich am diplomatischen Eklat mit der Türkei im Januar 2010 erweisen. Zur Klärung des Zusammenhangs seien einige Einblicke vorangeschickt. Seit etwa 50 Jahren unterhält Israel mit der Türkei, zwei Staaten derselben geopolitischen Region, enge militärische und wirtschaftliche Beziehungen, die sich mitunter politisch auswirken, etwa auf Israels fortwährende Bereitschaft, den von Türken im Ersten Weltkrieg an den Armeniern begangenen Genozid *nicht* als solchen anzuerkennen (ein Umstand, der sich freilich mit Israels verzerrter Ideologie verbindet, die „Einzigartigkeit der Shoah" vor Vergleichen zu bewahren), aber auch in der Annahme der Türkei als Vermittlerin von heimlichen Kontakten zwischen Israel und Syrien im Hinblick auf ein

mögliches Abkommen zwischen beiden Staaten. Unter kemalistisch ausgerichteten Regierungen der Türkei bildete dies kein Problem, zumal die
blockgesteuerte Geopolitik des Kalten Krieges Türkei wie Israel in die
globale Einflusssphäre der USA und die Abhängigkeit beider Mittel-
meerstaaten von ihnen zwängte. Das änderte sich im letzten Jahrzehnt.
Das Ende des Kalten Krieges beendete die strukturelle Abhängigkeit der
Türkei von den USA als Schutzmacht vor der Sowjetunion; Europas De-
facto-Weigerung, die Türkei in die EU aufzunehmen, schwächte die pro-
westlich-modernen, säkularen Kräfte der Türkei merklich; damit einhergehend stieg eine islamistisch ausgerichtete, zunächst noch moderate Partei auf, die trotz zunehmender Radikalisierung Machtzentren des türkischen Staates nach und nach zu besetzen vermochte.[20] Es waren diese
Faktoren u.a., die die Grundlage für eine Neuorientierung der türkischen
Außenpolitik schufen: Türkei unter Ministerpräsident Erdoğan glitt interessengeleitet in die geopolitische Konstellation einer (künftigen) Achse
Syrien-Iran-Türkei. Das Militär spielt dabei eine eigentümliche Rolle, die
es nolens volens in ein Dilemma stürzt: Es verkörpert zum einen die Bas-
tion einer säkular-moderner Ausrichtung der Türkei, kann es sich aber
zum anderen nicht leisten, die Macht (wie in der Vergangenheit) durch
einen Militärputsch zu erobern, weil dies unweigerlich das Ende des „europäischen Traums" bedeuten würde, dessen Lager, wie gesagt, gerade
durch das Militär repräsentiert wird.[21]
    Für Israel bedeutete diese Umorientierung der Türkei eine merkliche
Anspannung im Bereich der hohen Politik. Zwar störten sich zahllose israelische Touristen nicht daran und bereisten weiterhin die Türkei als eines ihrer beliebtesten Urlaubsländer, aber zwischen den politische Repräsentanten beider Staaten entfachte sich nach und nach eine (primär von
Erdoğan) giftig gesteuerte Polemik. Bei aller Berechtigung einer noch so
vehementen Kritik an Israels Besatzungspolitik, darf man sich dabei doch
auch fragen, welches Interesse die zunehmend israel-kritischen Moral-
auslassungen des türkischen Ministerpräsidenten antreibt. Fragen sollte
man sich das in der Tat, die Lage analysieren, die inzwischen davon relativ unberührt gebliebene *reale* Bilateralität außerhalb der symbolischen
Sphäre marktschreierischer Polemik im Auge behalten und zweckratio-
nale Schritte feinfühliger diplomatischer Arbeit in Gang setzen, um den
entstandenen Schaden zu begrenzen und eine mögliche Wende in der Beziehung beider Staaten anzusteuern. Das geht aber nicht, wenn man einen
im Porzellanladen wütenden Elefanten zum Außenminister hat – und so
kam es, wie es nur unter Lieberman kommen konnte und musste.
    Am 11.1.2010 wurde der türkische Botschafter Ahmet Oguz Celik-
kol von Israels stellvertretendem Außenminister Daniel Ayalon zu ei-

nem sorgfältig inszenierten Rügen-, um nicht zu sagen: Rüffelgespräch einbestellt. Anlass war eine türkische Fernsehserie, in der israelische Soldaten als kriminell handelnde Mörder verunglimpft wurden. Ob solcher Ungehörigkeit sollte der Botschafter gedemütigt werden, und zwar nicht nur performativ, gleichsam für sich redend, sondern auch durch eine zuvor mitgelieferte Erläuterung des stattfindenden Erniedrigungsaktes: Vor laufenden (vom Außenministerium vorbestellten) Kameras kündigte der kreative Vizeaußenminister (auf Hebräisch, auf dass der türkische Botschafter vom Vorhaben nichts mitbekomme und die Überraschung perfekt sei) an, er werde dem Botschafter nicht die Hand reichen; auf dem Tisch werde keine türkische Fahne neben der israelischen stehen; kein Getränk würde angeboten und obendrein der türkische Diplomat auf einem niedrigeren Sitz als die drei anwesenden israelischen Repräsentanten platziert werden. Man muss sich die Photos vom Event anschauen, vor allem die ob des maskenhaft aufgesetzten Ernstes wahrlich nicht erntzunehmende Miene und lächerlich anmutende Pose Ayalons, um sich klarzumachen, mit welch infantilem Kasperletheater die diplomatischen Beziehungen beider Länder bewusst aufs Spiel gesetzt wurden. Der türkische Botschafter sagte danach, während seiner 30jährigen Arbeit im türkischen Außenministerium sei er noch nie so gedemütigt worden; wenn Ayalon mutig genug gewesen wäre, auf Englisch zu reden, hätte er eine scharfe Reaktion an Ort und Stelle erwarten dürfen. Das türkische Außenministerium sprach seinerseits von einem „Erdbeben" in den Beziehungen beider Staaten. Israels Außenministerium hätte alle Regeln der Diplomatie durchbrochen und möge sich nun für sein unerhörtes Verhalten entschuldigen. Den Vorwurf, besagte Fernsehserie sei antisemitisch durchsetzt, verwarf das Ministerium mit der Erklärung, die Anschuldigung entbehre jeder Grundlage; die Türkei sehe den Antisemitismus als ein „Verbrechen gegen die Menschheit" an, was diesbezügliche Äußerungen von Ministerpräsident Erdoğan aufs deutlichste bezeugten. Von anderer offizieller Seite hieß es darüber hinaus, dass wenn die TV-Serie das Problem darstelle, man sich in Israel darüber klar werden sollte, dass die Türkei „nicht der Iran ist und ihre Medien frei sind". Im übrigen täte Israel gut daran, seine Außenpolitik nicht „auf dem Altar innenpolitischer Koalitionskonflikte zu opfern".[22]
　　Auf die Forderung der Türkei, Israel möge sich für sein Verhalten dem Botschafter gegenüber entschuldigen, andernfalls werde dieser in die Türkei zurückberufen, reagierte der stellvertretende Außenminister mit der großmäuligen (von seinen Oberen freilich unterstützten) Erklärung, Israel werde sich nicht entschuldigen, um dann aber doch

eine halbherzige Entschuldigung vom Stapel zu lassen, die aber von
der Türkei mit der Begründung abgelehnt wurde, sie reiche nicht aus.
Israel spielte sich daraufhin mit der Deklaration auf, es werde keine
weitere Entschuldigung geben, um dann aber, noch am Abend des-
selben Tages, dem türkischen Botschafter einen angemessenen Entschuldigungsbrief zukommen zu lassen. Später erfuhr man, dass die
Entsendung des Briefes sich verzögerte, weil Netanjahu einer Koalitionskrise mit Lieberman, der offenbar gegen jede Form staatsoffizieller Entschuldigung war, ausweichen wollte. Erst auf Druck des Staatspräsidenten Shimon Peres sei es zu einem Einvernehmen im Lösungs-
modus des Ungemachs gekommen.[23]
    Die kritische Presse Israels (und nicht nur diese) wetterte gegen die
Farce. „Eselei im Außenministerium“ hieß der Titel eines Leitartikels
der „Haaretz“, der darauf hinwies, dass das Außenministerium es vor-
gezogen habe, sich die Fernsehserie vorzuknöpfen und die „Türkei der
Verbreitung des Antisemitismus zu zeihen, weil dies ein bequemeres
und leichteres Ziel ist, als sich mit sachlicher Kritik auseinander zu setzen“. Die Wut auf Kritiker der israelischen Politik im Gazastreifen sei
nicht neu. „Aber man muss kein ‚radikaler Muslim‘ oder ‚Freund Syriens und Irans‘ sein, um zu begreifen, dass das Einsperren von eineinhalb Millionen Bürgern im Gazastreifen keine Politik ist, sondern
Misshandlung. Auch nahe Freunde Israels warnen vor einer Fortsetzung dieser brutalen Politik, die Israels Interessen und die engen Beziehungen mit der Türkei bereits schwer geschädigt hat“.[24] Yossi Sarid be-
titelte seinen Kommentar mit „Wenn der Lieberman-Sklave zur Herrschaft gelangt“ (auf den in Israel geläufigen Bibelspruch „Wenn der
Sklave zur Herrschaft gelangt“ anspielend) und stellte fest: „Das vom
Geiste Ben-Gurions beseelte Israel wollte das jüdische Volk in die Geschichte und zur Völkergemeinschaft zurückführen. Aber Israel selbst
insistiert darauf, das gestörte Stiefkind dieser Gemeinschaft abzugeben.
Netanjahu und Lieberman führen uns zurück ins geschlossene Ghetto
und umringen es mit Mauer und Zaun. Das zeugt nicht von Selbstbe-
wusstsein, sondern umgekehrt: Es ist eine Demonstration diasporischer
Schwäche, als wären wir noch immer Pharaos Sklaven. Pharao haben
wir überstanden, nicht sicher ist, dass wir diese Regierung überstehen
werden, die einen so niedrigen Menschen auf einen so hohen Sitz hievt.
Wie lächerlich, wie furchterregend“.[25] Nahostexperte Zvi Barel machte den angerichteten Schaden darin aus, dass die türkische als „einzige
muslimische Bevölkerung im Nahen Osten, die im jüdischen Israel einen historischen Verbündeten – Erben der Allianz zwischen den Juden
und dem Osmanischen Reich – sah,“ vom Demütigungsakt erschüttert

wurde: „Der dem Botschafter zugewiesene niedrige Sitz hat jeden Türken daran erinnert, wie türkische Sultane fremde Botschafter zu erniedrigen pflegten. Das wird er kaum je verzeihen können".[26]
Entsprechend hieß es in den drauffolgenden Wochenendkommenta-
ren: „Staatspolitik ist kein Zirkus"; Lieberman nahm sich als „Schmie-
dehammer aus Kischinew" aus, „der jede Woche mit einem anderen
Staat ringt"; von einem „gefährlichen Spiel mit einem Land von höchs-
ter strategischer Bedeutung für Israel" war die Rede, und der Historiker und Publizist Tom Segev reflektierte die Möglichkeit, dass „je ver-
faulter und korrumpierter Staaten sind und sich dem Ende ihres Wegs
in der Geschichte nähern, desto mehr sind sie um ihre ‚nationale Ehre'
besorgt".[27] Auf den Punkt brachte es der Kulturredakteur der „Haaretz" Benny Ziffer. In einem satirisch-fiktiven Brief, den Danny A. (=
Daniel Ayalon) an Ministerpräsidenten Erdoğan richtet, konstruierte er das aus dem hebräischen Wort für Antisemitismus (= *antishemi-
ut*) und dem jiddischen Begriff für abgetragene Kleider, Lumpen oder
wertloses Zeug (= *shmates*) das Syndrom *Antishemishmatus*, um darzulegen: „*Antishemishmatus*, das können Sie jeden Arzt fragen, ist ein
seltenes Syndrom. Es gehört zur Familie der Paranoia, in der sich das
Gefühl antisemitischer Verfolgung mit der inneren Empfindung, dass
du nichts als ein Stück *shmate* (Latein: *shmatus*) bist, verbindet. Bin ich
denn schuld daran, dass ich so einer bin? Ich gehe auf der Straße, sehe
jemanden. Ha, denke ich mir im Inneren, ein Antisemit, und verpasse
ihm eine Ohrfeige. Ich gehe weiter, sehe eine antisemitische Alte, haue
sie um. Ich setze mich auf eine Parkbank, stelle einem antisemitischen
Passanten ein Bein, und er stolpert. Ein gesunder Mensch wird nicht
verstehen können, wie sehr ich darunter leide".[28]
Aber das überzeugendste Kriterium zur Einschätzung der Farce als
solcher bot, wie immer, die Realität eigentlicher politischer Interessen. Wenige Tage nach dem diplomatischen Eklat reiste Israels Verteidigungsminister zu einem offiziellen, von langer Hand geplanten Ar-
beitsbesuch zu seinem türkischen Amtskollegen. Das allgemeine Klima
war kontaminiert, aber beiden Seiten war klar, Baraks Besuch würde
zwar keine unmittelbare Wende in der Einstellung der Türkei bewir-
ken können, die Grundinteressen aber, welche beide Staaten zu einer
jahrzehntelangen Kooperation angetrieben haben, bestünden weiterhin
und müssten gewahrt werden. Baraks Mission war es daher, den Schaden, den die Demütigung des türkischen Botschafters gezeitigt hatte, bestmöglich zu „reparieren", vor allem aber „zu zeigen, dass Israel
nicht nur mit der schreierisch-grobianischen Stimme Liebermans und
seines Vizes Danny Ayalon spricht".[29] Ob der Besuch gefruchtet hat,

wird sich erst in Zukunft erweisen. Denn als der türkische Außenminister Ahmet Davutoğlu im Gespräch mit Barak betonte, die Türkei sei
an der Erneuerung ihrer Vermittlerrolle zwischen Israel und Syrien interessiert, antwortete Barak, er persönlich wäre zwar für die Wiederaufnahme der Gespräche mit Syrien, diese stünden aber zur Zeit nicht auf
der Agenda der israelischen Regierung, womit er deutlich zu verstehen
gab, wie es um die Machtverhältnisse innerhalb der israelischen Regierungskoalition und um die mit diesen einhergehende Friedensbereit-
schaft Israels bestellt ist, mithin, ob Israel zur Zeit eine wirklich andere staatsoffizielle Stimme in seiner Außenpolitik anzubieten hat, als die
brutale ihrer „auf Nationalehre" ausgerichteten Platzhalter.
     Man könnte es bei der Auslegung des diplomatischen Vorfalls als an-
fallartigen Aussetzer einzelner Personen und als Ausnahmeerscheinung
der israelischen Politik bewenden lassen, mithin nachweisen, wie letztlich unhaltbar die Vorwürfe „Israels" gegen die „Türkei" waren; als wie
schäbig sich der stellvertretende Außenminister persönlich erwies, als er
versuchte, die Schuld am von ihm selbst verursachten Eklat den Medi-
en zuzuschieben; oder auch mit dem renommierten Islamwissenschaftler
Immanuel Sivan die orientalistisch durchwehte essenzialistische Stereoty-
pisierung der gesamten islamischen Welt anprangern.[30] Man würde damit
jedoch ein Phänomen verharmlosen, welches als subkutanes Grundmus-
ter die israelische politische Kultur von jeher durchzieht. Prononcierten
Ausdruck verlieh dieser Einsicht der bereits mehrfach zitierte Yossi Sarid, bekannter linksliberaler Politiker im Ruhestand, ehemaliger Minister,
Haupt der Meretz-Partei und engagierter Oppositionsführer in der Knesset. Im Wochenendkommentar nach Baraks Besuch bei seinem türkischen
Amtskollegen schrieb er:[31] „Der Verteidigungsminister war diese Woche
zu Besuch in der Türkei. Man sagt, der Besuch sei gelungen. Wenn dem
so ist, kann man die Konspiration des Schweigens und Beschweigens erneuern". Die leicht rätselhaft anmutenden Worte erläuterte er sodann mit
einem persönlichen Erlebnis: „Es geschah vor einigen Monaten, nachdem
sich Recep Tayyip Erdoğan wieder einmal giftig über uns echauffiert hatte. Eine wichtige israelische Persönlichkeit rief mich an und sagte: Jetzt
kannst du die Türken angreifen und sie für das, was sie an den Armeniern verbrochen haben, brandmarken. Dir, Yossi, ist das Recht dazu vorbehalten. Heute bist du zwar ein privater Mensch, aber auch als Person
des öffentlichen Lebens hast du keine Rücksicht auf sie genommen. Vieles
hast du gegen ihre Verleugnung des begangenen Völkermords geschrieben
und gesagt". Den Anruf kommentierte Sarid mit folgenden Worten: „Ein
Ekel überkam mich, meine Seele wollte sich übergeben: War doch der Anrufer jener hässliche Israeli, der sich schändlicher Weise an die vorderste

Front der Leugner des armenischen Holocausts gestellt hatte. Er war es, der sich jenen anschloss, die den ehemaligen Erziehungsminister [Yossi Sarid] schmähten, als er vor zehn Jahren in einer Jerusalemer Kirche sagte: ‚Den Wert des Lebens des Menschen als solchen – Jude, Araber, Armenier, Zigeuner, Bosnier, Albanier oder Ruander – will ich allen unseren Schülern vermitteln. Im neuen Geschichtslehrplan möchte ich dem Völkermord ein zentrales Kapitel widmen, und zwar mit breitem Bezug auf den armenischen Genozid. Das ist unsere Pflicht euch gegenüber, das ist unsere Pflicht uns selbst gegenüber". Diese für einen israelischen Staatsoffiziellen in der Tat ungewöhnlichen Worte sollten eine ganz und gar nicht ungewöhnliche Wirkung zeitigen: „Ein Sturm brach übers Land, Minister wurden von Schweiß überdeckt: Ehud Barak [damaliger Ministerpräsident] und Shimon Peres [damaliger Außenminister] waren die ersten, die sich distanzierten. Diese Verlautbarung, beeilten sie sich zu erklären, sei keine offizielle Regierungsmeinung; sie widerspiegle einzig die Meinung des Erziehungsministers, der sie auf eigene Verantwortung geäußert habe. Ich schämte mich". Nun aber höre man aus Jerusalem neue Töne, fuhr Sarid fort, Sätze wie: „‚Die Türken sind die letzten, die uns Moral predigen dürfen‘. Interessant wäre es zu erfahren, wer wohl die ersten sind, die es dürften. Solche gibt es vermutlich gar nicht, wo es sich doch um ‚den moralischsten aller Staaten und die moralischste aller Armeen der Welt‘ handelt. Wenn uns der Türke mit Moral kommt, kriegt er von uns eine rübergezogen, und zwar gewaltig. Ich habe nie verstanden, warum die junge Türkei, die dieses Blut nicht vergossen hat, so sehr darauf besteht, das von den Ahnen vergossene Blut in Abrede zu stellen: Sollte etwa eine allzu tiefe Bohrung in der Vergangenheit Gegenwartszeichen zutage fördern? Wenn man darauf insistiert, Geschichte mit Gewalt auszulöschen, insistiert diese ihrerseits darauf, von neuem geschrieben zu werden – mit Blut für gewöhnlich". Nach diesem kurzen historiosophischen Intermezzo kehrte Sarid dann zum israelischen Kontext zurück: „Nicht nur Politiker, auch Publizisten fordern, die Skelette aus dem türkischen Schrank hervorzuholen – mehr als eine Million Skelette, um genau zu sein. Die Schuldigen, die nie in ihrem Leben auch nur ein Wort über den ersten Genozid des 20. Jahrhunderts verloren haben, treten plötzlich als Beschuldiger auf.[32] Um den Genozid geht es, den Henry Morgenthau senior als ‚das größte Verbrechen der modernen Geschichte‘ apostrophiert hat. Er war der US-amerikanische Botschafter in Ankara in jenen dunklen Jahren, und er war Jude". Sarid ging sodann zum Schlussteil seiner Kolumne über: „Ich will euch verraten, was ich jenem erregten Anrufer geantwortet habe: Jetzt habt ihr euch erinnert? Jetzt erst, da man euch Verbrechen zuschreibt, als wärt ihr Türken? Ein Erschießungskommando zu sein, ist

nicht meine Sache, von Erdoğan kommt gefälligst selbst los; ihr habt ihn
euch redlich verdient. Wie schade, dass ihr eure grundsätzliche Position
für Interessen verkauft habt, die die Zeit zu zeugen pflegt, aber auch vergehen lässt. Und ich habe jetzt einen Zusatz zu meiner Antwort in pet-
to: Gehen wir davon aus, dass die Türkei ihre Beziehungen mit uns wie
ehedem erneuern wird. Was dann? Werden auch wir unseren Beitrag zur
Leugnung des armenischen Holocausts erneuern?"

Eine gute Frage, die aber mutatis mutandis mehr tangiert als „nur" das
Problem des interessengeleiteten Schachers um Anerkennung oder Verleugnung des armenischen Genozids. Sie impliziert letztlich das allgemeinere Problem der Instrumentalisierung eigener geschichtlicher Katastrophen, einschließlich davon abgeleiteter Werte und Positionen. Denn während die Türken eine Politik ideologischer Verleugnung ihres historisch
begangenen Verbrechens betreiben und Israel auf diese einschwören, so-
dass die staatsoffizielle Position Israels auf die heteronom bestimmte Verleugnung eines Völkermords hinausläuft, schämt sich Israel nicht – die
eigene Geschichtskatastrophe instrumentalisierend –, einen mit realer Zi-
onismus- und Israelkritik gleichgesetzten „Antisemitismus" theatralisch
anzuprangern, ohne sich die geringste Rechenschaft darüber abzulegen,
was seine eigene politische und militärische Praxis an Verbrechen gezeitigt hat, und ob der vorgebliche „Antisemitismus" nicht etwas mit ebendiesen Verbrechen und mit der systematischen Leugnung dieser Verbrechen seitens Israels zu tun hat. Es ist schon so, wie Sarid sagt: Wenn es
dem Interesse Israels dienlich ist, lässt es sich nicht davon abhalten, den
Genozid anderer Völker zu verleugnen; sobald sich das Interesse aber gewandelt hat, vermag es offenbar, denselben jahrzehntelang verleugne-
ten Genozid als Waffe in der Schlammschlacht polemischer Politnied-
rigkeit hervorzuholen. Die sich dabei zweckrational gerierende ideologische Niedertracht verwundert nicht: Wenn das Gedenken der eigenen
Katastrophe zum Syndrom des *Antishemishmatus* verkommen ist; wenn
die Sachwalter dieses Gedenkens sich zur Zeit als faschistisch getriebene
Rassisten entpuppen, die sich auch noch anmaßen, „Nationalehre" einzuklagen; und wenn diese Gesinnung darüber hinaus zur Matrix perfider
Selbstvergewisserung und narzisstischer Eigenverblendung gerinnt, dann
darf man nicht überrascht sein, dass nicht nur die nationale Katastrophe
anderer Völker beliebig austausch- und einsetzbar wird, sondern auch das
Andenken der eigenen Shoah zum Spielball fremdbestimmter politischer
Interessen, ideologischer Diskurse und eingespielter Alltagspraktiken
entartet. Erstaunlich ist dabei, wo überall sich die Instrumentalisierung
des Shoah-Andenkens in Israel mittlerweile eingenistet hat und in welch
eigentümlichen Bereichen sie sich jeweils zu erkennen gibt.

Instrumentalisierung der Shoah-Erinnerung

Zur Erörterung dieses Phänomens im israelischen Kontext sei vorab Generelles vorangeschickt: Eine, wie immer ausgerichtete, Instrumentalisierung der Vergangenheit ist letztlich unumgänglich. Weder dem Einzelnen noch Kollektiven ist es möglich, historisch Geschehenes *nicht* durch die "Brille" des Gegenwärtigen wahrzunehmen und zu erinnern; man kommt ja sozusagen nicht aus seiner eigenen Haut heraus. Und da sich die sozialen, politischen und kulturellen Bedingungen der Wahrnehmung fortwährend ändern, wandelt sich auch die Erinnerung – sie ist stets kontextgebunden. Damit sind nicht nur negative Interessen, fremdbestimmte Bedürfnisse und ideologische Verblendungen gemeint, sondern durchaus auch nachmaliges Wissen, tiefergehende Reflexion von bereits Gewusstem oder schlicht: die sogenannte "zeitliche Perspektive". So ist beispielsweise das Schweigen um die Shoah in den ersten Jahren nach der israelischen Staatsgründung durch die instrumentellen Interessen, die der staatstragenden, um die Heranbildung des "Neuen Juden" bemühten Ideologie des Zionismus zugrunde lagen, erklärbar; nicht minder jedoch spielten dabei in den realen Lebenswelten Momente des noch akuten Traumas, des überlebensstrategischen Bedürfnisses nach Verdrängung und andere psychischen Hinderungsfaktoren bei der Auseinandersetzung mit der Monstrosität des Geschehenen eine gewichtige Rolle. Es sollte in manchen Fällen Jahrzehnte dauern, ehe sich die seelische Bereitschaft einstellte, die eigene Biographie zu konfrontieren. Ähnliches gilt *strukturell* (obschon unter gänzlich verschiedenen Vorzeichen) auch für die alte Bundesrepublik. Instrumentalisierung im Sinne einer gleichsam "verträglichen" Integration von historisch Geschehenem in die nachmaligen Perzeptions- und Rezeptionsbedingungen ist, so besehen, nahezu unumgänglich. Zu klären bleibt dabei freilich, wann diese notwendige Vereinnahmung des Vergangenen durchs Gegenwärtige ins Heteronome umschlägt, und zwar solcherart umschlägt, dass die gegenwärtige Erinnerung sich dem zu Erinnernden wesenhaft entfremdet. Vom *Inhalt* aus besehen, kann also nicht jede Form instrumentalisierender Erinnerung für legitim erachtet werden: Spätestens wenn das Wesen des zu Erinnernden im Hinblick auf fremdbestimmte Zwecke entstellt worden ist, wird man behaupten dürfen, dass zumindest, was die herkömmliche *raison d'être* gemeinhin postulierten Gedenkens anbelangt, ein "unzulässiger" Umgang mit der Vergangenheit stattfindet.

Ausgangspunkt adäquaten Gedenkens muss demgemäß die Erörterung des Wesens des zu Erinnernden bilden. Dabei stößt man freilich, gerade im Falle des Shoah-Andenkens, auf gravierende Schwierigkeiten. Denn nicht nur lässt sich das Unsägliche der weltgeschichtlichen Katastrophe noch immer weder in ihrer historischen Genese noch in ihren realen Manifestationen bis zum Letzten ergründen; schon das Bestreben, partikulare und universelle Dimensionen der Monstrosität, verschiedene Perspektiven der Täter- und Opferkollektive, aber selbst noch die im Opferkollektiv vorherrschende Heterogenität unter einen unfassenden, gleichsam allgemein gültigen Einheitsbegriff zu subsumieren, scheint sich zunehmend konsensuellem Einvernehmen zu entziehen. Das hat größtenteils damit zu tun, dass die nunmehr über 60 Jahre während Holocaust-Rezeption das Geschichtsereignis interessengeleitet ideologisiert, nicht minder aber auch damit, dass das akkumulierte historische Wissen darum und die sich allmählich einstellende zeitliche Perspektive ein zunehmend differenzierteres Bild von ihm geschaffen hat. So mündete in Israel das über Jahrzehnte proklamierte, zionistisch vereinnahmte Postulat der Einzigartigkeit der jüdischen Shoah in eine *partikular* ausgerichtete hegemoniale Shoah-Rezeption. Hingegen lässt sich im Deutschland der letzten Jahre die latente Tendenz einer durch die (nun gerade nicht von Staats wegen, sondern vielmehr im öffentlichen Diskurs betriebene) *Universalisierung* des Geschichtsereignisses begründeten "Entjudung" des Holocausts ausmachen, aber auch (wie im zweiten Teil des vorliegenden Bandes zu erörtern sein wird) eine auf ein „entlehntes Judentum" hinauslaufende Überidentifizierung mit „den Juden". Beide Rezeptionsmuster verdanken sich ideologisierender Vereinnahmung. So mag es denn ideologiekritisch angemessen erscheinen, in Israel das *universelle*, in Deutschland aber gerade das *partikulare* "Gegengift" bzw. die Loslösung „der Juden" von deutschen Befindlichkeitswelten in den Diskurs zu injizieren. Wenn aber andererseits die sowohl in Israel beanspruchte als auch in Deutschland im Rahmen der Mahnmal-Debatte thematisierte "Einzigartigkeit der Shoah der Juden" nolens volens in eine (wie immer begründete) Hierarchisierung der Holocaust-Opfer ausartet, stößt man unversehens auf etwas Wesenhaftes: Gerade weil sich das Geschichtsbild mittlerweile ausdifferenziert hat; gerade weil das nachmalige Wissen um die Pluralität der Identitäten seiner Protagonisten und ihre zunehmend enttabuisierte "Zulassung" zum aktuellen Shoah-Diskurs einer einheitlichen Sicht der weltgeschichtlichen Monstrosität offenbar zuwiderläuft, lässt sich ein ihm innewohnendes Moment der gemeinsamen *universellen* Grundlage bestimmen – der Stand der Opfer qua *Opfer* und (komplementär dazu) der Täter qua *Täter*.

So trivial sich dieser offensichtliche, zudem noch dichotom simplifizierte Tatbestand ausnehmen mag, kodiert er doch jenes allgemeine

Moment, um welches es zunächst bei *jedem* adäquaten Gedenken dessen, was historisch geschah, gehen muss: um die Tatsache, dass das, was
als "Rückfall in die Barbarei", als "Zivilisationsbruch" bzw. als "Son-
nenfinsternis der westlichen Zivilisation" apostrophiert worden ist,
etwas im *historischen* Kontext Geschehenes, von Menschen an Menschen Verübtes ist; dass es also um politische Prozesse, gesellschaftliche Strukturen, kulturelle Zusammenhänge und um Ideologien geht;
dass es sich um industrialisierte, bürokratisch angeordnete, administrativ verwaltete Formen der Massenvernichtung von Menschen, also um
eine auf modernen Institutionen basierende, gerade im sich der emanzipativen Aufklärung und zivilisatorischen Fortschritts rühmenden Kul-
turraum zugetragene Praxis der Barbarei handelt. Die Opfer im Stande ihres Opfer- und die Täter in dem ihres Täter-Seins erinnern, heißt
jene historischen Zusammenhänge ergründen lernen, welche Menschen
letztlich Täter bzw. Opfer haben werden lassen. Es heißt aber zugleich
auch, sich der Einsicht verschreiben, dass die jenen historischen Zusammenhänge zugrunde liegenden Strukturen, mithin die stete Drohung
potentiellen Rückfalls in die Barbarei, noch keineswegs aus der Welt geräumt sind, dass sie ganz im Gegenteil, dem verblendeten Alltagsblick
allgemeinen materiellen Wohlstands und gesellschaftlicher Behaglich-
keit freilich unsichtbar geworden, welthistorisch durchaus fortwesen.
    Damit ist mitnichten gesagt, dass das spezifisch *Jüdische* an der Sho-
ah der Juden ignoriert werden könne. Was an Juden verbrochen worden
ist, ist ihnen als Juden widerfahren. Das sollte sich vor allem die deutsche Gedenkkultur stets vor Augen halten. Es muss gleichwohl auch
festgehalten werden, dass die vermeintlich *homogene* jüdische Identität
den Juden als solchen zumeist "von außen" (d.h. von Nichtjuden) auf-
gezwungen wurde; dass sie also *objektiv* als solche bestimmt wurden,
ohne dass dabei ihre eigene – *subjektive* – Selbstbestimmung beachtet
worden wäre. Dass also Juden auf der Rampe von Auschwitz ortho-
dox-religiös, traditionell oder atheistisch, dass sie kommunistisch, kon-
servativ oder liberal, dass sie arm oder reich, gebildet oder ignorant, zionistisch, nicht zionistisch oder gar antizionistisch sein konnten; dass
sich darüber hinaus im heutigen Israel die Shoah-Diskurse orthodoxer
und säkularer, aschkenasischer und orientalischer, neueingewanderter
und alteingesessener, alter und junger Juden gravierend unterscheiden
mögen, verweist darauf, dass der Begriff des Jüdischen am Holocaust
eher die objektive Fremdbestimmung des Juden als solchen meint, weniger, wenn überhaupt, das individuelle Selbstverständnis. Aber genau
das ist es, was die Juden qua Juden zum eigentlichen Paradigma der
weltgeschichtlichen Monstrosität erhebt. Denn eines war all den Juden

der Shoah, spätestens auf der Rampe von Auschwitz, und zwar unabhängig von ihrer "vormaligen" Identität, von ihrer nationalen, ethnischen, kulturellen, klassenmäßigen Zugehörigkeit, gemeinsam: Sie wurden *alle* zu Opfern; und die, die sie zu solchen machten, wurden zu Tätern. Die praktisch vollführte, systematisch betriebene Vernichtung der
Juden als einer zur Ausrottung *vor*bestimmten Menschenkategorie hat
sie folglich zur paradigmatischen Verkörperung der Opfer im welthis-
torischen Maßstab werden lassen.

Es ließe sich, so besehen – über das authentische *partikulare* Andenken hinaus – das Andenken der Juden im Stande ihres Opferseins
als ein Allgemeines denken. Ohne die spezifische Erinnerung eines bestimmten Kollektivs an *seine* Opfer antasten zu wollen, könnte die paradigmatische Dimension des jüdischen Shoah-Schicksals zur Grundlage *universeller* Erinnerung der Opfer erhoben werden, wobei es dann
freilich keiner partikular bestimmten – religiösen, ethnischen, nationalen – Identität der Opfer mehr bedürfte, sondern eben dessen, was alle
auf der Rampe von Auschwitz bereits waren und erst recht schon bald
nach der vermeintlich noch sortierenden Selektion wurden: *Opfer.* Die
anonymisierende Tendenz entspräche dabei einerseits der inneren Tendenz des weltgeschichtlichen barbarischen Gewaltaktes, konterkarierte
aber andererseits die eben diesem Gewaltakt zugrunde liegende Ideologie: Die zur Ausrottung bestimmten "Untermenschen" würden *allgemein* – enthierarchisiert! – als *Menschen* erinnert werden. Menschen
(und keine Dämonen) haben den Holocaust an Menschen (und keinen
"Untermenschen") verbrochen.

Die kollektive anamnetische Handlung verfolgt also einen Doppel-
zweck. Zum einen ist sie bestrebt, der konkreten historischen Opfer zu
gedenken. Die Benjaminsche Vorstellung vom Erinnerungs- als einem
"rettenden" Akt spielt dabei eine zentrale Rolle, darf allerdings nicht
narzisstisch vereinnahmt bzw. ideologisch verdinglicht werden. Schon
in absehbarer Zukunft, wenn die Generation der Opfer und der Täter
nicht mehr da sein wird, dürfte sich diese Gedenkpraxis ohnehin größtenteils in die Sphäre der Erinnerungskulturen partikularer Lebenswelten und individuellen, privaten Andenkens verlagern. Zum anderen
versteht sich aber der kollektive Erinnerungsakt als Grundlage einer auf
die Zukunft ausgerichteten Handlungsmaxime. Das Wozu der Erinnerung ist hierbei "instrumentell" rasch beantwortet: auf dass „Auschwitz sich nicht wiederhole, nichts Ähnliches geschehe" (Adorno). Was
damit praxisbezogen einhergeht, ist denkbar einfach, letztlich trivial.
Denn wenn es primär darum geht, die historischen Bedingungen der
Shoah als politische Prozesse, gesellschaftliche Determinanten, kultu-

relle Zusammenhänge und Ideologien zu begreifen, zudem die Einsicht
aufrecht zu halten, dass die Strukturen, die diesen historischen Bedingungen zugrunde liegen, noch keineswegs aus der Welt geräumt sind,
dann kann es sich bei diesem – der Opfer im Stande ihres Opferseins ge-
denkenden – Erinnerungsakt um nichts anderes als um eine jene Strukturen radikal bekämpfende, sie aus der Welt zu räumen bestrebte politische, soziale und kulturelle Praxis handeln. Nur eine jeglichem Ras-
sendünkel, ethnisch motiviertem Vorurteil, autoritärer Obödienzgesin-
nung und gesellschaftlicher (auch wirtschaftlicher) Ausgrenzung, Verfolgung und Ausbeutung rigoros entgegentretende, mithin um wirkliche Demokratie, soziale Gerechtigkeit und kulturellen Pluralismus bemühte politische Praxis wäre im Stande, die gesellschaftlich bedingte,
historisch entstandene und kulturell legitimierte Existenz von *Opfern*
als solchen tendenziell aufzuheben, somit aber auch der historischen
Opfer im Stande ihres Opferseins wahrhaft zu gedenken.

Mit *diesem* Postulat hat nun aber Israels hegemoniale, mithin staats-
tragende Shoah-Gedenkkultur von Anbeginn nicht sehr viel im Sinn
gehabt. Die hier anvisierte Möglichkeit notwendiger, gleichwohl emanzipativ gewendeter Instrumentalisierung erinnernden Gedenkens ver-
schrieb sich im israelischen Kontext weitgehend einer dezidiert fremd
bestimmten Funktionalisierung der historischen Erinnerung für Zwecke, die das zu erinnernde Unsägliche zum *Mittel* gerieten ließen – zum
Mittel des Arguments und der „Illustration" im gängigen Fall der Anbindung der Shoah an den Zionismus und an Israel (wovon oben bereits die Rede war) und zu dem der psychischen Manipulation in anderen Kontexten ideologischer Perfidie. Zwei prägnante Bereiche solch
fremdbestimmter Vereinnahmung seien im Folgenden kurz dargestellt.
Es handelt sich hierbei, trotz der Anführung konkreter Ereignisse, um
Fälle idealtypischen Charakters.

Für berühmt-berüchtigt darf in diesem Zusammenhang die *Materialisierung der Sühne* erachtet werden, auf welcher die Beziehungen zwischen „Deutschland" und „Israel" beruhen. Sie hatte ihren formalen Anfang in den 1952 zwischen beiden Staaten abgeschlossenen Wiedergut-
machungsabkommen. Dass diese sich in gewisser Hinsicht zum Paradigma der Beziehungen verfestigen sollten, wird noch in einem anderen
Kapitel des vorliegenden Bandes zu erörtern sein. Gesagt werden kann
jedoch schon an dieser Stelle, dass was als eine nachvollziehbare, wiewohl nicht unumstrittene realpolitisch-zweckrationale Notwendigkeit
begann, im Laufe der Zeit zur zynisch praktizierten Instrumentalisierung der Shoah-Erinnerung auf beiden Seiten verkam. Besonders peinlich nimmt sich dabei freilich der (materiell motivierte) Ausverkauf des

Shoah-Gedenkens auf israelischer Seite aus. Als eines von unzähligen
Beispielen dafür sei hier eine zwei Jahrzehnte zurückliegende Episode
in Erinnerung gerufen: Im Jahre 1991 war Israel bekanntlich im ersten
(bzw. zweiten) Golfkrieg involviert; israelische Städte, u.a. Haifa und Tel-
Aviv, wurden von Saddam Husseins Irak mit Langstreckenraketen beschossen. Das jüngst vereinigte Deutschland fand sich in diesem Zusammenhang insofern eingebunden, als sich herausstellte, dass deutsche Firmen an der (u.a. chemischen) Bewaffnung Iraks beteiligt gewesen waren.
Das wurde auf israelischer (mithin automatisch auch auf deutscher) Seite
nicht etwa als Geschäftsauswuchs gängiger kapitalistischer Praxis gedeutet, die, wie man weiß, mit Moral so viel zu tun hat wie die spanische In-
quisition des 15. Jahrhunderts mit der Bergpredigt, sondern als erneute
Beteiligung von Deutschen an der tendenziellen Vernichtung von Juden.
Die Konstellation von nachts in israelischen Großstädten einschlagen-
den Scud-Raketen (ohne militärische Reaktion Israels, um die offizielle Begründung des Krieges nicht zu unterminieren, wie mit den USA im
Vorfeld der Kampfhandlungen ausgemacht), der Möglichkeit, dass diese
Raketen mit „deutschem Gas" bestückt seien (was sich im Nachhinein
als falsch herausstellen sollte), und der Vorschrift, sich bei jedem Angriff
in einem abgedichteten Zimmer einzuschließen, ließ im allgemeinen (primär medialen) Diskurs Israels die wildesten Assoziationen von Deutsch-
land-Juden-Gas-Shoah aufkommen, welche denn in der Tat bald genug
funktionalisiert werden sollten.

Eineinhalb Wochen, nachdem die ersten Scud-Raketen in Israel eingeschlagen waren, gab die deutsche Regierung bekannt, dass sie den
Irak verurteile und Israel 250 Millionen Mark für „humanitäre Zwecke" zur Verfügung stelle. Die materielle Geste zeitigte sogleich ein negatives Echo in aller Welt. Eine Londoner Zeitung stellte fest, dass das
Israel angebotene Geld „blutbeschmiert" sei, ein „Produkt von Schuld
und Schande". In Israel weilende deutsche Reporter berichteten nach
Deutschland, dass „die Israelis unverkäuflich" seien, und in Deutschland selbst war von „Scheckbuchdiplomatie" die Rede.[33] Sieht man von
diesen moralisierenden Aspekten ab, darf indes behauptet werden, dass
was „die Deutschen" in jenem Kontext zu „sühnen" meinen sollten,
nämlich Israels Opfersituation, vonseiten Israels selbst bereitwillig,
wenn auch nicht vorab gewollt, instrumentalisiert wurde. Nicht von
ungefähr meinte der Schriftsteller und Publizist Amos Keinan wenige
Tage nach Beendigung des Krieges: „Israel, seine Regierung und sein
Volk erscheinen mir nicht als von einem Sinn für Ehre, Integrität, Gerechtigkeit, Moral etc. geprägt zu sein. Israel, seine Regierung und sein
Volk, nützen jede Öffnung im Schuldgefühl der westlichen Welt ihnen

gegenüber aus, um daraus unmittelbare Vorteile für sich herauszuschlagen".[34] Die Doppelbödigkeit besagter „Unverkäuflichkeit" Israels und der Wahrnehmung Israels als ein Land, das „jede Öffnung im Schuldgefühl der westlichen Welt" ausnützt, „um direkte Vorteile für sich herauszuschlagen", sollte sich aufs eklatanteste während des Besuchs des damaligen deutschen Außenministers, Hans-Dietrich Genscher, in Israel manifestieren. Genscher wurde u.a. zu den Einschlagsorten der Raketen geführt, auf dass er sich ein Bild vom Ausmaß der Zerstörung mache. Der israelischen Presse bot die Katastrophentour eine Gelegenheit, die emotionalen Reaktionen des Vertreters deutscher Schuld auf dem Spielfeld der israelischen Opfer zu überprüfen. In einer Zeitung hieß es, der deutsche Minister sei „vollkommen schockiert" gewesen; seine Begleiter meinten, er habe sich „über die Dimensionen der Zerstörung entsetzt". In einer anderen Zeitung wurde Genscher hingegen als Mensch mit „kalten Augen" beschrieben, der angesichts der antideutschen Demonstrationen, die ihn vor den Trümmern empfingen, „kaum blinkte", ja sogar „indifferent" blieb. Auch im Yad Vashem-Museum, wo er – wie es in einigen Zeitungen hieß – an den Gebrauch erinnert wurde, „der in der Vergangenheit von deutschem Gas bei der Vernichtung von Juden gemacht worden ist", erschien der deutsche Außenminister den israelischen Reportern als jemand, der das dokumentierte Grauen mit „starrem Gesicht" betrachtete; Museumsdirektor Yitshak Arad bemerkte gar, er habe Genscher „mit schweren Gefühlen" beim Besuch begleitet.[35]

Die „schweren Gefühle" wie auch der Schauder vor den „kalten Augen" des Ministers flossen freilich sehr bald in geschäftliche Kanäle, um in ein Abkommen zwischen Israel und Deutschland zu münden, das einen gemeinsamen Wirtschaftsgipfel in Bonn vorsah, in welchem „verschiedene Kooperationsprogramme und Hilfe für Israel" verhandelt werden sollten; von „Öffnung besonderer Kreditlinien" war die Rede, von gemeinsamer „Forschung und Entwicklung", von „besonderen wirtschaftlichen Hilfeleistungen und Kooperation im Bereich der Sicherheit" – dazu noch als Krönung das Versprechen, eine Gesetzgebung zu initiieren, die es deutschen Firmen verbieten werde, dem über Israel verhängten arabischen Boykott künftig Folge zu leisten.[36] Zwar meinte der Journalist Avi Bettelheim, dass alle materiellen Manifestationen der deutschen Sühne „die Aufmerksamkeit von jenen deutschen Firmen, die in den letzten Jahren Saddam Husseins Irak mit Waffen, Ersatzteilen und technisch hochwertiger Ausrüstung beliefert haben, nicht abzulenken vermögen"[37], es scheint aber, als habe sich diese Feststellung weniger gegen die Institutionalisierung einer Materialisierung

der Sühne gerichtet, als vielmehr dazu gedient, sich dieser Institutionalisierung gerade anzudienen. So tanzt es sich freudig auf allen Hochzei-
ten: Man kann den deutschen Staatsmann als Monster im Stil stereoty-
pisierter cineastischer Nazigestalten profilieren (beziehungsweise ihn
mit den Ausmaßen des Bösen, als dessen Vertreter er auftritt, „scho-
ckieren"); von ihm dann erwarten, dass er Israel auf ökonomischer und
politischer Ebene beistehe, zugleich aber auch proklamieren dürfen,
dass Hilfe und Beistand, die erwartet werden, die Verbrechen Deutschlands und der Deutschen nicht aufzuwiegen vermögen – Verbrechen,
deren manipulative Veranschaulichung den Besuch am Einschlagsort
der Raketen und den Besuch im Shoah-Museum ihrer Bedeutung nach
gleichwertig werden ließen.

Man kann indes davon ausgehen, dass selbst solche Fälle konse-
quenter Inkonsequenz (um nicht zu sagen: staatlicher Bigotterie) auf
ein gewisses pragmatisches Verständnis gestoßen wären, hätte sich die
innere Logik der prästabilisierten Manipulation nicht gegen ihre Urheber erhoben und das offiziell veranstaltete Event der materiellen
Sühne zur peinlichen Farce geraten lassen – peinlich, nicht etwa weil
sie mit der inneren Logik der Instrumentalisierung und ihrer Zwecke unvereinbar gewesen wäre, sondern weil sie sich in der öffentlichen Sphäre, vor aller Welt zutrug und somit zu einer Art grotesken
Widerspiegelung unangenehmer Wahrheiten gerann. So besehen, erwies sich die Zeremonie, bei der (im Verlauf einer Tour durch raketen-
geschädigte Orte Tel-Avivs) dem damaligen Bürgermeister der Stadt,
Shlomo Lahat, ein Scheck über fünf Millionen Mark als generöses Ge-
schenk der deutschen Regierung überreicht wurde, als weit symbol-
trächtiger, als es die offiziell angedachte Symbolik vorgesehen hatte.
Amira Segev, Reporterin der (nicht mehr existierenden) Tageszeitung
„Hadashot", beschrieb das Ereignis mit folgenden Worten: „Und
dann passierte es. ‚Mein Freund Herr Strenger', sagte Genscher, ‚wird
Ihnen einen Umschlag überreichen, ein symbolischer Akt, der beweisen soll, dass alles, was hier passiert, auch uns Deutsche betrifft'. Zur
großen Schande erhob sich dann der Minister für wirtschaftliche Zu-
sammenarbeit, ein eleganter Herr, der sicherlich nicht verstand, wie
demütigend die Szene ist, und überreichte Shlomo Lahat einen langen, weißen Umschlag. ‚Hier sind fünf Millionen Mark für Tel-Aviv
und Ramat-Gan', sagte er. Der Dolmetscher übersetzte, David Levy
[damaliger Außenminister Israels] vergrub das Gesicht in seinen Händen, die israelischen Journalisten erröteten, vielleicht aber auch nicht,
und Lahat schwenkte fröhlich, ohne sich zu schämen, vor laufenden
Kameras der Welt, den Umschlag in die Luft, als hätte er gerade den

großen Lottogewinn gemacht, und versprach, einen Teil davon seinem Kollegen in Ramat-Gan zukommen zu lassen".[38]

Selten manifestiert sich die ökonomische Instrumentalisierung des Shoah-Andenkens in *solch* grotesker Mischung aus vermeintlich ernster Geschichtserinnerung und kulturindustrieller Gaudi; aber die Emphase der traditionellen Rollenverteilung und ihre periodische Realisierung sind längst zum integralen Bestandteil der Beziehungen beider Staaten verfestigt worden. Interessanterweise besteht dabei zuweilen eine gewisse Diskrepanz zwischen der offiziellen Politik des israelischen Establishments und der *vox populi* Israels. Dass sich diese oft (und gerade im Zeitalter der digitalen Talkback-Kultur) als *vox populi inhumana* erweisen mag, sollte nicht dazu verleiten, ganz „Israel" über einen Kamm zu scheren. Neben unzähligen Stimmen, die sich in eingeübter Instrumentalisierungspraxis suhlen und perfider Banalisierungsrhetorik der Shoah frönen, lassen sich auch Stimmen reflektierten Überdrusses und dezidierter Kritik an ebendieser Praxis ausmachen. Als etwa der israelische Finanzminister Yuval Steinitz im Dezember 2009 bekannt gab, er wolle der deutschen Regierung eine einmalige, an in Israel lebende ehemalige Zwangsarbeiter zu entrichtende Zahlung in Höhe von 450 Millionen bis einer Milliarde Euro abfordern (es handelte sich um die Aktivierung des 2002 im Bundestag beschlossenen „Gesetzes zur Zahlbarmachung von Renten aus Beschäftigungen in einem Ghetto"), reagierten viele online-Leser der „Haaretz" mit bezeichnenden kritischen Kommentaren wie „Ohne Vermittlung des Finanzministeriums, bitte! Dieses hat in den 1950er und 1960er Jahren schon mehr als genug Wiedergutmachungsgelder geraubt"; „Das Finanzministerium ist der größte Dieb von Geldern der Shoah-Überlebenden"; „Über Jahrzehnte haben israelische Regierungen Shoah-Überlebende nicht unterstützt und ihnen die aus Deutschland kommenden Gelder vorenthalten. Es besteht kein Grund, die Kasse der israelischen Regierung einfach so zu bereichen"[39] und anderen Äußerungen ähnlichen Tenors, die davon zeugten, dass man sich über den Umgang israelischer Institutionen mit Shoah-Überlebenden, spätestens dann, wenn es um Geldzahlungen geht, trotz aller hehrer Fürsorgerhetorik keinen Illusionen mehr zu geben gewillt ist.

Ein anderer – mit dem wirtschaftlichen freilich eng verschwisterter – bei israelischen Politikern besonders beliebter Bereich der Vereinnahmung der Shoah-Erinnerung findet sich in der ideologisch gestandenen Angewohnheit, sich des Shoah-Andenkens zur Gewinnung *diplomatisch-politischen* Kapitals (für „Israel") zu bedienen – ein Problem, das hier bereits bei der Analyse der UN-Rede Netanjahus an-

visiert wurde. Als eines unter unzähligen Beispielen darf auch die am
27.1.2010 anlässlich des internationalen Holocaust-Gedenktages vom
israelischen Staatspräsidenten Shimon Peres im deutschen Bundestag
gehaltene Rede herangezogen werden.[40] Unerörtert (weil Geschmacks-
sache) muss dabei bleiben, ob man die Worte des Kaddisch-Gebets „im
Namen des jüdischen Volkes, und zu Ehren und im Andenken an die
sechs Millionen Juden, die zu Asche wurden", vor einem Parlament, geschweige denn, vor dem deutschen, rezitieren sollte, was Peres sich zu
tun entschied. Auch dass man den eigenen geliebten Großvater und die
letzte Begegnung mit ihm zum Thema einer staatstragenden Rede werden lässt, dürfte nicht jedermanns Sache sein; der Kontext lässt die persönliche Erinnerung zum manipulativen Kitsch geraten, wovon gerade
das Lob vieler Zuhörer für die „bewegende Rede" zeugen mag. Wovon
waren denn diese Leute bewegt? Und welcher Fetisch wurde nicht zuletzt mittels solch selbstgefälliger Rührseligkeit bedient?

Wenn aber Peres die Schlussworte des Gebets aufsagte: „Der den
Frieden in seinen Himmelshöhen stiftet, stiftet Frieden unter uns und
ganz Israel. Sprechet: Amen", und dazu meinte, diese Worte seien „im
Staat Israel zum Symbol [...] und zu einem Traum für das jüdische Volk
schlechthin" geworden, dann wagt er sich in Gefilde vor, die das Problem persönlicher emotionaler und rhetorischer Präferenz übersteigen.
Denn abgesehen davon, wofür Gott und Glaube wieder bei jemandem,
der nicht gerade für seine tiefe Religiosität bekannt ist, herhalten mussten, ist eine Sache, eine ganz andere, ob besagter Frieden – unabhängig
vom längst zur Allerweltsfloskel verkommenen „Schalom" – in der Tat
„zum Symbol im Staat Israel" geworden ist; es sei denn, man versteht
unter Symbol das, was man sich an eigener moralischer Gutmenschlichkeit einredet, um dann durch Tathandlungen realiter zu konterkarieren. Die Frage ist doch nicht, ob man Frieden *will* – wer will den
nicht? –, sondern was man tut, um ihn zu erlangen. Peres war einst prominenter Träger israelischer Friedenbestrebungen. Lang ist's her. Als
israelischer Realpolitiker hat er viel dazu beigetragen, um das, was sein
Ansehen im Ausland ausmacht, fundamental zu untergraben. Er, mehr
als viele andere, müsste doch wissen, wie es um Israels Friedensbereit-
schaft angesichts des für den Frieden zu entrichtenden Preises innen-
politisch bestellt ist, was ihn aber nicht daran hinderte, „die Jugend" zu
ermahnen, das in der Shoah Geschehene nicht zu vergessen, vor allem
aber „niemals, wirklich niemals, an etwas anderes [zu] glauben, sich andere Ziele [zu] setzen als Frieden, Versöhnung und Liebe". Der renom-
mierte Staatsmann kann doch nicht allen Ernstes meinen, das es das ist,
was Israels Jugend im eigenen Land lernt und wozu sie politisch sozia-

lisiert wird. Wenn aber die „Lehre" aus der Shoah solcherart hohl proklamiert wird, erweist sich nicht nur dieses Postulat der „bewegenden
Rede" als leeres Getöne, sondern die Shoah-Erinnerung selbst wird damit zum Mittel fremdbestimmter Ideologie degradiert.

Aber selbst das mag noch hingenommen werden. Politiker reden
nun mal so. Einen Moment lang wollte es scheinen, als versuche Peres
ernsthaft, Binsenweisheiten ihrer überkommenen Banalität zu entklei-
den: Der Hass der Nazis, sagte er, lasse sich „durch reinen ‚Antisemitismus' nicht erklären. Der Antisemitismus ist ein abgedroschener Begriff
und keine Erklärung für die mörderische, bestialische Begeisterung, die
zwanghafte Entschlossenheit des Nazi-Regimes, die Judenheit auszu-
rotten". Der eigentliche Zweck des Krieges sei doch die Erlangung der
Macht über Europa gewesen „und nicht die Begleichung einer historischen Rechnung mit den Juden". Was schloss nun aber Peres aus dieser
Einsicht? „[...] wenn wir Juden in den Augen des Hitler-Regimes eine
so bedrohliche Gefahr waren, dann handelte es sich doch bestimmt um
keine militärische, sondern eine moralische Bedrohung. Dabei wurde
auch der Glaube geleugnet, dass jeder Mensch im Antlitz Gottes er-
schaffen ist; dass jeder Mensch vor Gott gleich ist, dass alle Menschen
ebenbürtig sind". Es ist kaum einzusehen, warum *diese* Erklärung der
mit dem Antisemitismus operierenden vorzuziehen ist; als ganz und
gar inadäquat aber erscheint das Pseudoargument der *moralischen* Dif-
ferenz zwischen Nazis und Juden, welches seinerseits auf nichts anderes hinausläuft, als auf Verurteilung der Gottesleugnung. Die Shoah
als Problem des Abfalls von Gott? Peres weiß genau, dass er mit dieser
Einsicht in Israel kaum ernsthaft aufwarten könnte, ohne einen Sturm
der Entrüstung zu entfachen, vor allem aber, von welcher Seite er für sie
in seinem Land Beifall erwarten dürfte. Das hinderte ihn jedoch nicht
daran, noch dicker aufzutragen: „Selbst unbewaffnet wird ein Jude für
die Heiligkeit des göttlichen Namens einstehen. Seit Anbeginn seiner
Existenz ist das jüdische Volk den Geboten: ‚Morde nicht!', ‚Liebe dei-
nen Nächsten wie dich selbst!' und ‚Suche den Frieden und jage ihm
nach!' verpflichtet. – Unter allen Umständen und überall". Und man
fragt sich, ob der Staatspräsident des realen Israel tatsächlich an seine
eigenen Worten glauben mochte: Wieviel Enthistorisierung des Juden
darf man sich erlauben, wenn diese in eine solche Wesensbestimmung
mündet. Es ist unerklärlich genug, wie er dazu kam, sich gerade des religiösen Paradigmas bei seinen Darlegungen zu bedienen; wie unreflek-
tiert konnte er aber sein, um sich im deutschen Parlament hinzustellen
und genau das zu vollführen, was gestandene Antisemiten (freilich unter umgekehrten Vorzeichen) stets zu tun pflegen: die durch pauschali-

sierende Abstraktion und undifferenzierte Generalisierung betriebene Verwandlung „des Juden" in eine Projektionsfläche für jegliches, was man an sich selbst und am eigenen Dasein nicht ertragen kann. Peres wusste natürlich, wohin derlei Pauschalisierungen führen: „Die Nazis versuchten, uns Juden in ihren schrecklichen Propagandafilmen und im ‚Stürmer' als Parasiten, Höhlenratten und Verbreiter von Krankheiten darzustellen". Zurecht entsetzte er sich darüber in seiner Rede. Wo war er aber als erster Bürger seines Staates, als knappe drei Monate vor seinem Auftritt im Bundestag der israelische Innenminister Eli Yishai, ohne mit der Wimper zu zucken, forderte, dass man dem Strom von Fremdarbeitern aus Afrika Einhalt gebiete, weil sie „Gelbsucht, Tuberkulose, Masern, Aids, Drogen und schwere Defekte" ins Land transportierten. Nicht von ungefähr wurde diese schändliche Behauptung von Michael Handelsalz, Theaterkritiker der „Haaretz", als das apostrophiert, was sie ist: „eine rassistische Auslassung".[41]

Man wird einwenden wollen, das sei nun doch nicht ganz dasselbe. Dem ist in der Tat so: Eli Yishais Äußerung versteht sich ja nicht als ideologische Vorbereitung eines zu praktizierenden Massenmords (wiewohl die ihr inhärente Konsequenz strukturell ein Massensterben erwarten lässt). Dass aber Israel im hier erörterten Zusammenhang überhaupt in den Sinn kommt, ist niemand anderem anzukreiden, als Shimon Peres selbst. Denn der Logos seiner Rede bewegte sich vorwiegend im Spannungsfeld von „Israel" und der „Shoah", wobei die ideologische Ausrichtung dieses Nexus keinen Zweifel zuließ: Als Israeli beweine er „die tragische Verzögerung der Entstehung des Staates Israel, weswegen mein Volk ohne Zufluchtsstätte blieb" (was, gemessen daran, dass dies historisch nicht zu Debatte stand, mithin sich nicht realisieren konnte, und angesichts dessen, was real geschah, sich fast schon wie zionistisch-narzisstische Koketterie ausnimmt); als Großvater könne er „den Verlust von 1,5 Millionen Kindern nicht verschmerzen – das ungeheure menschliche Potenzial, ohne dessen Verlust das Schicksal Israels anders ausgesehen hätte" (als wäre das Schicksal Israels in diesem Zusammenhang ein Kriterium für etwas); er sei „stolz auf die Gründung des Staates Israel, die moralische und historische Antwort auf den Versuch, das jüdische Volk von der Erde zu tilgen" (was hanebüchen ist, denn was soll mit der israelischen Staatsgründung moralisch aufgewogen, was historisch beantwortet worden sein?); und er „danke dem Allerheiligsten für diejenigen Völker, die diesem Wahnsinn, dem Bösen und der Grausamkeit ein Ende setzten" (dem Allerheiligsten dankte er dafür? Und wenn schon wieder dieser ins Spiel gebracht wurde – warum nicht bei der Gelegenheit auch fragen, wieso der Allerheiligste das

Grauen erst zugelassen hat; die Antwort so mancher wirklich religiöser Juden hierauf dürfte sich für die zionistischen Ohren des israelischen Staatspräsidenten nicht gerade angenehm anhören).

Shimon Peres gehört zu jenen, die meinen, der Shoah eine „Lehre" abgewinnen zu können. Die bedeutendste unter den Lehren ist für ihn: „'Nie wieder'. Nie wieder eine Rassenlehre. Nie wieder ein Gefühl von Überlegenheit. Nie wieder eine scheinbar gottgegebene Berechtigung zur Hetze, zum Totschlag, zur Erhebung über das Recht. Nie wieder zur Verleugnung Gottes und der Shoa. Nie wieder dürfen blutrünstige Diktatoren ignoriert werden, die sich hinter demagogischen Masken verbergen und mörderische Parolen von sich geben". Schon beeindruckend, wie das, was zunächst noch mit der Universalität von Adornos neuem kategorischen Imperativ zu korrespondieren schien, sich nach und nach dem Partikularen israelischer Interessen zubewegte, bis das eigentlich Gemeinte schließlich auf den Punkt gebracht wurde: „Meine Freunde, Vertreter des deutschen Volkes, die Drohungen, unser Volk und unseren Staat zu zerstören, werden im Schatten von Massenvernichtungswaffen ausgestoßen, die im Besitz irrationaler Menschen sind, die nicht zurechnungsfähig sind und die nicht die Wahrheit sprechen. Um eine zweite Shoa zu verhindern, ist es an uns, unsere Kinder zu lehren, Menschenleben zu achten und Frieden mit anderen Ländern zu wahren". Der letzte Satz dieser Passage entbehrt jeglichen Sinn, obwohl er in seiner nichtssagenden Floskelhaftigkeit einen anderen Eindruck erwecken mag. Wieso ist es „an *uns*, *unsere* Kinder zu lehren, Frieden mit anderen Ländern zu wahren", wenn es darum geht, eine zweite Shoah zu verhindern? Haben *unsere* Kinder vor, eine zweite Shoah zu verursachen? Und käme es im Falle einer zweiten Shoah nicht gerade darauf an, *keinen* Frieden zu wahren, sondern ganz im Gegenteil, die Verursacher aufs erbittertste zu bekämpfen? Vor allem aber: Von welcher zweiten Shoah ist da die Rede?

Was immer damit gemeint sein könnte (offenbar ein nuklearer Angriff Irans auf Israel), klar ist, dass Peres in seiner „bewegenden Rede" vor dem deutschen Parlament die historische Shoah in einen Kontext zerrte, der es ihm ermöglichte, aktuellen Belangen Israels eine unhinterfragbare Räson zu verschaffen. Als bestünde der tiefere historische „Sinn" der Shoah in der Gründung des Staates Israel (was beispielsweise die israelische Politikerin Tsippi Livni strikt in Abrede stellt), benutzte er das gedenkende Reden über die Shoah-"Lehre", um seinem Geraune von der fiktiv-drohenden zweiten Shoah Geltung zu verschaffen (ein Instrumentalisierungskniff, den er mit Netanjahu, der am selben Tag auf der Shoah-Gedenkfeier in Auschwitz sprach, teilte[42]). Es ist

bemerkenswert, wie das offizielle Israel, das sich über jeden „von außen" kommenden Vergleich der Shoah mit anderen grauenerregenden
kollektiven Katastrophen empört und auf die Einzigartigkeit der jüdischen Shoah insistiert, sich eines (von ihm selbst relativierten) Shoah-
Andenkens zu bedienen vermag, wenn es opportun erscheint und sich
damit ein noch so heteronomer Zweck erreichen lässt. Und so musste
der (freilich jedes Wort des hohen israelischen Repräsentanten begierig
schluckende) Bundestag eine Lehrstunde über die Geschichte des Zionismus und des Staates Israel über sich ergehen lassen, ein ausgeklügel-
tes, tausendfach wiederholtes Narrativ und von Halbwahrheiten, Klit-
terungen und Entstellungen nur so strotzendes Ideologiekonstrukt, das
den deutschen Zuhörern vermitteln sollte, wie heroisch sich Israel von
Anbeginn an geschlagen hat, wie gerecht sein Weg stets war, und wie
auf den katastrophischen Untergang der Juden die zionistische Aufer-
stehung erfolgte. Den „Deutschen" (bzw. ihren Kanzlern) wurde dabei
großer Dank gezollt, das von Ben Gurion über die Köpfe großer Teile der israelischen Gesellschaft hinweg beschlossene „andere Deutschland" nochmals (nachträglich) gefeiert, um dann zum sich nähernden
Schluss der Rede ans Eingemachte zu gehen:
    „Israel", sagte Peres, „ist ein jüdischer und demokratischer Staat, in
dem rund 1,5 Millionen gleichberechtigte arabische Bürger leben. Wir
werden es nicht zulassen, dass jemand wegen seiner Nationalität oder
Religion diskriminiert wird". Das muss die *comic relief* der Rede gewesen sein. Wie verblendet (im noch besten Fall) oder verlogen (im eher
anzunehmenden) kann man sein, um nicht zu „wissen", dass die in Israel lebenden Araber auf dem Papier (vielleicht) „gleichberechtigt" sind,
in der sozialen und politischen Realität aber seit Bestehen des Staates
Israel systematischer Diskriminierung und Unterprivilegierung ausgesetzt sind? Wie demokratisch kann ein *jüdischer* Staat sein, in dem
eineinhalb Millionen Nichtjuden leben? Und wie jüdisch darf er sich
wähnen, wenn er wahrhaft demokratisch sein möchte? Zumindest dazu
sollte man stehen können, wenn man schon an einem Holocaust-Gedenktag unbedingt als zionistischer Propagandist auftreten möchte.
    Im abschließenden ideologischen Crescendo ging es dann Schlag
auf Schlag mit israelischer Selbstgefälligkeit, Larmoyanz, scheinheili-
gem Geschmeichel und hehrer, doch leerer Vision: „Unsere Siege haben jedoch den Gefahren kein Ende gesetzt. Es gelüstet uns nicht nach
Gebieten, die uns nicht gehören. Und wir hegen auch kein Interesse,
ein anderes Volk zu beherrschen, dürfen aber unsere Augen trotz allem nicht verschließen. Unser nationales Begehren ist klar und eindeutig: Frieden mit unseren Nachbarn zu erreichen". So ergeht es einem,

wenn man von „Israel" abstrakt redet. Peres weiß doch, dass es israelische Regierungen gab, die nicht nur das West-, sondern auch das Ost-
jordanland als Israel zugehörig angesehen haben, vor allem aber kann er
nicht in Abrede stellen, dass Israel ein über 40 Jahre währendes Regime
der Okkupation *fremder* Gebiete unterhält. Was heißt da „gelüstet"?
Warum meint er darüber hinaus, behaupten zu dürfen, dass Israel kein
Interesse habe, ein anderes Volk zu beherrschen, wenn Israel seit 1967
genau das tut? Peres ging es aber auch gar nicht darum, diese Tatsachen
zu reflektieren, sondern (wie schon hundertfach zuvor), ein Lippenbekenntnis abgedroschener Phrasen abzulegen: „Sie wissen, dass Israel
dem Grundsatz ‚zwei Staaten für zwei Völker' zustimmt. Wir haben im
Krieg einen Preis bezahlt, und zögerten nicht, auch für den Frieden einen Preis zu zahlen. Auch jetzt sind wir bereit, auf Gebiete zu verzichten, um mit den Palästinensern Frieden zu schließen. Sie sollen einen
eigenen Staat errichten, einen unabhängigen, gedeihenden und fried-
liebenden Staat". Die Netanjahu von Obama abgepresste Zustimmung
zur Zwei-Staaten-Lösung hat Israel, seit Netanjahu sie gab, permanent
konterkariert; auch das kann Peres nicht entgangen sein. Und wenn er
postulierte, Israel sei bereit, „auf Gebiete zu verzichten", dann indizierte er mit dieser Formel das, was sich wie eine Bereitschaft zum Frieden
anhört, aber im Grunde den Kern des Konflikts seit Jahrzehnten ausmacht: „auf Gebiete" oder „auf *die* besetzten Gebiete" ist Israel bereit
zu „verzichten"? Wie schon Netanjahu zuvor, solidarisierte sich der israelische Staatspräsident mit den „Millionen Iranern, die gegen die Diktatur und Gewalt rebellieren"; warnte vor dem (iranischen) „Regime,
das mit Zerstörung droht und Atomkraftwerke und Nuklearraketen
besitzt, mit denen es sein eigenes Land wie auch andere Länder terrorisiert", um dann den (ihm zuhörenden) Europäern Honig um den Bart
zu schmieren: „Wir möchten von der Europäischen Gemeinschaft lernen. Sie, die den Kontinent von tausend Jahren Krieg und Not befreit
und jungen Menschen ermöglicht hat, den Hass ihrer Vorväter gegen
Solidarität unter den Jungen einzutauschen. Wir können viel aus Ihrer
Erfahrung lernen, und möchten von einem Nahen Osten träumen, in
dem alle Länder bereit sind, den Konflikt ihrer Eltern gegen den Frieden für ihre Nachkommen einzutauschen". Der „uns allen gemeinsa-
me Gott" sei „der Gott des Friedens. Nicht der Gott des Krieges". Es
ist schon atemberaubend, wie „Europa" (alias „die Europäische Union"), das gerade in Israel gemeinhin, allen voran von gewaltmotivier-
ten Hardlinern vom Schlage eines Ariel Sharon, des „Antisemitismus"
geziehen wird, sobald es sich anmaßt, eine Kritik an Israels Politik gegen die Palästinenser zu üben, im Munde Shimon Peres' zu einer Ins-

tanz avancierte, von der man „lernen" möchte. Und im Hinblick auf die
brachialen Erfahrungen der letzten Jahre gerade Israels Gott als „Gott
des Friedens" zu apostrophieren, nimmt sich nachgerade perfide aus.
Peres ging dann zum Schluss seiner Rede noch einmal auf deren offiziellen Anlass ein, und zwar mit folgenden Zeilen: „Der internationale
Gedenktag für die Opfer der Shoa ist ein Tag der Andacht und des In-
sich-Gehens. Eine Stunde der Erziehung und der Hoffnung. Ich habe
mit dem Kaddisch-Gebet begonnen und möchte mit unserer National-
hymne, der ‚Hatikwa‘ – der Hoffnung – schließen: *Solange ist unsere
Hoffnung nicht verloren, / die Hoffnung, zweitausend Jahre alt, / zu
sein ein freies Volk in unserem Land, / im Lande Zion und Jerusalem!*
Wir wagen den Traum, und ich bin überzeugt, Sie wagen ihn mit uns:
Gemeinsam werden wir diesen Traum auch verwirklichen".
    Das kitschbeseelte Pathos dieser Schlussworte darf unerörtert blei-
ben. So, wie gesagt, reden Politiker bei feierlichen Anlässen – sie lassen selbst Hoffnung zur Ideologie geraten. Hingewiesen sei hingegen
auf das, was Peres selbst anzeigte, ohne es im geringsten kaschieren zu
wollen: die Anbindung der Shoah an Israel und den Zionismus, und
dies gerade am *internationalen* Gedenktag an den Holocaust. Die Zi-
onisierung der Shoah erscheint mittlerweile so selbstverständlich, dass
es niemand in den Sinn kommt, gerade darin die schwerwiegendste Instrumentalisierung dessen, was man gemeinhin als Menschheitskatastrophe zu apostrophieren pflegt, erkennen, geschweige denn, verurteilen
zu sollen. Peres „bewegende Rede" zeitigte, ganz im Gegenteil, stürmi-
schen Stehapplaus. Als sich aber herausstellte, dass sich nicht alle Abge-
ordneten der Linksfraktion im Bundestag zum Beifall erhoben hatten
– Sahra Wagenknecht und zwei weitere Frauen blieben sitzen, wie von
der „Frankfurter Allgemeinen Sonntagszeitung" berichtet –, erkannte das Blatt darin ein Zeichen dafür, dass „der Antizionismus in der
Linkspartei alles andere als überwunden" sei, bemühte aber darüber hinaus auch den Links-Abgeordneten Michael Leutert, der seinerseits mit
nicht minder schwerem Geschütz aufwartete, als er proklamierte, dass
wer am Auschwitz-Gedenktag nicht willens sei, Israels Präsidenten im
Bundestag „den nötigen Respekt zu bezeugen, der ist für mich nicht
wählbar".[43] Schön zu erfahren, was in der Linkspartei inzwischen alles
so als Wählbarkeitskriterium gehandelt wird. Dass aber der Abgeord-
nete meinte, gerade den Auschwitz-Gedenktag als besonders relevant
für die Respektbezeugung dem israelischen Staatspräsidenten gegenüber hervorheben zu müssen, indiziert, dass das diesbezügliche zionistische Ideologem offenbar inzwischen auch in der Linkspartei Einzug
gehalten hat (unabhängig davon, welche Beweggründe sonst noch den

Diadochenkampf an ihrer Spitze angetrieben haben mögen). Und wenn schon Instrumentalisierung des Shoah-Andenkens, hätte der gesamte Bundestag, statt sich in bewegtem Applaus zu ergehen, besser daran getan, sich in den Sinn zu rufen, was der israelische Publizist Gideon Levy am Tag nach der Rede im Bundestag in „Haaretz" schrieb. Sein Artikel darf für den hier erörterten Zusammenhang als paradigmatisch gelten, soll daher in voller Länge wiedergegeben werden:[44]

Am Holocaust-Gedenktag gingen sämtliche Großkopferten Israels bei Tagesanbruch zum Angriff über. Präsident Schimon Peres in Deutschland, Ministerpräsident Benjamin Netanjahu samt großer Gefolgschaft in Polen, der Außenminister in Ungarn, sein Stellvertreter in der Slowakei, der Kultusminister in Frankreich, der Informationsminister vor der UN-Versammlung. Sie alle stürmten an die PR-Front, um Reden über den Holocaust zu schwingen. Der Zeitpunkt für diese ungewöhnlich aufwendige Kampagne ist nicht zufällig: Während der Goldstone-Bericht über den Gaza-Krieg in aller Munde ist, reden wir vom Holocaust, als wollten wir den Eindruck verwischen. Wenn alle Welt nach der Besatzungsmacht Israel fragt, antworten wir mit dem Iran. Wir haben einen Ministerpräsidenten, der über das Böse in der Welt spricht, aber gleichzeitig einen Zaun errichten lässt, um Kriegsflüchtlinge daran zu hindern, an Israels Tore zu klopfen. Dieser Ministerpräsident prangert das Böse an und ist doch selbst involviert in das Verbrechen der Gaza-Blockade, die schon ins vierte Jahr geht und 1,5 Millionen Menschen in schmähliche Bedrängnis bringt. Er regiert ein Land, in dem Siedler ungehindert Pogrome gegen unschuldige Palästinenser verüben unter der Parole ‚Preisschild‘, die grauenhafte historische Assoziationen weckt. In seiner Gedenk-Rede setzte Netanjahu Nazi-Deutschland gleich mit dem fundamentalistischen Iran. Das ist billige Propaganda, die das Andenken an den Holocaust herabwürdigt. Der Iran ist nicht Deutschland, Ahmadinedschad nicht Hitler. Sie zu vergleichen, ist so falsch wie eine Parallele zu ziehen zwischen israelischen Soldaten und Nazis. Der Holocaust darf niemals vergessen werden, aber es gibt keinen Anlass, ihn mit irgendetwas zu vergleichen. Israel muss seinen Teil dazu beitragen, um die Erinnerung lebendig zu halten, aber bitte mit reinen Händen. Israel darf nicht den Verdacht erwecken, dass es die Erinnerung an den Holocaust auf eine zynische Art und Weise dazu verwendet, um eigene Untaten zu verschleiern oder gar aus der Erinnerung zu löschen. Leider tut es genau das. Wie wundervoll wäre es gewesen, wenn Israel den Gedenktag dazu verwendet hätte, in sich zu gehen und beispielsweise zu fragen, wie es kommt, dass die Schlange Antisemitismus ihr Haupt ausgerechnet wieder erhoben hat, nachdem wir im

Vorjahr Phosphorbomben über Gaza abgeworfen hatten. Wie wunder-
voll, wenn Netanjahu am 27. Januar 2010 eine neue Integrationspolitik
für Kriegsflüchtlinge verkündet hätte, statt sie auszusperren, oder die
Blockade des Gazastreifens beendet hätte. Tausend Reden gegen den
Antisemitismus werden die Feuersbrunst nicht löschen können, die die
„Operation Gegossenes Blei" in Gaza entfacht hat, der schlimmste An-
griff Israels seit dem Sechstagekrieg. Ein Inferno, das nicht nur Israel,
sondern die gesamte jüdische Welt gefährdet. Solange die Blockade in
Gaza andauert und Israel weiter in institutionalisierter Fremdenfeind-
lichkeit versinkt, wird jede Rede über den Holocaust hohl tönen. Solan-
ge das Böse bei uns wild wuchern darf, werden weder wir noch die Welt
jene Predigten ernst nehmen, die wir anderen halten – und seien sie noch
so gerechtfertigt.

Gideon Levys Text darf deshalb als paradigmatisch gelten, weil er
auflistet, was den Moralanspruch Israels, mithin die Verankerung dieses
Anspruchs im staatsoffiziellen Shoah-Andenken, wie sie Shimon Peres
in seiner Bundestag-Rede vornahm, in eine adäquate Perspektive stellt,
eine Perspektive, die wahrhaftem Gedenken bei weitem gerechter wird
als die ideologischen Ausführungen des israelischen Präsidenten. Das
Aufgelistete soll denn im Folgenden detailliert(er) erörtert werden.

Israelische Realitäten

„Während der Goldstone-Bericht über den Gaza-Krieg in aller Munde ist, reden wir vom Holocaust, als wollten wir den Eindruck verwischen", sagte Gideon Levy in seinem Kommentar zur Peres-Rede im Bundestag. Man muss nicht so weit gehen, um sich über den Konnex zu entrüsten. Zwar dient israelische Politrhetorik über Shoah und Antisemitismus in der Tat sehr oft als Blitzableiter zur Relativierung eigener Defizite, Vergehen und Verbrechen; das Problem liegt jedoch nicht primär in dieser instrumentellen Verwendung der Begriffe zwecks Harmonisierung des von kognitiver Dissonanz irritierten psychischen Haushalts, sondern darin, dass Israel einerseits Realitäten schafft – *reale* Wirklichkeiten in Gesellschaft und Politik –, andererseits aber meint, diese durch Selbstviktimierung rechtfertigen oder zumindest doch verdecken zu können. Es geht also nicht um den *Eindruck*, den der Goldstone-Bericht zeitigt, sondern um das, was in ihm zur Sprache gebracht wird; nicht (nur) um das rhetorische Gemetzel über die inflationäre Verwendung von „Shoah" und „Antisemitismus", sondern auch (und vor allem) darum, dass sie im Munde derer geführt werden, die eine „Lehre" aus ihnen ziehen zu können meinen, dabei aber handeln, als manifestiere sich die „Lehre" in ihren verbrecherischen Handlungen. Das Unerhörte besteht demnach nicht (nur) in der perfiden Ideologisierung der Shoah als Begriff, sondern in der Unvereinbarkeit von moralischem Anspruch und der in seinem Namen verursachten Realität. Das ist es, was Alan Dershowitz, der Richard Goldstone als einen „Verräter des jüdischen Volkes" apostrophiert und seinen Bericht als „defamation written by an evil, evil man" bezeichnet hat,[45] nicht begreifen kann, weil er die im Bericht aufgelisteten Realitäten einzig von der Warte des „Eindrucks", den sie hervorrufen, beurteilt, eines Eindrucks, den er als eingeübter Israel-Apologet gewinnt, ohne sich darum zu scheren, was an ihnen real sein könnte, bzw. sich darin befleißigend, das Reale juristisch so zu abstrahieren, dass Goldstone zwangsläufig zum „evil, evil man" mutiert, Israel als gerechtes Subjekt all seiner Handlungen erscheint, die horrenden Realitäten aber weiterhin bestehen bleiben.

Wieso man gleich zum „Verräter des jüdischen Volkes" wird, wenn man Israel kritisiert, wird der scharfsinnige amerikanische Anwalt gewiss begründen können, vielleicht auch, warum gleich das gesamte jüdische Volk in Anschlag gebracht wird, wenn es um den Staat Israel geht. Auch ob man der bessere Jude ist, wenn man eine notwendige Kritik am Staat der Juden unterlässt, oder ob man sich einer ehrenwer-

ten jüdischen Tradition verschwistert wissen darf, wenn man eine solche Kritik gerade vornimmt, sei dahingestellt. Jeder mag seinen eigenen
Begriff von Judentum haben – der von Dershowitz kann vielleicht seinem Selbstbild genügen, vielen anderen Juden dürfte er aber gerade als
Beleidigung ihres Judentums gelten. Selbst über die Definition von Diffamierung kann man streiten, wenn man mit Begriffen so elastisch umgeht wie Dershowitz, für den Richard Goldstone nicht weniger als in
die Kategorie des „evil, evil man" eingereiht gehört. Was aber nicht bestritten werden kann und darf, ist das, was die allermeisten Israelis (im
Stillen) wissen – dass nämlich Israel beim Gazakrieg mit unhaltbar dis-
proportionaler Vehemenz auf den dicht besiedelten palästinensischen
Landstreifen eingeschlagen hat; dass dabei sehr viele Zivilisten umka-
men, mithin Kriegsverbrechen begangen worden sind. Das kann man
erklären oder gar „verteidigen" wollen, man kann sich dafür diese oder
jene Apologie zurechtlegen, Ungeheueres relativieren und Arges abwinken, aber das Mindeste, was man sich sagen sollte, wenn man schon
das offenbar Verbrecherische der israelischen Vorgehensweise und die
durch diese entstandene Realität großer Not und immensen Leids auf
palästinensischer Seite ignorieren bzw. in Abrede stellen will, ist das,
was ein Leitartikel der „Haaretz" schlicht auf den Punkt zu bringen
wusste: „Die Berufung eines staatlichen Untersuchungsausschusses ist
nicht nur wegen der Besänftigung des Richters Richard Goldstone oder
der Meinung der Weltöffentlichkeit vonnöten; es geht hier nicht nur
um ein Ansehensproblem. Ein solcher Ausschuss ist vor allem für eine
wirkliche und unabhängige Examinierung [des Vorgefallenen] nötig –
damit ein für allemal geklärt werde, ob während der Militäroperation
‚Gegossenes Blei' Aktionen stattfanden, die als Kriegsverbrechen definiert werden. Die israelische Gesellschaft hat ein Anrecht darauf, zu
wissen, was in Gaza geschah, und wenn Israel sich so gewiss ist, im
Recht zu sein, darf es sich nicht der einzigen Maßnahme entwinden, die
vielleicht den erheblichen Schaden, den Israels Stand [in der Welt] infolge der Militäroperation in Gaza erlitten hat, zu reparieren vermöchte".[46]
Es ging hierbei noch nicht einmal um die Verurteilung des im Krieg Geschehenen, sondern zunächst nur um die Einwilligung, sich seiner Untersuchung zu stellen. Als Israel schließlich die erbetene Antwort auf
den Goldstone-Bericht beim Generalsekretär der Vereinten Nationen
einreichte, förderte die im Dokument enthaltene Auflistung der von Israel selbst initiierten Untersuchungen diverser Militäraktionen zweierlei zutage: Zum einen, dass Israel sehr wohl imstande ist, den gravieren-
den Anschuldigungen, denen es sich ausgesetzt sah, „in einer Weise zu
begegnen, die sich nicht mit dem Vorwurf des Antisemitismus und der

endlosen Wiederholung der Mantra, die israelische Armee sei die moralischste der Welt, begnügt"; das Dokument enthielt die Klärung nicht
weniger der von Goldstone aufgelisteten Fakten.[47] Zum anderen indizierte dieses Dokument aber eben auch, wie sehr Israels Militär Verbrechen begangen hatte. Dass das Verbrochene im staatsoffiziellen Bericht
nur leicht tangiert wurde, versteht sich dabei von selbst. Zurecht durfte
die „Haaretz" monieren, dass man „in den Untersuchungen, die das israelische Militär vorgenommen hat, kein geeignetes Mittel sehen könne,
um den Erwartungen der Welt Genüge zu tun, vor allem aber, um die
Wahrheit herauszufinden. Zwar gesteht das Militär im Dokument eine
Reihe ‚operationeller und geheimdienstlicher Fehler' ein, von denen die
meisten das Leben Unschuldiger gefordert haben, aber der einzige Soldat, der bislang vor Gericht gestellt wurde, ist der, der einem Gaza-Be-
wohner seine Kreditkarte gestohlen hat. Man darf davon ausgehen, dass
dieser Befund der Welt ein höhnisches Lächeln abringen wird".[48]

Israels instrumentell-kokettes Verhältnis zum Goldstone-Bericht
und zur in ihm verhandelten Realität, zeigte sich allerdings nicht nur
am direkten Umgang mit der Forderung der UNO, auf den Bericht
zu reagieren bzw. einen Untersuchungsausschuss zu berufen, sondern
auch in den dunklen Bereichen des inoffiziellen Versuchs, die drohenden Auswirkungen des Reports abzuwenden. So wurde berichtet, dass
die im Oktober 2009 vom Präsidenten der Palästinensischen Autonomiebehörde, Mahmud Abbas, erteilte Anweisung, die Abstimmung
über den Goldstone-Bericht in der UN-Menschenrechtsversammlung
aufzuschieben, das Resultat eines „geladenen Treffens" zwischen Abbas und Yuval Diskin, Direktor des israelischen Allgemeinen Sicher-
heitsdienstes (Schabak), gewesen sei. Diskin, hieß es, habe gedroht,
dass eine palästinensische Weigerung, die Goldstone-Abstimmung aufzuschieben, zur Folge haben werde, dass das Westjordanland in ein
„zweites Gaza" verwandelt würde.[49] Ein komplementär verschwisterter „Handel" wurde Israel vonseiten der USA angetragen: Kurz vor der
Abstimmung in den Vereinten Nationen ließ man Israel wissen, dass
eine „Lockerung der Gazastreifen-Sperre einer Dämmung der Wirkungen des Berichts auf die internationale Staatengemeinschaft förderlich
sein könnte".[50] Solcher – auf unverhohlener brachialer Erpressung oder
prekären diplomatischen Deals basierender – Umgang mit dem, was Israel während des Gazakriegs an Tod, Zerstörung und Verwüstung anrichtete, mithin die sich von jeglicher eigener Verantwortung lossagen-
de „Konfrontation" der real aufgeladenen Schuld, ist es, was den von
Israel erhobenen Anspruch auf moralischen Beistand „der Welt" dis-
qualifizierte. Und wenn Israels Minister für Information und Diaspora,

Yuli Edelstein, den Goldstone-Bericht gerade am internationalen Holocaust-Gedenktag als „antisemitisch" apostrophierte, dann verwendete er diesen neuralgischen Begriff, gemessen an der Realität, die er zu
vertuschen beabsichtigt, in übelster ideologischer Manier. Der Minister entblödete sich zudem nicht, zu proklamieren, dass die Verbindung
des Goldstone-Berichts mit dem internationalen Holocaust-Gedenktag
zwar kein „leichtes Unterfangen" sei, man aber die „Lehren von dem,
was war" ziehen müsse: „Auch damals sagte man den Mahnern, dass
Hitler ein Clown sei und alle Schwarzseher in den 1930er Jahren Unsinn redeten. Gerade am Holocaust-Gedenktag, der auch ein Tag des
Kampfes gegen den internationalen Antisemitismus ist, muss über diese
Verbindung geredet werden, denn man hängt heutzutage Soldaten der
israelischen Armee den Handel mit menschlichen Organen, Kindermord und Vergewaltigung von Frauen an".[51] Man kann und soll idioti-
sche Entstellungen in Zeitungsartikeln und TV-Serien verurteilen (wiewohl es mehr als fraglich erscheinen mag, ob dafür die Regierungen
der Länder, in denen diese privaten Medien operieren, gleich mitbelangt
werden können und sollten); ob israelische Soldaten „Kindermord" begangen haben, bemisst sich im übrigen nicht an den Darstellungen kulturindustriell zugerichteter Fernsehserien, sondern an den Kindermas-
sen, die im Krieg *real* umgekommen sind (Yuli Edelstein sollte in dieser
Hinsicht sehr vorsichtig sein mit seiner Larmoyanz darüber, dass man
der israelischen Armee Kindermord „anhängt"); gänzlich unverständ-
lich bleibt aber, wie die Argumentation des eifernden Ministers ihn zur
emphatischen Schlussfolgerung gelangen lässt, der Goldstone-Bericht
sei antisemitisch. Edelsein spürte offenbar selbst, dass dies einer kohä-
renten Erklärung bedürfe, und so lieferte er folgende bemerkenswerte
Erläuterung : „Nach dem Zweiten Weltkrieg und der Errichtung des
Staates Israel richtet sich der Antisemitismus nicht gegen Juden, sondern gegen Israel und Israelis. Der Goldstone-Report und die Berichte
in Schweden über Handel mit menschlichen Organen und dergleichen
sind nichts als eine Art von Antisemitismus". Entsprechend müsse der
Generalsekretär der Vereinten Nationen im seinem der UNO vorge-
legten Bericht dieser „argen Erscheinung" Einhalt gebieten. Keinesfalls
dürfe er „demjenigen, der Opfer von Tausenden Raketen zu Kriegsverbrecher hat werden lassen, Vorschub leisten".[52]
Dass nicht die Opfer von Tausenden Raketen zu Kriegsverbrechern
gemacht wurden, sondern schwer bewaffnete Soldaten der israelischen
Armee in einem furiosen Krieg, der große Zivilopfer auf palästinensischer Seite forderte, mag hier unerörtert bleiben; auch der Wirkungszu-
sammenhang, der im letzten Jahrzehnt dazu führte, dass sich Orte im

südlichen Israel dem Beschuss von Raketen ausgesetzt sahen, vor allem aber Israels gravierender Anteil am Zustandekommen dieser Lage. Interessant ist hingegen die Feststellung Edelsteins, dass nach dem Zweiten Weltkrieg und der Errichtung des Staates Israel der Antisemitismus sich nicht gegen Juden, sondern gegen Israel und Israelis richte. Leicht ließe sich dagegen polemisieren: Man hat es wieder einmal mit der unzulässigen Gleichsetzung von Juden und Israelis zu tun; die Israelis, die Edelstein absondert, sind doch aber auch Juden; sind also nur in Israel lebende Juden vom antisemitischen Ressentiment betroffen? Und damit einhergehend: Sind Juden, die mit Israel lebensweltlich und gesinnungsmäßig nichts zu tun haben, von nun an als vom Antisemitismus verschont anzusehen? Es ist müßig, sich derlei Polemik zu befleißigen – zu offensichtlich hat sich der Minister im Eifer seines ideologisierten Gefechts ins diskursive Fettnäpfchen gesetzt. Stattdessen sei hier ein anderer Aspekt seiner Worte erwogen: Gegen seine Absicht blitzt in ihnen die vorbewusste Ahnung davon auf, dass der „Antisemitismus", dessen er sich als Argument bedient, etwas mit „Israel" und nicht mit „Juden" zu tun hat, und dass „Israel" zwar als Projektionsfläche für althergebrachte Ressentiments gegen „Juden" und „das Jüdische" dienen mag, zugleich aber auch etwas mit Israel qua Israel, also mit dem zionistischen Land zu tun hat, und dieses „etwas" sich einem historischen Unrecht, das zionistische Juden an den palästinensischen Bewohnern des Landes angerichtet haben, auf dem sie ihren Staat errichtet haben, verdankt. Denn bedenkt man, wie sich die Jahrhunderte langen Beziehungen zwischen Juden und Muslimen im Vergleich zu denen von Juden und Christen im Abendland gestaltet haben, mag einem dämmern, dass die heutige Feindschaft zwischen Juden und Arabern nichts mit dem Antisemitismus zu tun habe, den das christliche Abendland „erfunden" und bis zum völkermordenden Exzess betrieben hat, sondern mit einem historisch gewachsenen, im Wesen politischen bzw. territorialen Problem, das sich als solches inzwischen zwar in die entlegensten Regionen des Ressentiments und des Hasses verbreitet hat, aber eben auch historisch überwindbar, als politischer Konflikt lösbar ist. Wenn also, Edelstein zufolge, der Antisemitismus seit 1945 sich einzig gegen „Israel und Israelis" richtet, dann hat er nicht mehr sehr viel gemein mit dem, was Theodor Mommsen seinerzeit als „eine fürchterliche Epidemie, wie die Cholera – man kann sie weder erklären noch heilen" apostrophierte. Denn der Nahostkonflikt ist historisch nachvollziehbar, mithin auch der Grund dafür, dass sich israelische Juden und Araber bis heute bekriegen. Gerade deshalb birgt dieser Konflikt aber auch die Möglichkeit in sich, ausgestanden und überwunden zu werden – eine

Möglichkeit, die der in Auschwitz kulminierende eliminatorische Antisemitismus, zumindest ab einem gewissen Zeitpunkt, ausschloss: das ist
der Unterschied ums Ganze.
   Von dieser Einsicht wird sich Yuli Edelstein kaum etwas bewusst gemacht haben. Er könnte es sich ideologisch auch gar nicht leisten, sie
erst zuzulassen. Daher koppelte er kurzerhand Juden und Israelis, Judentum und Israel zusammen, würzte die Reduktion mit etwas kul-
turindustriellem Schund anti-israelischer Coleur, blendete die Realität
der von Israel perpetuierten Gewalt vollkommen aus, kodierte dann
Israelkritik als neuen Antisemitismus, und schwups ergab sich für ihn
der Goldstone-Bericht als Produkt ebendieses (von ihm selbst begrifflich kreierten) Antisemitismus. Mit Alan Dershowitz darf er sich dabei eins wissen. Nicht aber mit vielen seiner Landsleute, die von seiner
– Shoah und Antisemitismus perfide instrumentalisierenden – Ideologie angewidert sein dürften. Am 4. Februar 2010 veröffentlichte eine
Gruppe von israelischen Bürger- und Menschenrechtsorganisationen
eine großformatige Anzeige folgenden Wortlauts auf der Titelseite der
„Haaretz":[53]

---

*Die Veröffentlichungen der letzten Tage bestärken, was viele bereits
verstanden haben*
Eine selbständige israelische Untersuchung: das ist unsere Pflicht.
Auch im Krieg herrschen Gesetze.
Auch im Krieg darf man keine Zivilbevölkerung treffen.
Wir müssen ehrlich untersuchen: Was geschah in „Gegossenes Blei",
wer war verantwortlich dafür – und wie können wir künftig verhin-
dern, dass Unschuldige getroffen werden.
In einem demokratischen Staat geht es nicht nur um die Verteidigung
der physischen Existenz: sondern auch um die unserer moralischen
Werte, des internationalen Rechts und der Menschenrechte.

   Die Anzeige bezog sich zwar spezifisch auf die Annahme des
Goldstone-Berichts, aber alle Organisationen, die sie unterzeichne-
ten, sind seit Jahren und Jahrzehnten mit einer darüber hinausreichenden, unablässigen Bekämpfung fortwährender israelischer Verletzungen von Menschen- und Bürgerrechten befasst. Zur Notwendigkeit ist der nahezu sisyphisch anmutende Kampf dieser Organisationen durch eine Wirklichkeit avanciert, die sich schon so lange
zieht, dass sie den meisten Israelis gleichsam zur zweiten Natur, mithin zur ideologisch gefestigten Selbstverständlichkeit geronnen ist:

das über 40 Jahre perpetuierte Besatzungsregime und die repressive Herrschaft über das palästinensische Volk. Es mag einem absurd vorkommen, diesen Grundumstand im Jahre 2010 nochmals besonders hervorheben zu sollen, aber gerade im hier erörterten Zusammenhang kann er leider nicht oft und emphatisch genug betont werden: Israel, das bei jeder sich bietenden Gelegenheit, sein „Opfer"-Schicksal und den „Antisemitismus in der Welt" beklagt, Israel, das die Shoah und ihre „Lehren" immerzu als propagandistischen Erbteil seiner Ideologie, wann immer es opportun erscheint, anführt und bis zum letzten Sentiment und stimulierten Schuldgefühl ausreizt und verwertet, Israel, das sich selbst als „einzige Demokratie im Nahen Osten" darstellt (sich somit aber auch auf das Niveau jener Staaten, denen gegenüber es sich distinguieren will, stellend, denn in keinem *westlichen* Sinne kann Israel den Anspruch erheben, wahrhaft demokratisch zu sein) – dieses Israel praktiziert seit eineinhalb Generationen eine Alltagsbarbarei in den von ihm besetzten Territorien, eine militärisch abgesicherte Repression gegen ein Millionenkollektiv, die jeglicher zivilgesellschaftlicher Norm hohnlacht, jede Prätention, sich den Maßstäben einer liberal aufgeklärten Gesellschaftsformation (von einer wahrhaft sozialistischen sei hier ganz geschwiegen) anzugleichen, ad absurdum führt, und das von sich selbst gezeichnete Bild eines durch historische Leiderfahrung geformten moralischen Kollektivsubjekts durchgehend selbst widerlegt. Wer über Israel redet, ohne sich *diese* Realität vor Augen zu halten, sitzt zwangsläufig einer propagandistischen Chimäre auf. Eine Realität ist es, in der Strukturelles mit Spontanem, Ungesetzliches mit Legalem, dezidierte Unterdrückung und Scheinheiligkeit zusammenkommen und solcherart miteinander verwoben sind, dass die manifeste Ideologie der Repression mit den Händen greifbar, zugleich aber doch auch als ephemer-entgleitend (gleichsam unsichtbar) erscheint:

Siedler richten Pogrome in palästinensischen Dörfern an, weil von ihnen (illegal) errichtete Vorposten durch die Armee geräumt wurden, um freilich bald danach trotz der (vermeintlichen) Räumung eilig wieder aufgebaut zu werden.[54] Die Hooligan-Praxis korrespondiert mit einem als Folge der Netanjahu (von Obama) abgetrotzten Zustimmung zum zehnmonatigen Baustop in den besetzten Gebieten formulierten Aufruf, „Kriegsstimmung" im Westjordanland zu entfachen, den unter anderen auch Knesset-Angeordnete der rechten Regierungskoalitionspartei „Ha'ichud Ha'leumi" unterzeichnet haben.[55] Der staatsoffiziell ohnehin nur halbherzig verordnete Baustop wird so gut wie vollkommen ignoriert.[56] Dies geht damit einher, dass selbst dort, wo der Oberste Gerichtshof Israels eine einstweilige Verfügung gegen das erweiterte Bauen in Siedlungen erteilt hat, das Bauen unbekümmert weitergeht.[57] Dass darüber hinaus der israelische Verteidigungsminister Morddrohungen wegen des von ihm (vermeintlich) forcierten Baustops erhalten hat,[58] ist nur eines der Indizien für das, was Akiva Eldar und Idith Zertal vor einigen Jahren eindringlich dargestellt haben: die Siedler haben längst einen Staat im Staat gebildet, der sie nachgerade zu „Herren des Landes" werden lässt.[59] Man mache sich jedoch keine falsche Vorstellungen von alledem: Israels Regierung (wie denn *alle* israelischen Regierungen seit Mitte der 1970er Jahre) fungiert nicht etwa, wie es angesichts des von den Siedlern entfachten Antagonismus scheinen mag, als Widersacher der Siedler; sondern unterstützt sie im Gegenteil sowohl durch massivste materiell-finanzielle Förderung als auch durch ideologischen Zuspruch bei unverhohlener Implementierung einer expansionslogisch ausgerichteten und infrastrukturell sich unübersehbar manifestierenden Politik, die nicht von ungefähr kritische Beobachter in Israel die Vorstellung von Apartheid in den Sinn kommen lässt.[60] Dass die Larmoyanz der Siedler dennoch keine Grenzen kennt, sie zudem von vielen im Parlament wie in der jüdischen Bevölkerung Israels als „wahre Idealisten" wahrgenommen, mithin als „Salz der Erde" gepriesen werden, ist ein Aspekt der ideologischen Verblendung der allermeisten Beteiligten an dieser grausamen Farce, deren Hauptopfer die Palästinenser waren und bleiben. So sehr hat sich aber inzwischen die Verblendung verdinglicht, so sehr ist die Selbstviktimierung der „Herren des Landes" zum Fetisch mutiert, dass sich die Koordinaten von Tätern und Opfern, von Herrschern und Beherrschten, von Unterdrückern und Unterdrückten vollends gewendet zu haben scheinen. Exemplarisch sei hier der im Meinungsteil der „Haaretz" publizierte Text einer Siedlerin angeführt, von dem man meinen könnte, es handle sich um eine satirische Kolumne, wüsste man nicht, dass es der Autorin, Karni Eldad, um nichts weniger als um Witze geht – ihr ist es todernst, mit dem, was sie schreibt:[61]

„Es war einmal eine schwarze Frau, die hieß Rosa Parks. In den Vereinigten Staaten der rassistischen Gesetze blieb sie im Autobus sitzen, obwohl sie aufgefordert wurde, ihren Platz für einen weißen Mann zu räumen. Sie wurde verhaftet, und ihre Verhaftung setzte einen Prozess in Gang, der die Rassentrennung in den Autobussen der USA aufhob. Wie kann es sein, dass eine kleine schwarze Frau, Näherin von Beruf, die Geschichte veränderte, nur weil sie sitzen blieb? Weil ihr Protest stärker war als jede Demonstration, jede Verhaftung, jeder Artikel und jede Abstimmung im Parlament. Sie wählte die natürliche Möglichkeit und siegte deshalb".

Man meint, seinen Augen nicht trauen zu dürfen. Allein schon der im Munde einer gestandenen israelischen Hardcore-Siedlerin geführte Name der gegen brutale Rassendiskriminierung kämpfenden, legendären Bürgerrechtlerin lässt Unbehagen aufkommen. Was kann sie, deren reale Lebenswelt und ideologische Gesinnung die anhaltende Diskriminierung unterdrückter Palästinenser bewirkt, mit der historischen Emanzipationstat jener schwarzen Heldin zu tun haben? Die Antwort lässt nicht lange auf sich warten.

„Menschen heiraten und gebären Kinder. Die Kinder brauchen Platz. Die Kinder wachsen und heiraten. Die Kinder brauchen ein Haus. Man nennt dies Leben. Noch nie hat es jemand fertiggebracht, dies zu stoppen. Und immer wieder erhebt sich ein Böser und will uns liquidieren – und vermag nichts gegen uns. Vermag nichts gegen das Leben".

Die archaisierende Sprache der Autorin ist typisch für jene Haltung nationalreligiöser Juden der Siedlerbewegung, die in allem, was sie (vor allem in den besetzten Gebieten) tun, sich Gottes Segen gewiss sind. Ihre (jüdische, mithin auserwählte) Existenz ist stets manichäisch von einem Bösen (Amalek) bedroht, der aber nichts vermag (weil man sich, wie gesagt, Gottes Hilfe und Segen gewiss sein darf). Was aber in diesem Fall in Anschlag gebracht wird (und die Analogie mit Rosa Parks zu rechtfertigen sich anmaßt), ist das *Natürliche* bzw. das Natürliche des *Lebens*: So wie Rosa Parks die *„natürliche Möglichkeit"* des Nicht-Aufstehens im Bus wählte (und siegte), so ist das Natürliche dessen, was man „Leben" nennt, nicht zu stoppen. Das Leben als zweite, namentlich *gesellschaftliche* Natur, kommt dabei erst gar nicht zur Sprache – Menschen heiraten eben, gebären Kinder und müssen daher räumlich expandieren. Die Frage, wo man sein Leben einrichtet und welchen (bzw. wessen) Raum man zu nehmen beansprucht, wenn man Kinder bekommen hat, stellt sich Karni Eldad erst gar nicht; dessen bedarf es auch nicht aus ihrer Warte: handelt es sich doch um gottverheißenes Land (der Juden), und so lassen sich das transzendente Versprechen und die aus natürlichen Bedürfnissen geborene Notwendigkeit der Expansion derart fusionieren, dass das Sitzen-Bleiben der Rosa Parks im Bus und das Verharren der Siedler in „ihrem" (gottverheißenen) Land als das *Natürlichste* ihrer menschlichen Existenz erscheint. Dass Karni Eldad und ihresgleichen ihre Familien auf besetztem Territorium und geraubtem Land gründen und gedeihen lassen, scheint ihnen dabei nicht der mindesten Reflexion würdig. Und so heißt es weiter:

„Wir haben große und starke Feinde. Aber der Verteidigungsminister und der Ministerpräsident sind anscheinend zu klein, um sich mit ihnen

auseinanderzusetzen, und wenden sich daher gegen uns. Also sind wir als Feinde definiert worden. Meine Familie, meine Freunde sind außerhalb des Gesetzes gedrängt worden. Warum? Weil wir in Eretz Israel bauen. Nach all den Baubestätigungen und -bescheinigungen für gesetzlich anerkannte Ortschaften, in denen bereits eine dritte Generation aufwächst, sind wir eines Morgens vom Summen unbemannter Flugzeuge erwacht, die uns photographieren und die [bestehende] Lage einfrieren. Man darf nicht bauen. Auch keinen Speicher. Keine Hundehütte. In manchen Plätzen darf man nicht einmal eine Klimaanlage installieren".

Die Selbstviktimierung der im Namen des Siedlerkollektivs sprechenden Autorin gewinnt an Substanz durch die Verdoppelung des Feindes: Nicht nur Israels äußere Feinde sind gegen sie, sondern auch die politische Spitze des Landes. Man ist, so Eldad, von einem Tag auf den anderen entrechtet worden, wo doch alles, was man tat, legal und staatlich abgesegnet war. Wohl wahr, die Siedler konnten in der Tat stets damit rechnen, jede Rückendeckung, deren sie bedurften – finanzielle, rechtliche, sicherheitsmäßige, zumeist auch ideologische –, von allen Regierungen Israels zu erhalten. Dass dies auch weiterhin (trotz des Obama zuliebe gewahrten Augenscheins eines Baustops) der Fall ist, kann hier getrost unerörtert bleiben; der prästabilisierten Larmoyanz der Siedler kann man nicht mit derlei Fakten beikommen. Dass es aber Eldad nicht einmal in den Sinn kommt – wenn sie schon legalistische Argumente bemüht –, dass die schiere Besiedlung des okkupierten Westjordanlandes ein Akt völkerrechtlicher Illegalität ist, sie und ihresgleichen sich mithin zwar auf die Basis der von Israel gewährten Legalität der Besiedlung stellen dürfen, letztlich aber auf dem Territorium, auf dem sie real leben, nichts verloren haben, ist das eigentlich Unerhörte, im Grunde aber nichts anderes, als ein logisches Erzeugnis des falschen Bewusstseins, welches sich in drei Generationen repressiver Besatzungspraxis gebildet und gestählt hat. Das Land, das Karni Eldad und ihre Gesinnungsgenossen meinen, natürlicherweise besiedeln zu dürfen, ist schlechterdings nicht ihr Land. Die Autorin stört dies aber nicht; in ihrem Selbstverständnis handelt es sich um ihr *Eretz Israel.* Entsprechend steigert sie im Klageton die Beschreibung des den Siedlern durch den Staat widerfahrenen Ungemachs:

„Die Sicherheitskräfte haben Pläne geschmiedet, den Sektor [der Siedler] zu isolieren, um mit paralysierender Vehemenz zu operieren, eine Überraschung zu kreieren, eine Liste von Räumungszielen zu erstellen, mobile Telephone zu sperren, um Alarmierung von Verstärkung gegen Abrisse [von Siedlerbauten] zu verhindern. Das erniedrigt, beleidigt und empört".

Es empört immer, wenn man die Gewalt des Staates auf eigener Haut konzentriert erfährt. Eldad und das Siedlerkollektiv, dem sie angehört, haben sich aber nie darüber empört, wenn nämliche (militärische) Gewalt des Staates sich jahrzehntelang gegen Millionen von Palästinensern ungleich vehementer (vor allem tödlicher) richtete, nicht zuletzt, um das Wohlleben der Siedler in den besetzten Gebieten zu gewährleisten. Die Armee, als operativer Arm der Besatzungsmacht, sieht sich nunmehr genötigt, gegen die Siedler mit den von Eldad beschriebenen Mitteln vorzugehen. Das hat seinen Grund: Repräsentative Teile der Siedler weigern sich, die Räson des Staates anzuerkennen. Was wundert Eldad also daran, dass der Staat sein Gewaltmonopol (sehr, sehr behutsam im Vergleich zum gewohnten Umgang mit den Palästinensern) durchsetzen zu sollen meint? Nichts dürfte sie daran wundern. Worum es ihr letztlich geht, wird jedoch erst in der folgenden Passage wirklich klar: *„Die Einfrierung* [der Bauprojekte] *ist eine Verordnung, die das* [Siedler]*Volk nicht hinnehmen kann. Sie ist nicht demokratisch, sie ist nicht human, sie trifft aufs empfindlichste die Taschen gesetzestreuer Bürger und belastet ihr Leben. Was ihr aber – beabsichtigt oder unbeabsichtigt – zugrunde liegt, ist eine lupenreine, elementare Apartheid: Juden dürfen in bestimmten Plätzen nicht wohnen. Man darf nicht bauen, man darf sich nicht entwickeln, aus welchen Gründen auch immer“.*
Es ist schon makaber, mit welcher Selbstverständlichkeit gerade die Siedlervertreterin Worte wie „demokratisch“, „human“, „gesetzestreu“, die gemeinhin dem begrifflichen Repertoire des gegnerischen, siedlerkritischen Politlagers zuzuzählen sind, in den Mund nimmt, einzig, um die Welt dann endgültig auf den Kopf zu stellen: Von Apartheid redet hier jemand, deren politische Genossen und Gesinnungskumpane die systematische Apartheid gegen Araber in Israel und den besetzten Gebieten zur Perfektion gebracht haben: Man hat den Palästinensern Land geraubt, man hat sie von ihrem Boden verdrängt und vertrieben; Trupps aus dem Lager Karni Eldads erproben den Pogrom in den Dörfern der Palästinenser, um sie (für politische Beschlüsse der israelischen Regierung) zu „bestrafen“, man verwüstet ihre Olivenhaine, sperrt sie ab, grenzt sie aus und treibt noch einiges mehr an hooliganisch wie terroristisch beseelter Gewalt, um die Palästinenser „in ihre Schranken zu weisen“ – und die apologetische Repräsentantin dieser inhumanen, antidemokratischen und gesetzesbrecherischen Praktiken, zu welcher sie durch ihre lebensweltliche Verbundenheit mit deren Verursachern zwangsläufig wird, maßt sich an, von Apartheid gegen Juden, die real als „Herren des Landes“ auftreten, zu sprechen – und kocht auch noch vor Wut:

*„Was mich zur Weißglut bringt, ist, dass kein normaler Entschei-
dungsprozess zur Ratifizierung dieses Aktes in der Regierung und im
Parlament stattgefunden hat. Die bösartige Nutzung einer sich bietenden Gelegenheit* [im Parlament] *war es. Mittwochnacht fand eine Ka-
binettsitzung statt, deren Protokoll selbstverständlich geheim gehalten
wird, und am Donnerstag schwirren bereits unbemannte Flugzeuge, die
uns photographieren. Plötzlich gibt es keine Privat- und keine Bürger-
rechte mehr, weil das Gesetz über allem steht. Dieser Akt widerspricht
dem Wesen der Demokratie. Denn Demokratie bedeutet Regierung des
Volkes, hier aber handelt es sich um die Zertretung seiner Rechte".*

Die Perfidie der Autorin kennt offenbar keine Grenzen. Sie kann
wohl am wenigsten so tun, als wüsste sie nicht, wie sehr sich gerade die
Siedler immer wieder einen Dreck um legale Entscheidungen der Regierungen geschert haben, wann immer es ihnen opportun erschien bzw.
wenn ihre Rabbiner das Thorarecht über das zivile Recht des säkularen Israel stellen zu sollen meinten. Wann haben sich Siedler je „nor-
malen" Entscheidungen der Regierung (ohne Aufruhr) gefügt, wenn
ihnen nicht in den Kram passte, was die Entscheidungen zur Auflage machten? Vollends unbegreiflich zudem: Warum meint Karni Eldad
postulieren zu dürfen, dass sie und ihresgleichen „das Volk" seien? Die
Siedler stellen ein Segment der israelischen Gesellschaft dar, das einerseits zwar von vielen Israelis (ideologisch verblendet) bewundert und
gerühmt, andererseits aber von nicht minder vielen zutiefst verabscheut
wird. Die Siedler sind nicht „das Volk", und schon gar nicht der Teil des
Volkes, der sich berechtigt fühlen darf, das „Wesen der Demokratie"
einzuklagen. Davon, wie sehr Israels Regierungen (ganz im Gegensatz
zu dem, worüber sich die Autorin wutentbrannt als „Opfer" beklagt)
gerade die Siedler auf Kosten der israelischen Gesellschaft über Jahrzehnte unterstützt und gefördert haben (und es noch immer tun), mag
an dieser Stelle geschwiegen werden. Zu erwähnen wäre in diesem Zusammenhang vielleicht aber doch, dass es gerade das Kollektiv ist, dem
Karni Eldad angehört, welches durch seine schiere Existenz, aber auch
durch eigene Initiativen und Praktiken die Rechte der Palästinenser, unter denen sie leben, jeden Tag, jede Stunde, jede Minute aufs brutalste
zertreten. Welchen Begriff von Demokratie Karni Eldad im Sinn hat,
tritt freilich erst in der nächsten Passage ihrer Kolumne zutage:

*„Und wenn wir schon von Demokratie sprechen: Wie ist es möglich,
dass das Regierungssystem Israels stets das Lager der* [politischen] *Rechten enttäuscht? Das widerfährt uns immer wieder. Wir wählten einen
ausgesprochen rechten Führer, erhielten gleichwohl Entwurzelungen
und Räumungen, Einfrierung* [des Baus in den Siedlungen] *und De-*

legitimation. Was müssen wir denn noch tun, um gehört zu werden?
Wie können wir aufhalten, was offenbar dabei ist, sich zu ereignen? Wie
können wir die Realität beeinflussen?"
Man kann immer wieder nur über die anmaßende Verdrehung der
Tatsachen staunen. Wenn jemand Israels Realität in der letzten Generation nicht nur beeinflusste, sondern nachgerade bestimmte, ist es doch
die zahlenmäßig wie ideologisch zum Ungetüm angewachsene Siedlerbewegung. Dies ist umso bemerkenswerter, als die Siedler sich zwar eines beachtlichen – aktiven wie passiven – Gesinnungshinterlandes in
Israel erfreuen dürfen, aber letztlich eben doch nur eine Minorität in
der israelischen Gesamtbevölkerung darstellen. Diese religiös-funda-
mentalistisch ausgerichtete Minorität hat sich nun in die strukturellen
Geschicke des Landes dermaßen intensiv eingefräst, dass sich ihr Werk
(freilich als Bestandteil der israelischen Staatspolitik) nicht von ungefähr mittlerweile als irreversibel ausnimmt.[62] Die „Entwurzelungen und
Räumungen", von denen die Autorin redet, waren stets kalkulierter
Teil einer Politik, die sich mitnichten darauf ausrichtete, das Siedlungswerk zu liquidieren, schon gar nicht dort, wo es ans Eingemachte ginge:
im Westjordanland. Sharon gab Gaza auf, um der „demographisch ti-
ckenden Zeitbombe" eine – mit Jahrzehnten rechnende – Schonfrist im
Westjordanland abzutrotzen. Netanjahu hat einen offiziellen Baustop
verordnet, den er nach eigenem Bekunden nur für temporär erachtet.
Was meint also Karni Eldad angesichts solcher Affirmation ihrer Ideologie noch zusätzlich tun zu sollen, wo die reale Politik Israels seit Dekaden in nicht geringem Maße damit befasst ist, das selbstviktimisieren-
de Wehgeschrei ihres politischen Lagers zu „erhören"? Wenn sie also
pathosgeschwängert fragt: „Wie können wir aufhalten, was offenbar
dabei ist, sich zu ereignen?", dann handelt es sich lediglich um eine rhetorische Figur, mit der sie zum Clou ihres Sermons ausholt:
„Trotz der Wut und der Kränkung dürfen wir uns aber nicht der
Gewalt zuwenden. Es gibt eine einfache, natürliche Lösung, die ganz
vom Leben beseelt ist: die Fortsetzung des Bauens [in den Siedlungen].
Das wird Netanjahu vielleicht schlecht vor Obama aussehen lassen,
aber darum geht es ja gerade: Ein Mann mit einer manuellen Beton-
mischmaschine in Samaria kann die Geschichte verändern. Manchmal
kann der einfache Mann im Feld viel stärker sein, als die großen Füh-
rer. So, wie es Rosa Parks war".
Um nichts anderes geht es also Karni Eldad, als um den (freilich alt-
bekannten) Aufruf der Siedler, sich der Staatsgewalt zu widersetzen,
weil diese sich wieder einmal genötigt sieht, den Anschein zu wahren,
als habe sie die Siedler unter Kontrolle, ohne sie freilich zu irgendet-

was zwingen zu wollen, was das unermessliche Siedlungswerk infrage
stellen könnte. Das Wehgeschrei Eldads ist also nur pathetisches Geze-
ter: Sie weiß ganz genau, dass man das, was demontiert werden müsste, um den ersten Schritt auf dem Weg zur angemessenen Lösung des
israelisch-palästinensischen Konflikts auch nur anzuvisieren, gar nicht
erst anzurühren gedenkt, schon gar nicht unter der gegenwärtigen Regierung. Unerträglich sind das wehleidige Gejammer und die (überflüs-
sige) Selbstermunterung aber nicht, weil sie sich inhaltlich perfidester
Demagogie (wie der unerhörten Inanspruchnahme des Mythos Rosa
Park) befleißigen und bedienen, sondern weil das, was als Rhetorik per
se noch für zynisch-schlechten Humor erachtet werden könnte, im
Hinblick darauf, was an *real* perpetuierter Gewalt verschleiert bleibt,
den brutalen Wahrheitskern dieser Selbstviktimisierung ausmacht.

Und so kommt es, dass während ein Yuri Edelstein frei über den „Antisemitismus" des Goldstone-Berichts räsoniert, ein Alan Dershowitz
Richard Goldstone selbst gleich zum „Verräter des jüdischen Volkes"
werden lässt, und eine Karni Eldad sich ausgerechnet Rosa Parks zur
Ikone des Kampfes *der Siedler* gegen ihnen vonseiten der israelischen
Regierung (vorgeblich) widerfahrenes „Unrecht" auserwählt; während
also perfide Demagogie einen dichten, zunehmend undurchlässiger
werdenden Schleier ideologischer Verblendung und Verblödung webt
– die israelische *Realität* ihre eigenen Muster fortgesetzter Repression,
struktureller Verursachung von Leid und Not und selbstgerechter Verlogenheit strickt: Denn während Netanjahu den Friedensbereiten mimt,
dem Siedlungswerk aber zugleich Regierungsunterstützung angedeihen
lässt; die Realität einer in der besetzten Westbank gebauten Landstra-
ße, deren Benutzung jedoch den Palästinensern verwehrt ist, nicht von
ungefähr die Zeitungskolumnenüberschrift „Apartheid im Namen des
Obersten Gerichtshofes" zeitigt; der Sicherheitsausschuss der Vereinten Nationen sich genötigt sieht, über die Gewaltausbrüche der Siedler gegen die Palästinenser zu tagen, und ein Leitartikel der „Haaretz"
die gegen den Trennungszaun im palästinensischen Dorf Bil'in seit fünf
Jahren allwöchentlich stattfindenden zivilen, von israelischen Sicher-
heitskräften gleichwohl brutal angegangenen Demonstrationen nachgerade zur „Pflicht" erhebt[63] – während sich also all dies (hier nur exemplarisch Aufgelistete) ereignet, maßen sich Vertreter der usurpato-
rischen Siedlerbewegung die Beschwerde darüber an, dass die geplante Errichtung der Stadt Rawabi im selbstverwalteten Territorium der
Palästinensischen Autonomiebehörde die Umgebung ökologisch „verschmutzen" und „Verkehrsstaus" verursachen werde, und lassen es sich
nicht nehmen – um der Martix dieses Gesinnungsstandpunkts gleich-

sam performativen Ausdruck zu verleihen –, eine Purim-Zeremonie zum Andenken Baruch Goldsteins abzuhalten, der 1994 ein Massaker anrichtete und 29 betende Palästinenser niedermetzelte.[64] Es liegt demnach ganz und gar in der Strukturlogik der Verbandelung der Staat-im-Staat-Siedlerrealität in den besetzten Gebieten mit der staatsoffiziellen Politik der Regierung Benjamin Netanjahus (letztlich aber aller israelischer Regierungen seit 1967), wenn israelische Menschenrechtsaktivisten immer mehr „von den eigenen Familien gemieden, in den Universitäten verfolgt, vom *Shabak* abgehört, von Polizisten schikaniert und in der Knesset beschränkt" werden, wie ein umfassender Bericht der Wochenzeitung „Ha'ir" darlegt.[65] Von selbst versteht sich inzwischen, dass die Aktivisten ob ihres Kampfes um elementare Wahrung von Menschenrechten in Israel als „Antisemiten" geschmäht werden dürfen. „Wer wird sich um die Menschenrechte der Menschenrechtsaktivisten kümmern?", heißt es treffend im Untertitel der Reportage. Eine berechtigte Frage, denn Verfolgung und Hetze umfassen mittlerweile nicht nur Demonstrationen gegen die Räumungsaktivitäten im Ostjerusalemer Sheikh Jarrah[66] (welche von der Polizei so unbegründet unterbunden wurden, dass sich Oberrichterin Dorit Beinisch genötigt sah, die übereifrigen Ordnungshüter dafür zu rügen und die Zulassung der intendierten Protestaktionen anzuordnen[67]), sondern längst schon auch Institutionen wie den *New Israel Fund*, eine israelische Nichtregierungsorganisationen finanziell unterstützende Dachorganisation, deren Präsidentin, die angesehene Universitätsprofessorin und ehemalige Meretz-Politikerin Naomi Chazan, sich einer üblen, von langer Hand orchestrierten Verleumdungs- und Delegitimationskampagne ausgesetzt sah.[68] Von einem „unzulässigen Kampf gegen den Protest" sprach denn ein die Gesamtlage des jüdisch-israelischen Widerstands gegen Unterdrückung und Menschenrechtsverletzungen einschätzender Leitartikel der „Haaretz".[69]

Unzulässig? Es kommt ganz darauf an, von welcher Warte das sehr wohl Zugelassene anvisiert wird. Da schreibt etwa der in seiner Wirksphäre angesehene Rabbiner Israel Rosen: „Es ist an der Zeit, den israelischen Arabern – und natürlich den in Judäa und Samaria lebenden Palästinensern –, die dem Staat die Treue verweigern, ‚den Krieg zu erklären' und sie anhand genau formulierter Kriterien für ‚Feinde' zu erklären". Was dieser „Krieg" zu beinhalten hätte, legt Rosen dann wie folgt dar: „Aberkennung von Rechten, mithin kollektiven Rechten (wie etwa die Benutzung öffentlicher Verkehrswege), solange sie [die „Feinde"] die Loyalitätsprüfung gegenüber dem Staat nicht bestehen. Auch das Recht der Knesset-Wahl und mehr noch das Recht, zur Knes-

set gewählt zu werden, sind nicht ‚heilig' und dürfen beschränkt werden, wenn es um Illoyalität und Sicherheitsbelange geht". Der Publizist
Akiva Eldar, der dieses Ansinnen in der „Haaretz" berichtete,[70] kommentierte es mit der Einsicht, ein aufgeklärtes demokratisches Regime
müsse fähig sein, solcherlei Auslassungen zu „schlucken", weist aber
zugleich darauf hin, dass das von Rabbiner Rosen geleitete „Zomet Institut für orthodoxes Gesetz und Technologie", im Jahr 2008 allein von
beiden israelischen Ministerien für Wissenschaft bzw. Erziehung mit
rund 700 000 Schekel (das sind etwa 140.000 Euro) finanziert worden
sei. Mit so viel Geld lässt sich doch besagter „Krieg" zumindest beginnen – was steht ihm also im Wege? „Der Grund unserer Unfähigkeit,
diesen ‚Krieg' zu verwirklichen", erklärt der Rabbiner, „liegt in unserem ‚inneren Feind'". Wer ist dieser? – fragt man sich, von leichtem
Schauder erfasst. Die Antwort: „Unsere Brüder, die linken Juden, allen
voran ein Teil der im Obersten Gerichtshof amtierenden Richter, denen
Menschenrechte und Humanismus gegenüber Feinden wichtiger sind,
als die Sicherheit des Landes und seiner Bürger", wofür als Beleg die
Zulassung der *palästinensischen* Benutzung der oben erwähnten Land-
straße in der besetzten Westbank angeführt wird. Der Rabbiner hütet
sich davor, von „Verrätern" zu reden – die Lektion aus der von seinesgleichen seinerzeit angeheizten und primär verantworteten Ermordung
Rabins hat er offenbar gelernt –, stattdessen begnügt er sich mit dem eigens dafür kreierten Neologismus der „Feind-Brüder".

Die „Zulässigkeit" solcher Hetzrhetorik und Diffamierungsdemago-
gie bemisst sich nicht an der subjektiven Fähigkeit, sie zu „schlucken"
bzw. demokratisch-gelassen zu „tolerieren", sondern an dem, was sie
als objektives Strukturmerkmal der israelischen politischen Kultur und
der von dieser sich herleitenden Ideologie der nationalen Konsolidierung an kollektiv-psychischer Pathologie aufdeckt. Israel Rosen ist das
Symptom einer über seine individuelle Person weit hinausreichenden
ideologischen Grundverfassung der israelischen Gesellschaft. Um diese
soll es in den nun folgenden Erörterungen gehen.

Israels politische Kultur (7. März 2010)

Die politische Kultur eines Landes ist – wie alles, was seine Wirklichkeit ausmacht – stets Resultat der geschichtlichen Vergangenheit des Landes. Die Aussage ist trivial genug, um nicht weiter erörtert werden zu müssen. Als historisch gewachsene Realität manifestiert sich die politische Kultur in diversen Institutionen der öffentlichen (oft genug freilich auch nur halböffentlichen) Sphäre, nicht zuletzt in den Medien. Medien können zwar – im Zeitalter des Spätkapitalismus zumal – von sich aus Tagespolitik kreieren, mithin „Themen" hoch kochen und als „heiße Ware" auf die jeweilige Tagesordnung setzen, sind aber zugleich, selbst noch in diesem aktiv-"kreativen" Aspekt ihres Daseins und Zwecks, immer auch Abbild der (politischen) Kultur ihres Landes, Spiegel ihrer inneren Logik und Struktur.

Methodische (auch persönliche) Anmerkung:

Wie kaum zu übersehen, basieren die allermeisten der in den vergangenen Kapiteln des vorliegenden Bandes verarbeiteten Materialien auf vielfältigen Presseberichten und Zeitungskolumnen. Dabei wurde primär die israelische Tageszeitung „Haaretz" herangezogen. Das hat seine Bewandtnis darin, dass ich zum einen diese Zeitung für die herausragendste Israels halte, und sei es im Hinblick auf die Seriosität ihrer Recherchenarbeit und ihrer Courage im (durchaus heterogenen) Meinungsteil; zum anderen aber haben mich meine Erfahrungen mit eigenen auf Printmedien-Analyse basierenden Untersuchungen[71] gelehrt, dass die *Topoi* des jeweils aktuellen Diskurses in der hegemonialen israelischen Printmedien-Landschaft kaum je von Zeitung zu Zeitung divergieren. Trotz der zwischen den dominanten Zeitungen vorwaltenden Gesinnungsheterogenität herrscht im Themenkompendium dieser Zeitungen (vom einen oder anderen kontingenten Scoop mal abgesehen) eine deutlich einvernehmende Homogenität. Die „Haaretz" darf, so besehen, durchaus für ein repräsentatives *pars pro toto* des israelischen Zeitungswesens erachtet werden.

Die tägliche Durchsicht der relevanten Materialien für das in diesem Buch erörterte Thema begann mit der Niederschrift des Textes (Anfang Dezember 2009). Obwohl das Buch ein Problem tangiert, das Israels politische Kultur und die Ideologie des Staates seit Jahrzehnten nährt und strukturell bestimmt, sollte damit die Brisanz seiner fortwährenden Manifestationen im israelischen Tagesgeschehen und aktuellen Diskurs artikuliert werden. Heute, am 7. März 2010, Tag des Beginns der Arbeit am vorliegenden Kapitel, habe ich morgens einen spontanen Entschluss

gefasst, mit welchem ein gewisses Experiment einhergeht: Ich werde die
heutige Ausgabe der „Haaretz" Seite für Seite durchgehen; wenn meine
Vermutung stimmt, dürften sich zentrale Koordinaten der für den hier
erörterten Zusammenhang relevanten politischen Kultur Israels nieder-
geschlagen haben (von selbst versteht sich dabei, dass ich das Durchblät-
tern der Zeitung bereits vorgenommen habe; das im Folgenden Vorge-
legte stellt also das Resultat einer gewissen bereits geleisteten „Vorarbeit"
dar). Die „Haaretz" ist wochentags in drei Hauptteilen gegliedert: einen
Nachrichten-, einen Meinungteil und einen Feuilletonteil, der sich mit
„Kulturellem" im weitesten Sinne befasst. Hier nun also die Ergebnisse
der Seite für Seite vollführten Durchforstung der Zeitung.

Die Titelgeschichte auf der ersten Seite weiß davon zu berichten,
wie ein als geheim eingestufter interner Bericht des Außenministeriums, welcher dem zuständigen Minister und israelischen Botschaften
in der Welt zugestellt worden ist, feststellte, dass trotz der „diese Woche" beginnenden indirekten Verhandlungen zwischen Israel und der
Palästinensischen Autonomiebehörde die amerikanische Regierung im
kommenden Jahr nicht vorhabe, dem Friedensprozess allzu große Aufmerksamkeit zu widmen, es mithin vorziehen werde, sich auf die Kon-
gresswahlen zu konzentrieren. Des weiteren stellt der Bericht fest, dass
die amerikanische Regierung bei den vorbereitenden Gesprächen zur
anvisierten Erneuerung der indirekten Verhandlungen sich Positionen
über den Verhandlungsmodus zueigen gemacht habe, die denen der Palästinenser näher seien, als denen Israels.[72] Was sich als profaner Bericht
ausnimmt, erheischt nicht von ungefähr eine Schlagzeile – die Einschätzung des Berichts ist auch Programm: Man möge den Verhandlungen
jenen Stellenwert realpolitischer Irrelevanz beimessen, der ihnen offenbar auch von den Amerikanern beigemessen wird. Sollte aber doch etwas an ihnen sein, möge man tunlichst registrieren, wie die Amerikaner
zur palästinensischen Seite neigen. Das voreilende Abwinken der sich
eröffnenden Verhandlungsperspektiven mit den Palästinensern und die
diplomatische Paranoia hinsichtlich der Parteinahme der Obama-Regierung kodieren in der Tat zentrale Verhaltensmuster der unter Avigdor Lieberman konsolidierten israelischen Außenpolitik.

Die Nachricht erscheint freilich in einem bestimmten Kontext. Eine
Eskalation der Unruhen in Jerusalems Altstadt ist zwei Tage zuvor registriert worden, wie auf Seite 2 berichtet wird.[73] Das erste Mal seit Jahren hätten palästinensische Jugendliche Steine auf jüdische Betende
und Besucher an der Klagemauer geworfen. Achtzehn Polizisten und
Grenzschutzsoldaten seien dabei leicht verletzt worden, sechs unter ihnen mussten medizinisch behandelt werden. Drei verdächtige Steine-

werfer seien festgenommen worden; etwa sechzig Palästinenser hätten
Schaden durch Einatmen von Tränengas erlitten. Einer der Kommentare zur Titelgeschichte korrespondiert mit diesem Bericht: „So kehrt die
palästinensische Autonomiebehörde zur Rolle Davids gegen den israelischen Goliath zurück und entledigt sich des Terroristen-Etiketts, welches ihr in den Tagen der zweiten Intifada anhaftete. Sie führt nun eine
alt-neue Politik: in der einen Hand der Olivenzweig, in der anderen der
Stein. Beide nehmen sich in der Welt romantisch aus. Israel hingegen
wahrt weiterhin sein negatives Image in der Welt".[74] Einen anderen Aspekt des Besuchs der amerikanischen Offiziellen anlässlich der bevorstehenden Wiederaufnahme der indirekten israelisch-palästinensischen
Verhandlungen thematisiert ein zweiter Kommentar zur Titelgeschichte: „Trotz der regelmäßigen Verhandlungen über die Belebung des Frie-
densprozesses mit den Palästinensern wird der US-amerikanische Vizepräsident, Jo Biden, eine zentrale Mission verfolgen müssen: die israelische Führung zu beruhigen und sicherzustellen, dass sie nicht vorhabe, die Bemühung der Obama-Regierung um eine breite internationale
Front für Sanktionen gegen den Iran durch einen Präventivschlag gegen
Teherans Nuklearstätten zu unterminieren".[75] Beide Kommentare sind
insofern miteinander verschwistert, als sie zwei prononcierte „Themen" der israelischen Außenpolitik zum Inhalt haben – den israelisch-
palästinensischen Konflikt und die Bedrohung Israels durch die Nuklearisierung Irans –, und in beiden Fällen eine Art Israel-"Welt"- Di-
chotomie, mithin eine eigentümliche Verkettung von Image und realer
Bedrohtheit postuliert wird. Genau besehen, spiegelt diese Verkettung
die Matrix des im Außenministerium herumgereichten Geheimberichts
wider. Das ist freilich nichts Neues: Friedensmöglichkeit als Bedrohung
Israels und die Bedrohung Israels als Möglichkeit, dem Friedensprozess auszuweichen, bilden ein Muster, das Israels Außenpolitik schon
seit weit zurückreichender Zeit durchzieht. In der Erörterung des Mei-
nungsteils der Zeitung weiter unten wird davon noch zu reden sein.
    Neben einer kurzen Meldung aus dem Wirtschaftsbereich, die sich
mit der Verfolgung einer eklatanten Korruptionsaffäre an der Spitze der
renommierten israelischen *Bank Hapoalim* befasst, sticht auf der Titelseite der Zeitung ein Bericht aus der Kultursphäre ins Auge.[76] Es ist der
Tag vor der Oscarverleihung in Hollywood, bei der diesmal auch der
israelische Film „Ajami" der Regisseure Scandar Copti und Yaron Sha-
ni mitnominiert ist. Ajami ist ein Stadtteil der Tel-Aviver Nachbarstadt
Yaffa, der sich durch Gewalt, Kriminalität und Vernachlässigung auszeichnet. Genau darum geht es im Film, was auf der einen Seite Freude
über den Erfolg der Nominierung auslöste, auf der anderen aber auch

nicht vergessen ließ, dass das in ihm Fiktionalisierte auf einer harschen
Realität beruht. Während also der Produzent des Films am Vorabend
des Filmfestes wissen lässt, „die Stimmung sei herrlich und unser Gefühl gut", ergänzen Hunderte von Bewohnern des Stadtviertels das kulturelle Wohlgefühl durch eine sozial motivierte Demonstration gegen
„eine endlose Reihe gesteigerter Gewalt gegen Yaffas Araber als Teil einer eskalierenden rassistischen Atmosphäre". Auf den Punkt bringt es
der arabische Regisseur des Films Scandar Copti, der die Euphorie mit
einer im Fernsehen gemachten Aussage dämmt, der Film sei technisch
gesehen ein israelischer Film, er selbst aber repräsentiere nicht Israel,
wie er denn von Israel nicht repräsentiert werde. Neben zaghaften Reaktionen der Unterstützung entbrennt sogleich das Flammenmeer öffentlicher Entrüstung. Limor Livnat, Israels Kultur- und Sportministe-
rin, sagt, der Film „Ajami", der die Oscarnominierung erreicht hat, sei
mit Geldern des Staates Israel, „von dem sich Scandar Copti jetzt los-
sagen möchte", finanziert worden:[77] „Ohne Unterstützung des Staates,
würde Copti heute nacht nicht den roten Teppich beschreiten. Im Namen der künstlerischen Freiheit und des Pluralismus ist der Film mit
mehr als zwei Millionen Schekel (circa 400.000 Euro) budgetiert worden. Es ist traurig, dass ein Regisseur, der vom Staat unterstützt wird,
sich von denen lossagt, die ihm freies Schaffen und [freie künstlerische]
Artikulation ermöglicht haben. Zu meiner Freude sehen sich alle anderen Beteiligten an der Herstellung des Films als Teil des israelischen
Staates und sind stolz darauf, ihn bei der Oscarzeremonie als Botschafter freien kulturellen Schaffens zu repräsentieren". Das rechtsextreme
Knesset-Mitglied Michael Ben-Ari, ehemaliger Meir-Kahane-Anhän-
ger, sieht sich gar gezwungen, operative Schritte zu unternehmen: Er
will eine Zusatzklausel zum bestehenden Kino-Gesetz initiieren, die
die Basis für regulierte Geldzuwendungen des israelischen Staates an
Filmschaffende bilden soll. Seinem Gesetzesvorschlag zufolge „wird es
Unterstützung für einen Film nur dann geben, wenn alle an seiner Herstellung beteiligten Redakteure, Produzenten und Schauspieler dem
Staat Israel gegenüber, seinen Symbolen sowie jüdischen und demokratischen Werten eine Loyalitätserklärung unterzeichnen".
     Was sich im „Ajami"-Vorfall kodiert, ist der über diesen Vorfall weit
hinausreichende israelische Alltagsrassismus, der scheinheilig genug ist,
ein „Israel" vorzuspiegeln, das all seine inneren Widersprüche, Interes-
senkonflikte und feindlichen Gegensätze so aufzuheben vermag, dass
es allen Ernstes meint, einem israelischen Araber die Treuebekundung
gegenüber dem „jüdisch-demokratischen" Staat abverlangen zu dürfen, dabei aber auch eine krude Realität perpetuiert, in der die systemati-

sche Diskriminierung und institutionelle Unterprivilegierung der arabischen Bevölkerung des Landes für selbstverständlich erachtet wird. Und
als sollte dem, was sich in diesem Vorfall niederschlägt, ein empirischer
Beleg beigegeben werden, wurden wenige Tage darauf die Resultate einer wissenschaftlichen Erhebung veröffentlicht, denen zufolge etwa die
Hälfte der jüdischen Jugendlichen Israels dafür sind, die Rechte arabischer Bürger des Landes zu beschränken.[78] Nicht von ungefähr meinte
denn Scandar Copti, dass er seine Worte mitnichten bereue; es ginge auch
gar nicht darum, ob er sie bereue oder nicht: „Das ist es, was ich fühle,
und ich werde diese Worte so lange in allen Sprachen wiederholen, bis
sich die Realität verändern wird. Das hängt nicht von mir ab, sondern
vom Staat. Bis sich die Realität im Land verändern wird und man miteinander wird leben können, werde ich – und mit mir eine ganze Bevölke-
rungsgruppe – weiterhin so fühlen".[79] Man kann sich aber gegenwärtig
kaum Hoffnung auf eine grundlegende Veränderung der Realität Israels
machen. Das ließ sich an nahezu jeder Seite der „Haaretz"-Ausgabe vom
7. März 2010 ablesen: Denn nicht nur erfährt man auf Seite 3, dass sich
(laut Angaben der Armee) der diesjährige Rekrutenjahrgang durch das
höchste Motivationsniveau der letzten Dekade auszeichnet, in Kampfeinheiten zu dienen[80] – was einem Scander Copti nicht gerade das Gefühl
vermitteln dürfte, sich mit dem „jüdisch-demokratischen" Staat übermä-
ßig solidarisieren zu sollen; nicht nur liest man dann auf Seite 6, dass das
Erziehungsministerium Anzeige bei der Jerusalemer Polizei gegen Eltern
von Schülerinnen in der jüdisch-orthodoxen Siedlung Immanuel erstattet habe, weil diese sich weigerten, ihre Töchter in Klassen der örtlichen
„Beit Yaakov"-Schule zu schicken, in denen Schülerinnen orientalischer
und aschkenasischer Provenienz gemeinsam lernen[81] – was einen anderen Aspekt des israelischen Alltagsrassismus auf den Punkt bringt, den
des innerjüdischen ethnischen Ressentiments; sondern man lernt auch
auf Seite 4, wie es künftig um die Verbindung von Staatsbürgerschaft
und Judentum in Israel bestellt sein wird: Bei einem in der Knesset ein-
gereichten Gesetzesvorschlag geht es um die Trennung des (jüdischen)
Rückkehrrechts vom (israelischen) Staatsbürgerschaftsgesetz. Einge-
reicht werden soll er von einem Knesset-Mitglied der Lieberman-Partei
(*Israel Beitenu*), womit Lieberman ein Wahlversprechen eingelöst haben
möchte: Der Gesetzesvorschlag sieht vor, dass das Rückkehrrecht nur für
Juden oder Nachkommen von Juden gelten soll, nicht mehr für Nichtjuden, die sich zu jüdischer Konversion entschlossen haben, und zwar
selbst dann nicht, wenn sie nach orthodoxer Maßgabe erfolgt ist. Das bedeutet, dass die Staatsbürgerschaft künftig nicht mehr jenen zugestanden
wird, die eine Konversion begangen haben bzw. vor ihrer Einwanderung

kein vom Blut her bestimmtes Anrecht auf Einwanderung hatten.[82] Das
Rückkehrgesetz sah bis jetzt keine Trennung zwischen „blutreinen" Juden und konvertierten Nichtjuden, die eine religiös-orthodoxe, jedoch
keine ethnische Verbindung zum Judentum unterhalten, vor. Der anvisierte Gesetzesvorschlag bedient die Klientel von *Israel Beitenu*; viele unter ihren Wählern (aus der ehemaligen Sowjetunion) sind aufgrund einer
familiären Affinität zum Judentum in Israel eingewandert, obwohl sie
nach orthodoxem Gesetz keine Juden sind – das neue Gesetz wird ihnen die Konversion erleichtern. Unerörtert darf hier bleiben, mit welcher
Unbeschwertheit Bestimmungen wie das Anrecht auf eine Staatsbürgerschaft zurechtgebogen werden können, wenn Koalitionserwägungen
und Parteiinteressen im innerjüdischen Diskursfeld ins Spiel kommen;
der Zusammenhang von solchen parlamentarischen Kabinettsstückchen
und dem zeitgleich publizierten Befund, dass etwa die Hälfte der jüdischen Jugendlichen Israels eine Beschränkung der Rechte von israelisch-
arabischen Bürgern befürworten, ist gleichwohl beredt.

Fügt man dem bisher Aufgelisteten die auf Seite 12 erscheinende
Besprechung einer fiktionalen israelischen Fernsehserie über entführ-
te israelische Soldaten, die aus arabischer Gefangenschaft nach Israel zurückkehren, und die Kommentierung der Serie durch Eltern und
Freunde des entführten, in Hamas-Gefangenschaft gehaltenen israelischen Soldaten Gilad Shalit auf Seite 11, man möge nicht vergessen, dass
„Gilad Shalit in keinem Film lebe", vielmehr „leider das Wirkliche" sei,
und man ihn „nach Hause zurückbringen" müsse,[83] hinzu, so vervoll-
ständigt sich das im Nachrichtenteil der „Haaretz"-Ausgabe subkutan
sich herausbildende Netz zentraler Codes der israelischen politischen
Kultur: Existenzielle, sich vom Nahostkonflikt herleitende Fragen ver-
dinglichen sich zum realpolitischen Kalkül; reale Ängste verkommen
zum Fetisch, „Bedrohung" und „Sicherheit" zur schalen Ideologie. Die
Ideologie legt sich ihrerseits wie klebriger Firniss über das vorab schon
ressentimentgeladene Bewusstsein der Menschen: Die aus der kruden
Realität-des-Anderen formulierte Wahrheit eines Filmschaffenden gerät zur staatsoffiziell polemisierten nationalen Identitätsfrage, die sich
in vielen anderen Bereichen stets als Objekt parteilicher Interessenpolitik funktionalisieren lässt. Und während Korruption in der Sphäre
der Hochfinanz und sozialer Aufschrei im (arabischen) Slum sich die
Waage im Kampf um Präsenz im gebeutelten falschen Bewusstseins der
Bevölkerung halten, sehen sich vom geheiligten israelischen Militarismus sozialisierte Jugendliche zum Dienst in Kampfeinheiten in hohem
Maße motiviert, Jugendliche, von denen die überwiegende Mehrheit
eine Beschränkung der Rechte arabischer Bürger des von ihnen ver-

teidigten Landes für gerechtfertigt erachten dürften. Dass sie sich dabei in einem alltagsrassistischen Konsens, der nicht nur das Verhältnis
von Juden und Arabern, sondern auch das der jüdischen Ethnien des
Landes untereinander betrifft, suhlen dürfen, korrespondiert mit der
konsensuell sentimentalisierten Neuralgie des „entführten Soldaten",
bei der freilich nicht ganz heraus ist, was die Menschen am meisten an-
rührt – das reale Schicksal des Soldaten, der TV-forcierte öffentliche
Kampf der Eltern, der zwischen privater Tragödie und „nationaler Sorge" schwankt, oder vielleicht doch eher die ästhetische Fiktionalisie-
rung des „Problems" in der Fernsehserie. Was diese familiäre Tragödie
mit der Gesamtstruktur der politischen Kultur, aus der sie erwuchs, zu
tun haben mag, wird erst gar nicht zur Disposition öffentlicher Reflexion gestellt. Zu verfestigt sind die ideologischen Übereinkünfte, zu gestählt ist die Gewissheit, im Recht zu sein, das Rechte zu wollen.

Und die Shoah – taucht sie in diesem Zusammenhang gar nicht auf?
Nun, einige Tage zuvor wurde auf der Titelseite der „Haaretz" von einer Verordnung des israelischen Militärs berichtet, der zufolge Soldaten im Rahmen künftiger Polenfahrten des Militärs sich in den Vernichtungslagern nicht mehr in Israelfahnen einhüllen sollen. Das sich
zunächst (wenn auch mit einigem Staunen) positiv einstellende Gefühl,
man habe die prekäre zeremonielle Verbindung von Shoah-Gedenken
und nationalistisch-fetischisiertem Umgang mit der psychischen Über-
forderung endlich erkannt, erwies sich als trügerisch: Wie sich herausstellte, erfolgte diese Verordnung als Resultat von Beschwerden seitens
der Leiter israelischer Schülerdelegationen nach Polen, die gegen „das
missachtende Verhältnis zur israelischen Fahne" protestierten.[84] Der
seit Jahren praktizierte Fahnenfetisch wurde von den Verantwortlichen
mit noch größerer – nicht etwa das Shoah-Gedenken, sondern die Fahne in den Vordergrund stellende – Fetischisierungsemphase überstei-
gert. Aber auch in der Zeitungsausgabe vom 7.3. findet sich ein kodier-
tes Shoah-Motiv. Auf Seite 5 berichtet Zvi Barel über türkische Reaktionen auf die US-amerikanische „Anerkennung" des von Türken an
Armeniern im Verlauf des Ersten Weltkriegs begangenen Genozids[85] –
ein heikles „Thema", das in verschiedenen Ländern schon manches Mal
Moral und Realpolitik hat miteinander kollidieren lassen. Nicht nur
echauffierte sich der türkische Ministerpräsident Erdoğan über den Beschluss des amerikanischen Kongresses und löste sogleich eine Krise in
den Beziehungen beider Staaten aus – aus prominenten Kreisen seiner
Partei hieß es zudem: „Es scheint, als habe auch Israel beim Beschluss
mitgemischt, denn in vergangenen Jahren, in denen über den Vorschlag
getagt wurde, hat sich die jüdische Lobby mit voller Kraft eingesetzt,

damit er verhindert werde; diesmal hat sie sich aber keine große Mühe damit gemacht. Es sieht ganz nach einer israelischen Racheaktion für die heruntergekommenen Beziehungen zwischen Israel und der Türkei aus". Man kann, wenn man unbedingt will, im geäußerten Verdacht ein Stück „Antisemitismus" ausmachen: die „jüdische Lobby" als einflussreicher Machtfaktor bei nationalen Beschlüssen der USA. Bedenkt man aber (wie oben dargestellt), was Yossi Sarid von israelischer Seite nahegelegt wurde, als die israelisch-türkischen Beziehungen in die Krise gerieten, kann man die türkische Vermutung nicht gar zu leicht von der Hand weisen – in welchem Fall das Problem nicht in der Wirkmächtigkeit einer realen oder fiktiven jüdischen Lobby läge, sondern in der unerträglichen Selbstverständlichkeit, mit der Armeniergenozid und jüdische Shoah realpolitischem Kalkül und der Logik des Tauschwerts unterworfen werden. Denn wenn Israel (aus politischen Gründen) die armenische Nationalkatastrophe über Jahrzehnte nicht als Genozid anerkennen wollte, was an sich schon perfide genug war, dann kann die nunmehr (ebenfalls aus politischen Gründen) indirekt erfolgende Anerkennung des Genozids nur für weit perfider erachtet werden. Was dies über Israels Position im Hinblick auf Kritik des Umgangs anderer Länder mit der Shoah besagt, versteht sich von selbst: Man kann sich schlechterdings nicht auf dem moralischen Standpunkt erbitterter Anklage gegen Shoah-Leugnung stellen, wenn sich die eigene Wahrnehmung anderer kollektiver Katastrophen als zweckorientiert fungibel zeigt und man mit ihrer „Anerkennung" so frivol umgeht, wie es das offizielle Israel offenbar tut.

Alle im Meinungsteil der „Haaretz" vom 7.3.2010 versammelten Kolumnen und Kommentare bewegen sich mehr oder minder im hier herausdestillierten Diskursfeld politischer Debatten Israels. Der Leitartikel der Ausgabe etwa macht sich ernsthafte Gedanken über die Neigung öffentlicher israelischer Institutionen und Ministerien, verbindlichen Beschlüssen des Obersten Gerichtshofes *keine* Folge zu leisten, wobei als Beispiele die Ignorierung eines Urteils, das auf Aufhebung der Diskriminierung von Schülern arabischer Lehrinstitutionen zielt, die Nichtvollstreckung eines an das Sicherheitsministerium ergangenen Urteils, israelische Gebietsübertretungen beim Bau der Trennungsmauer zu korrigieren, und die Nichtbeachtung eines an Jerusalems Bürgermeister gerichteten Urteils, das usurpatorische Eindringen jüdischer Siedler in Wohngebiete des (arabischen) Ostteils der Stadt zu unterbinden, angeführt werden.[86] Zvi Barels Kommentar befasst sich mit der Perspektivlosigkeit der anstehenden Wiederaufnahme der (indirekten) israelisch-palästinensischen Gespräche. Sein Text kulminiert in der Einschätzung: „[...] Eine rechte – auch mit Glitzerkram aus der Arbeitspartei dekorierten – Regierung ist mit der Einfrierung der Siedlungen, geschweige denn, mit deren Abbau, nicht vereinbar. Die Grundbedingungen der Palästinenser [für die Wiederaufnahme der Gespräche] stehen in Widerspruch zu den Existenzbedingungen von Netanjahus Regierung. Es ist daher unerheblich, in welchem Format sich die Gespräche vollziehen werden. Denn im Abwägen zwischen dem Überleben der Regierung und den Existenzbedingungen des Staates – ist die Regierung allemal die wichtigere".[87] Und während Liron Liebman nachweist, warum es infolge des Goldstone-Berichtes *keiner* außermilitärischen Untersuchung der Kriegsgeschehnisse bedürfe,[88] Amira Hass hingegen gerade davon berichtet, worüber das Militär schweigen möchte,[89] ergeht sich Avraham Burg in großer Wehklage darüber, dass das vereinigte Jerusalem in Stücke zerrissen werde: „Die Hauptstadt der – jüdischen und arabischen – Israelis verwandelt sich infolge böser Umtriebe in die Hauptstadt von Extremisten, Gefährlichen und Traumtänzern. [Sie ist] nicht mehr Stadt all ihrer Einwohner, Hauptstadt all ihrer Bürger, sondern eine traurige Stadt, die niemand anderem als ihren Siedlern, religiös Orthodoxen, Gewaltbeseelten und messianischen Visionären gehört. Die Hauptstadt löst sich vom Körper der Nation und wird zur Enklave, zur nur sich selbst repräsentierenden Autonomie".[90] Davon will Jerusalems Bürgermeister, Nir Barkat, nichts wissen. Ihm gelten die Berichte darüber, was viele Beobachter als Politik manifester Diskriminierung der Palästinenser und intendierter Störung des urbanen Gleichgewichts sehen, lediglich als eine mediengesteuerte Verzerrung realer Tatsachen und Vorgänge.[91] Das eigentlich Perspektivlose, fast schon Verzweifelnde an dieser Konstellation von struktureller Sackgasse, narzisstischer Selbstgerechtigkeit und genuiner Sorge um Grundfeste der Demokratie und zivilgesellschaftliche Substanz israelischer Realitäten bringt Gideon Levys Kolumne auf den Punkt.[92]

Davon ausgehend, dass die Misere Israels nur durch Frieden, mithin nur durch soziale und politische Praxis in friedlichem Zustand zu bewältigen ist, beginnt der Artikel mit einem Paukenschlag: „Das israelische Friedenslager ist nicht tot. Es ist nie geboren worden. Wohl ist es wahr, dass seit Sommer 1967 und bis zum heutigen Tag einige radikale und mutige politische Gruppen gegen die Okkupation agieren – allen gebührt Anerkennung –, aber ein großes, einflussreiches Friedenslager hat es hier nie gegeben". Levy listet dann verschiedene Etappen friedensbewegter Regungen in der israelischen Gesellschaft auf, hebt sogar den Umstand hervor, dass die unmittelbar nach dem 1967er Krieg verbreiteten Postulate der (seinerzeit heftig geschmähten und verfolgten) Matzpen-Gruppe inzwischen fast schon zum Konsens avanciert, zugleich aber zu leeren Worthülsen degeneriert seien: „Kein einziger praktischer Schritt ist bislang zu ihrer Verwirklichung unternommen worden. Von einer demokratischen Gesellschaft, in deren Hinterhof eine so grausame Besatzung fortwährt, und deren Regierung sich fast nur der Sprache der Schikane, der Bedrohung und der Gewalt zu bedienen weiß, darf mehr, sehr viel mehr erwartet werden". Es habe in der Geschichte andere Gesellschaften gegeben, in deren Namen Übelstes verbrochen worden ist, aber zumindest in einigen von ihnen sei auch „genuiner, wütender und entschiedener linker Protest" herangewachsen; in Israel hingegen habe sich nichts jemals gebildet, was die Konsensgrenzen überschritten hätte: „Wenn während der ‚Gegossenes Blei'-Operation Zehntausende [Bürger] nicht auf die Straße gegangen sind, dann gibt es kein wirkliches Friedenslager. Wenn heute keine Massen die Straßen überschwemmen, wo die Gefahren lauern und eine Chance nach der anderen vergeben wird; wo die Demokratie täglich neue Schläge erleidet und es keine Apparate zu ihrer legalen Verteidigung mehr gibt; wo die Rechten sich des politischen Feldes bemächtigen und die Siedler immer mehr Macht akkumulieren – dann existiert [in Israel] keine echte Linke". Am Beispiel der Meretz-Partei lasse sich eindringlich veranschaulichen, dass die Kläglichkeit nicht erst jetzt, da die Partei am Boden liegt, begonnen habe, sondern bereits zu ihrer hohen Zeit, als man (während des Oslo-Prozesses) bewusst ignorierte, dass die „historischen Friedensritter" mitnichten vorhatten, auch nur eine Siedlung zu räumen, und geschlossene Abmachungen hintertrieben. Und vor dem Hintergrund dieser Verfassung der zionistischen Linken geht es für Levy dann ans Eingemachte: „Das Problem steckt aber vor allem im unmöglichen Festhalten der ‚Linken' am Zionismus alter Couleur. Wie es kein ‚demokratisch und jüdisch' in einem geben kann – man muss schon entscheiden, was Priorität hat –, kann es keine Linke geben, die am althergebrachten Zionismus festhält, jenem Zionismus, der den Staat errichtet, seine Rolle aber auch beendet hat. Diese fiktive Linke hat es nie vermocht, das – bereits 1948, nicht erst 1967 geborene – palästinensische Problem vollauf zu begreifen, mithin, man könne dieses Problem nicht lösen, ohne das am Anfang begangene Unrecht mitzubedenken. Eine Linke, die nicht bereit ist, die Brandwunde von 1948 zu berühren, ist keine wirkliche Linke". Das sogenannte israelische Friedenslager habe nie zu begreifen vermocht, dass die Annahme der Grenzen von 1967 samt der Lösung der Flüchtlingsfrage und der „symbolischen Rückkehr" den Palästinenser immer schon nichts als „schmerzlicher Verzicht" waren. Da das aber auch der einzig gerechte Kompromiss sein kann, dürfe man sich keinen Frieden erhoffen – es mache mithin keinen Sinn, die Palästinenser der Verfehlung seiner Etablierung zu bezichtigen –, wenn dies nicht mit in Anschlag gebracht wird. Ein solches Angebot sei ihnen jedoch noch nie gemacht worden, auch nicht von Barak oder Olmert. Die Meretz-Partei werde schon irgendeine institutionelle Lösung für sich finden; die agierenden jüdischen und arabischen linken Gruppen seien randständig bzw. vom hegemonialen Handlungsfeld ausgeschlossen. Daher, so Levy zum Abschluss, „lasst uns doch das Kind beim Namen nennen: Das israelische Friedenslager ist ein noch ungeborenes Baby".

Man lasse sich vom ironisch-bitteren Ton, der Gideon Levys Artikel unterlegt ist, nicht irreführen – sein Text verweist auf ein höchst tragisches Moment der israelischen politischen Kultur. Denn der Mangel einer wahrhaftigen und wahrhaft wirkmächtigen Linken ist nicht nur eine Frage subjektiver Gesinnungspräferenz, sondern indiziert nicht weniger als das Fehlen der notwendigen Alternative zu einer gesellschaftlichen und innen- wie außenpolitischen Realität, welche sich zunehmend als katastrophisch erweist. Das Attribut des Katastrophischen wird dabei nicht im Sinne theatralischer Kassandrarufe verwendet, sondern als Charakterisierung dessen, was sich (zumindest aus zionistischer Sicht) als strukturelle Sackgasse, vor die sich Israel heute gestellt sieht, ausnimmt: Israel muss den Rückzug aus den besetzten Gebieten vollziehen, wenn es das historische zionistische Projekt, dem es sich verdankt, noch retten will – was freilich in bürgerkriegsähnliche Zustände, vielleicht sogar in einen manifesten Bürgerkrieg, bei dem die Rolle des Militärs ganz und gar nicht ausgemacht ist, ausarten könnte. Israel kann hingegen die Okkupation beibehalten, mithin expandieren lassen – wofür aber nicht nur der Preis absehbarer Dauereskalation der Gewalt, sondern auch der der unweigerlichen Entstehung einer binationalen Struktur zu entrichten wäre, was seinerseits das historische Ende des zionistischen Projekts bedeuten würde. Dass sich dieser jahrzehntelang gewachsene Zustand im Außenpolitischen auch aufs Soziale bzw. Innenpolitische der israelischen Kollektivwirklichkeit auswirkt, dürfte sich von selbst verstehen. Denn es ist ja gerade dieser Zustand, welcher sich gemeinhin als „Sicherheitsfrage" kodiert, der einerseits das, was konfrontiert werden müsste (etwa sozial-ökonomische Klassenklüfte, ethnische Diskrepanzen oder gravierende Aspekte des Stellenwerts der Religion im zionistisch-säkularen „jüdischen Staat"), auf den unteren Stufen der nationalen Dringlichkeitsskala abstellt, andererseits aber ebendiesen Zustand durch Freund-Feind-Ideologien, damit verschwisterte Alltagsrassismen sowie paranoide Weltbilder und ressentimentgeladene Selbstvergewisserungsmechanismen immerzu verfestigt. Reale Sicherheitsbedrohung gerät so zum Fetisch „Sicherheit", soziale und ethnische Konflikte, die gerade das real Heterogene der Gesellschaft anzeigen, verkommen zu einer sich über äußere wie innere „Feinde" bildenden „Wir"-Ideologie, kollektiv-narzisstische Selbstgerechtigkeit mündet in einen verblendet-entstellten Begriff von „Wahrheit", unabweisbarer „Gerechtigkeit" (des zionistischen Weges) und einer damit einhergehenden Unhinterfragbarkeit des Bestehenden. Dass eine *wirkliche* Linke, wie sie sich Gideon Levy vorstellt, in Israel nie geboren werden konnte, hat, so besehen, damit zu tun, dass Israel – pauschal gesprochen – nicht nur diese Linke, sondern auch all das, wofür diese Linke stünde, nie in sich zulassen wollte. Israel, das Land einer über 40 Jahre währenden Okkupation, großer innerer Zerrissenheiten und einer Zukunftsperspektive, die es, vom Standpunkt seiner eigenen Staatsideologie, vor die historische Wahl zwischen Pest und Cholera stellt, wollte nie etwas anders werden, als was es real geworden ist: Es wollte nie den Frieden, wenn es dafür einen „Preis" zu zahlen hatte, der sich ihm ideologisch verbietet; es wollte nie eine wirkliche Integration in die Region, in der es existiert, weil es sich selbst für westlich hält, ohne jedoch die strukturellen Koordiaten westlicher Zivilgesellschaften wahren zu wollen. Es wollte immer eine Souveränität leben, die es aber objektiv in keinerlei Hinsicht seiner Existenz je innehatte. Das ist es, was Levy mit dem „unmöglichen Festhalten der ‚Linken' am Zionismus alter Couleur" meint.

Es ist aber auch dieses Festhalten an einem überlebten zionistischen Selbstverständnis, das das Verhältnis Israels zu Antisemitismus und Shoah zur puren Ideologie hat entarten lassen. Denn so wie es Israel letzlich nie an der Eliminierung des realen Antisemitismus in der Welt gelegen war, sondern stets nur an der Feststellung seiner Existenz, um die eigene *raison d'être* interessengeleitet zu untermauern, bzw. an seiner instrumentalisierenden Verwendung, um kraft seines Vorwurfs eigene Defizite zu kaschieren, so wurde auch das Shoah-Gedenken von Anbeginn in die ideologische Ökonomie nationaler Selbstsetzung (und anderer weniger schmeichelhafter staatlicher Bedürfnisse) integriert. Ein vor der Vollversammlung der Vereinten Nationen mit Auschwitz-Plänen herumfuchtelnder Netanjahu verrät das Andenken der Opfer, wenn er sie in die Logik seiner heteronomen Ideologie einspannt. Ein Lieberman, der sich anmaßt, alles, was ihm nicht in das Gestell seiner verkommenen Außenpolitik (und rassistisch beseelten Innenpolitik) passt, des Antisemitismus zu bezichtigen, ist nicht nur selbst kein gelungener Kronzeuge für die Notwendigkeit des Kampfes gegen den real herrschenden Antisemitismus in der Welt, sondern er entleert nachgerade den Begriff all dessen, worauf er sich zu beziehen hätte. Netanjahu und Lieberman sind aber nur Symptom; sie haben die ideologische Keulenfunktion von „Antisemitismus" und „Shoah" nicht erfunden, auch nicht die perfide Technik ihrer Anwendung – sie können sich auf eine lange Tradition der israelischen politischen Kultur berufen, eine Tradition, die „Shoah" und „Antisemitismus" immer mehr zum Instrument der ideologischen Abwehr aller Kritik an Israel hat degenerieren lassen, je mehr Israels politische Realität diese Kritik zur objektiven Notwendigkeit hat werden lassen.

2. Teil: DEUTSCHLAND

Deutsche Lasten

Das von Deutschen an Juden im 20. Jahrhundert Verbrochene hat die Beziehungen zwischen beiden Kollektivitäten seit 1945 nachhaltig geprägt. Diese Erkenntnis bedarf eigentlich keiner Erörterung – sie ist selbstverständlich. Dass sich diese Prägung insofern verdinglichte, als sich besagte Beziehungen sehr bald formalisierten und auf die Ebene einer Bilateralität der staatlichen Gebilde beider Kollektivitäten übertrugen, ist zwar weniger selbstverständlich, aber immerhin nachvollziehbar:[93] Deutschland war nun einmal das Land, welches das Menschheitsverbrechen begangen hatte, und Israel (nicht nur in der ideologischen Selbstwahrnehmung) das Land, in das viele der Shoah-Überlebenden emigrierten, womit es mutatis mutandis zum „Land der Opfer" wurde. Dass ein anderes Kollektiv der israelischen Staatsgründung zum Opfer gefallen war, hat das (westliche), von Ben-Gurion als „das andere" apostrophierte Deutschland zunächst kaum (staatsoffiziell letztlich nie) berührt. Auch das kann man verstehen: Deutschland hatte etwas an Juden „wieder gut zu machen". Dass Juden andere zu Opfern haben werden lassen, konnte bei denen, die um ein „Equilibrium" im Verhältnis zur verbrecherischen deutschen Vergangenheit bemüht waren – etwa Alt- und Neonazis (und vermutlich nicht nur bei ihnen) –, als eine Art „Entlastung" registriert werden; im gängigen „Normalfall" jedoch wurde dieser Umstand schlicht verdrängt bzw. als etwas zur Kenntnis genommen, das, gemessen daran, was den Juden widerfahren war, entschuldigt werden konnte, oder aber wirtschaftwunderliche Deutsche einfach nicht zu beschäftigen hatte. Dieses Muster sollte sich erst nach und nach ändern – und auch in diesem Zusammenhang bezeichnete 1968 eine Wende.[94]

Über alles Formalisierte und Etablierte im Verhältnis von Deutschen zu Juden und Israel hinaus, gilt es einen letztlich alle Deutsche nach 1945 betreffenden Grundumstand zu erörtern, den Peter Sloterdijk 1989 auf den Punkt brachte: „So nahe am Schrecken geboren zu werden, bedeutet, wenn nicht für eine ganze Generation, so doch für die Jahrgänge, die heute um die Vierzig sind, in eine Welt gekommen zu sein, in der die Menschen es noch nicht wiedergelernt haben, für sich selbst und füreinander zu garantieren".[95] Was es mit dem „füreinander" auf sich haben mochte, sollte sich erst allmählich herausstellen. Klar ist aber, dass diese „Welt" für Deutsche, die den Nazismus in ihre kollektive Geschichte einzuordnen hatten, mit einem (wie immer heterogen sich bemerkbar machenden)

Schuldaffekt befrachtet sein musste. Dieser war nicht nur für die Seelen-
ökonomie der zwischen 1945 und 1950 geborenen Deutschen bestim-
mend, sondern musste letztlich jeden reflektierten deutschen Menschen
in den folgenden Dekaden tangieren, wobei es im Grunde unerheblich
blieb, ob man sich einem direkten Schuldzusammenhang verschwistert
wusste, sich nur den „Lehren“ aus dem Geschehenen gegenüber in Verantwortung sah oder dezidiert proklamieren zu sollen meinte, dass man
mit „alledem“ nichts zu tun habe. Entrinnen konnte man der bei aller
inzwischen erlangten „Normalität“ subkutan fortwirkenden Schuldma-
trix nicht. Sie färbte Verdrängung und Sublimation nicht minder ein, als
mentale Mechanismen bewusster Positionierung gegenüber dem Diskurs
über Schuld und Verantwortung oder selbstgewisser Lossage von ihm.

Man könnte sich mit der schlichten Feststellung dieses strukturellen
Moments der deutschen Mentalitätsgeschichte nach dem Zweiten Weltkrieg begnügen, wenn es seinerseits nicht ein eigentümliches Muster weit-
läufiger Ideologiebildung und damit einhergehender politischer Praxis gezeitigt hätte – namentlich die Einbettung (um nicht zu sagen: das Erträn-
ken) vermeintlich realer Einschätzung, Beurteilung und Verarbeitung von
politischen Ereignissen und Prozessen in deutschgeschwängerte Befindlichkeiten. Gemeint ist dabei nicht die Binsenweisheit, die Wahrnehmung
der Welt sei stets *auch* von dem affiziert, was die sogenannte „Identität“
auf die Welt projiziert (um sich dann durch die Verinnerlichung des Pro-
jizierten zu reproduzieren), sondern die Dominanz subjektiver Bedürf-
nisprojektion auf Objektives in einem Maße, das die eigene Befindlich-
keitsökonomie sich realitätsgerechter Wahrnehmung von politischen Ge-
schehnissen und Abläufen nahezu idiosynkratisch versperrt. Der Fetischcharakter der einbetonierten Selbstverblendung verdankt sich dabei subjektiven Regungen im Seelenhaushalt, der aber seinerseits im objektiven
Strukturmoment deutscher Schuldbeladenheit tief verankert ist.

Das darf nicht missverstanden werden: In bestimmten Phasen der
(west)deutschen Nachkriegszeit erwies sich diese Neuralgie als äußerst
fruchtbar. Nicht nur lässt sich die deutsche Literatur-, Theater- und Film-
geschichte dieser Zeit sowie die sich in ihr bildende Diskursformation der
kritischen Intelligenz in den Print- und elektronischen Medien ohne sie
nicht denken, sondern auch die zivilgesellschaftlich orientierte, mithin
emanzipatorisch ausgerichtete Bildungs- und Erziehungsarbeit, die nicht
zuletzt im (teilweise durchaus auch überspannten) Generationsaufstand
der 68er Bewegung, welcher immerhin die beschwiegene NS-Vergangenheit in die geschichtsvergessene Öffentlichkeit der alten BRD trug, seinen Kulminationspunkt erfuhr, verdankte sich ihr als einer Art regula-
tiver Idee deutscheigener Verstörung. Es ist aber auch gerade dieser irri-

tierte Kontext der Geschichtsverarbeitung, der die ideologischen Blüten
der Schuldabwehr hoch sprießen ließ, periodische Ereignisse im öffent-
lichkeitsbildenden Feuilleton, die sich stets zu (typisch deutschen) Debatten steigerten. Und wenn man meinte, mit dem berühmt gewordenen
Historikerstreit Mitte der 1980er Jahre dem selbstkritischen Geschichts-
verständnis der westdeutschen Republik (mithin einer ihr verschwisterten Selbstvergewisserung) die diskursive Krone aufgesetzt zu haben, so
indizierte spätestens die berüchtigte Walser-Bubis-Debatte am Ende der
1990er Jahre, dass das Neuralgische der deutschen Vergangenheitskon-
frontation auch nach der Vereinigung beider deutscher Staaten mitnichten
überwunden war und ad acta gelegt werden konnte. Der deutsche Schriftsteller hatte anlässlich der Verleihung des Friedenspreises des deutschen
Buchhandels in seiner Dankesrede bekundet, dass er sich gegen die „Dau-
erpräsentation unserer Schande" in der deutschen Holocaust-Gedenkpra-
xis gewehrt habe, was der bei der Rede anwesende Vorsitzende des Zentralrats der Juden in Deutschland als eine Art Schlussstrich-Forderung,
mithin als „geistige Brandstiftung" deutete. Walsers eher auf Provokation
denn auf wahrhaft kritische Reflexion ausgerichtete Rede sprach offenbar vielen seiner deutschen Zuhörern aus dem Herzen. Was immer man
von ihr selbst halten mag,[96] erwies sich an der von ihr entfachten, einige
Monate dauernden Debatte, dass es in der deutschen Gesellschaft, mithin
im öffentlich ausgetragenen Diskurs (von Alt- und Neonazis unberührte)
Kräfte gibt, die sich der geschichtlich verfestigten Schuldbeladenheit der
Deutschen zu entledigen trachten. Walser musste kein Antisemit sein, um
diesem Ansinnen öffentlichen Ausdruck verschaffen zu wollen. Er über-
sah dabei nur, dass man die Geister, die man ruft, nicht leicht wieder los
wird, diese sich vielmehr allzu gern und oft verselbständigen mögen.

Was aber zu jenem Zeitpunkt, am Ende des ersten Jahrzehnts nach der
deutschen Vereinigung, noch als hinnehmbarer (wenngleich heftig debat-
tierter) Tabubruch gegenüber der prästabilisierten Norm deutschen Shoah-Gedenkens und zulässigen Redens über Juden und Jüdisches erschien
– gerade darin bestand ja das Skandalon der Walser-Bubis-Debatte –,
sollte bereits wenige Jahre später einen eigentümlichen Wandel erfahren:
Heute hätte es sich Walser kaum leisten können, nämliche Rede zu halten,
ohne unverhohlen des Antisemitismus beschuldigt zu werden (und nicht
mehr nur als „Brandstifter", wie es Bubis noch seinerzeit tat). Nahezu
gewiss ist auch, dass der große Zuspruch, dessen er sich damals offensichtlich erfreuen durfte, heute selbst als Antisemitismus (bzw. „sekun-
därer Antisemitismus") angeprangert würde. Es geht dabei nicht darum,
ob Walser tatsächlich von einem unbewussten antisemitischen Ressentiment angetrieben war (bzw. heute noch wäre), wie es Frank Schirrma-

cher im Jahre 2002 anlässlich Walsers Roman „Tod eines Kritikers" noch
meinte.[97] Bemerkenswert ist vielmehr, wes Geistes Kind die aktuell vorwaltende Be- und Verurteilungsnorm ist, die einen Martin Walser heute
wohl veranlassen dürfte, es sich zweimal zu überlegen, ehe er deutschbefindlich Kontroverses im öffentlichen Raum vorträgt. Kaum noch zur
Sprache kommt nämlich, was es damit auf sich hat, dass der Antisemitismus-Vorwurf inzwischen selbst zum Fetisch geronnen ist, die Sachwalter
des Antisemitismus-Vorwurfs sich (nach alter deutscher Tradition) wie
scharfrichterliche Gesinnungspolizisten gerieren, und der real grassieren-
de Antisemitismus sich an der Tendenz delektieren darf, dass alles, was
sich kontingent anbietet, so sehr dem Antisemitismus-Vorwurf unterstellt wird, dass der wirklich zu bekämpfende Antisemitismus sich hinter
der Verwässerung des Begriffs und seiner zunehmenden Entleerung konsensuell verstecken kann. Vor lauter Antisemitismus-Jagd ist inzwischen
jeder und jede im deutschen öffentlichen wie halböffentlichen Raum tendenziell dem drohenden Vorwurf ausgesetzt, manifest oder latent antisemitisch zu sein, wobei die keulenartige Drohgebärde mittlerweile so
wirkmächtig geworden ist, dass viele in eingeschüchtert-vorauseilender
Unterwerfung die perfiden Regeln des Katz-und-Maus-Spiels verinner-
licht haben und ihnen nichts dringlicher erscheint, als dem Vorwurf dessen, was ihnen gar nicht in den Sinn gekommen war, entkommen zu sollen. Das In-Abrede-Stellen des Vorgeworfenen nützt nichts, wird mithin
im günstigen Fall belächelt, im gängigeren aber als umso evidenterer Beweis für den unbewussten Antisemitismus des sich des Vorwurfs Erweh-
renden gedeutet (und lauthals verkündet). Die Aura ahnungsvollen Wissens um das, was dem ignoranten Beschuldigten verborgen bleiben muss,
umgibt jene, die sich schon mal in der Bezeichnung „hauptamtliche Antisemitenjäger"[98] gefallen, wobei sie inzwischen – auch das hat deutsche
Tradition – nicht nur dezidiert zu bestimmen wissen, wer (annehmbarer)
Jude, sondern gleich auch, wer unweigerlicher Antisemit sei.
  Als besonders auffällig darf dabei gelten, dass auch die traditionellen Jagdgründe eine bemerkenswerte Metamorphose erfahren haben.
Galt früher rechtslastige Gesinnung als antisemitismusverdächtig, ist
diese inzwischen zu solcher Selbstverständlichkeit avanciert, dass man
sie als offenbar Unbekämpfbare liegen lässt, um sich mit umso größerer Verve auf den „linken Antisemitismus" zu werfen. Einen Antisemitismus gab es wohl auch immer unter Linken; das wusste seit lan-
gem jeder, der es wissen wollte. Wie es aber dazu kam, dass dieses unter
genuinen Linken eher randständige Phänomen es zur solchen Prominenz unter pseudolinken „Antisemitenjägern" bringen konnte; wie es
zum Objekt ihrer unbezähmbaren ideologischen Hatz-Begierde heran-

wuchs, bedarf einer Examinierung, die sich der simplen linearen „Erklärung" entschlägt, man jage eben nach dem, was sich in den (linken) Jagdgründen tummelt, namentlich den „linken Antisemitismus". Linke wussten sich immer schon gegenseitig zu jagen und brachten es bei der Zersplitterung dessen, , was man „das linke Lager" zu nennen pflegte, zur tragischen Perfektion. Das ist wohl bekannt. Nicht ganz so klar ist ins Bewusstsein gedrungen, wie sehr die Zersplitterungsprozesse stets damit einhergingen, dass ein Teil der sich untereinander zunehmend verfeindenden (linken) Gruppen von der ursprünglichen linken Gesinnung „nach rechts" abrückte, wobei sich der Rechtsruck zwar der internen Kampfdynamik verdankte, zugleich aber auch nach und nach ein ideologisches Eigenleben zu entfalten begann. Es ist nicht leicht zu entscheiden, ob bereits vorwaltende Interessen Menschen an sich ziehen, mithin ihre Gesinnung verraten lassen, oder ob der vorauseilende Gesinnungsverrat die in der Tendenz des Zeitgeistes liegenden Interessen erst eigentlich verfestigt. Man braucht es letztlich auch nicht zu entscheiden: Das Ergebnis ist stets eine von lausigem Opportunismus angekurbelte Affirmation der jeweils herrschenden Machtkonstellation, welche sich die Gesinnungsabtrünnigen zwar selten eingestehen, dafür aber umso euphorischer im Becken ihres neu gewonnenen ideologischen Fahrwassers planschend und spritzend feiern.

Nichts Besseres konnte jenen „Linken" Deutschlands widerfahren, als festzustellen, dass ihr schleichend, aber beständig, zunächst vor- und dann ganz bewusst betriebener Rechtsruck sich im Trend der Zeit befand. Die Weichen dafür waren freilich auch in globalem Maßstab gestellt. Denn nicht nur war mit dem Zusammenbruch des Sowjetkommunismus und der Auflösung des alten Blocksystems linke Gesinnung in Verruf geraten; nicht nur lohnte es sich plötzlich angesichts des nun emphatisch forcierten Siegeszugs des Neoliberalismus, sich mit eigener Gesellschaftskritik zu verkriechen, wenn nicht den Gesellschaftsbegriff gleich ganz abzuschreiben; nicht nur durfte man jetzt entsprechend unverhohlen den Kapitalismus begrüßen und gewann dabei auch eine gewisse Lust daran, eigene linkslastige „Jugendsünden" abstreifen zu können, um dafür die gnädige Absolution des neuen Zeitgeistes zu erhalten – sondern spätestens mit den Terroranschlägen des 11. September 2001 konnte man sich auch einem neuen Weltzustand verbunden wissen, in welchem seicht und unhinterfragbar erklärt wurde, wer der „Achse des Bösen" angehörte, und warum man sich selbst den *good guys* zuzählen durfte. Und da es (zumindest eine Zeitlang) nur noch einen Welthegemon gab, der das Monopol in Anspruch nahm, zu bestimmen, was auf der Weltbühne zulässig und was diskreditiert sei, mithin auch geopolitisch motivierte, auf brutale Ressourcenbeherrschung zielende Kriege mit ideologischer Lüge und dreister Bewusstseinsmanipulation zu rechtfertigen wusste, stand der eigenen Metamorphose (die vielleicht keine wirkliche war) nichts im Wege: Man durfte sich plötzlich sowohl bellizistisch aufspielen als auch im Recht wähnen; man durfte seinen ehemaligen internationalistischen Solidaritätsidealen entsagen, da unverhohlene Verachtung ganzer Weltregionen mit der Logik der neuen Weltordnung vereinbar war; man durfte sogar die eigenen sozialstaatlich eingefärbten Interessen verraten, wenn das eigene falsche Bewusstsein dies als unumgängliches Erfordernis der alt-neuen Systemlogik in Einklang zu bringen vermochte.

In Deutschland wiesen diese Lagerübergänge und Grenzüberschreitungen spezifische Merkmale auf. Linke Hoffnungen, die man wie selbstverständlich auf die deutsche Sozialdemokratie und das parteiliche Sammelbecken der Grünen übertragen hatte, wurden sowohl sozial- als auch außenpolitisch gerade dann herb enttäuscht, als die Parteien des linken parlamentarischen Lagers mit der rot-grünen Koalition an die Regierungsmacht gelangten. Diese (in Wahlergebnissen sich zunehmend bemerkbar machende) Enttäuschung lag freilich in der Entwicklungstendenz des gesamten Westens: Hatte doch die Sozialdemokratie ihre historische Rolle ausgespielt, sobald sich mit dem Zusammenbruch des Sowjetkommunismus die Funktion, die sie als kapitalistische „Antwort" auf die gesellschaftlichen Ideale des Sozialismus zu erfüllen hatte, erübrigte. Und was die Grünen – spätestens nach dem Jugoslawien-Krieg – noch als das auszeichnen sollte, was sie ursprünglich zu sein und womit sie sich von anderen Parteien zu unterscheiden vorgaben, konnte kaum noch jemand beantworten. Realos wollten sie sein, und machtfreudige Realpolitiker waren sie geworden (solange sie an der Macht waren). Die mit der Altlast des SED-Staates befrachtete PDS nun galt über Jahre (trotz der anhaltenden Treue, die ihr ehemalige Bürger der DDR bewahrten) als illegitim, fand mithin keinen Eingang in den (west)deutschen Politkonsens. Dass sie in den Wahlen nach und nach erstarkte, verdankte sich primär dem Vakuum, das im linken Spektrum der deutschen Parteienlandschaft entstanden war. Sich der ihr objektiv zufallenden politischen Rolle bewusst, konsolidierte sich denn die PDS in Verbund mit Linksenttäuschten aus dem westdeutschen Raum und bildete die Partei der Linken, die – nomen est omen – sich linker Gesinnung verpflichtet wusste und auf ebendiese im Hinblick auf Vorstellungswelten ihrer neu-alten Klientel setzte. Eine Partei kann gleichwohl, gerade wenn sie quantitativ signifikant anwächst, nur dann den Anspruch auf reale politische Wirkmächtigkeit erheben, wenn sie bereit ist, die Spielregeln des Machtkontexts, in welchem sie sich bewegt, zu befolgen (insofern sie nicht revolutionären Visionen anhängt). Nun kann aber die politische Matrix des vereinigten Deutschlands vieles zulassen, nur nicht das, was sich mit Sozialismus verbindet. Da konnte „Die Linke" in ihren programmatischen Eckpunkten noch so emphatisch verkünden, sie erstrebe die Überwindung des Kapitalismus und die Etablierung eines „demokratischen Sozialismus" an – ein Ziel ist es, das in solch weiter (und sicherer) Ferne liegt, dass man sich derweil den realpolitischen Anforderungen von Wählbarkeit und potentieller Mehrheitsfähigkeit widmen konnte. Kaum gegründet, begann denn „Die Linke" ihren Gesinnungsruck auf den gesamtdeutschen Politkonsens zu. Fürs Ankommen in diesem gab es allerdings eine (zwar nicht einzige, vermutlich auch nicht die wichtigste, letztlich aber doch unhinterfragbare) Voraussetzung, welche für andere politische Parteien der Republik kein (gewichtiges) Problem darstellt, für die großteils in der alten DDR politisch wie weltanschaulich sozialisierte Linken-Partei hingegen sehr wohl.

Denn was immer Deutschlands (außen)politische Realität ansonsten umtreiben mag, niemand, der sich in diesem Land politisch etablieren möchte, kommt an der Gretchenfrage vorbei, wie er es mit Israel halte. Das hat viel mit dem Nahostkonflikt zu tun, von dem ja stets große Weltgefahren ausgehen, die nicht zuletzt auch deutsche Staatsinteressen tangieren; viel mehr belangt es allerdings die deutsche Vergangenheit und die bekenntnishafte Visitenkarte, die man als eine Art *entrée billet* vorweisen muss, wenn man Eingang in den politischen Konsens erheischt. Das ist gewiss nachvollziehbar; denn angesichts der verbrecherischen Monstrosität der deutschen Geschichte im 20. Jahrhundert ist die stets stimulierbare Neuralgie, die sich in die Kollektivmentalität der Deutschen eingefräst hat, zurecht nicht ausgestanden. Dass freilich „Israel" zum Lackmustest einer diesbezüglichen *political corectness* avanciert ist, indiziert nicht nur ein grobes Missverständnis hinsichtlich des Zusammenhangs von Israel, Zionismus und Judentum (bzw. – damit einhergehend – von Israelkritik, Antizionismus und Antisemitismus), sondern wird spätestens dann zum Problem, wenn sich das Bekenntnis zu Israel als Fetisch erweist, bei dem nicht nur israelische Realität (und Aspekte des Zionismus) geflissentlich ignoriert werden, sondern Juden und Judentum abstrahiert werden, um nur noch als Kitt für die losen Bestandteile des politisch korrekten Lippenbekenntnisses von Deutschen herzuhalten.

Die Partei der Linken hatte, so besehen, eine schwere Erblast zu bewältigen. Da sie die SED-Vergangenheit in sich aufhebt, musste sie u.a. die DDR-Tradition einer von der Blocksystem-Ideologie des Kalten Krieges herrührenden und sich gestandener Moskau-Hörigkeit verdankenden Zionismus- und Israelkritik verarbeiten, was im neudeutschen Kontext nichts anders bedeuten konnte, als ihre Hinwendung zu Israel,

zum Zionismus, mithin zum Judentum zu bekunden und ihr performativen Ausdruck zu verleihen. Das mochte sich zuweilen erbärmlich ausnehmen. Denn nicht nur sah die Metamorphose bei manchen Gewen-
deten wie eine ungelenke Verrenkung aus, wenn man bedenkt, welcher
Israelabneigung gerade sie sich in der Vergangenheit befleißigt hatten;
nicht nur fielen manche von ihnen von einem Extrem ins andere; es gab
da noch etwas, was kein gesinnungsfester Linker ignorieren kann, wenn
er sich denn noch als solcher versteht: *objektive* Gründe für eine vollkommen berechtigte, ja notwendige Israelkritik. Denn man mag gewisse Aspekte der zionistischen Geschichte noch so raffiniert wegdiskutie-
ren oder in Klammern setzen wollen – niemand (außer total verblendete
Ideologen) kann in Abrede stellen, dass Israel seit 1967 ein brutales, von
Menschen- und Völkerrechtsübertretungen befrachtetes, oft in tödliche
Praktiken und massive Gewalteruptionen ausartendes Okkupationsregime unterhält, welches von allen israelischen Regierungen in der Zeit
seines Bestehens massiv gefördert und permanent gefestigt worden ist
und mittlerweile als nahezu unbezähmbar erscheint. Wer dies nicht registriert, bevor er anfängt, sich über antisemitische/antizionistische Auslassungen zu echauffieren, muss sich fragen lassen, wie er sich seine eigene
offenkundige Blindheit/Ignoranz/Verdrängung erklärt; was es mit den
Regungen, die ihn offenbar umtreiben, auf sich haben mag, und wie diese
wohl mit seinen eigenen (deutschen) Befindlichkeiten zusammenhängen.

Dies betrifft allerdings nicht nur Linke, die sich der gleichnamigen
Partei verbunden sehen; es handelt sich vielmehr um ein Muster, das
merklich viele in Deutschlands linker Szene der letzten Jahre auszeichnet. Merkwürdige Blüten sind in dieser Szene gesprossen, und eigentümliche Gesinnungswandlungen hat sie hervorgebracht. Ihre Ursprün-
ge hatte diese Entwicklung im deutschlandkritischen Blick von gewissen Intellektuellen, Künstlern und Geisteswissenschaftlern in der BRD
der 1950er Jahre, welche als Wegbereiter der Studentenbewegung, mithin
des westdeutschen antifaschistischen Diskurses im folgenden Jahrzehnt
angesehen werden dürfen. Man stehe zu ihr, wie man mag, dass aber die
68er-Bewegung inzwischen teils durchaus gerechter (Selbst)kritik unter-
zogen wird, sollte keinen Anlass dazu bieten, das Kind mit dem Bade
auszuschütten. Denn was immer sie sonst noch war, wie immer man ihre
ursprünglichen Motivationen und nachmaligen Ausläufer deuten möchte, eines war sie ganz gewiss, und schon darin liegt ihre gravierende historische Bedeutung für Deutschland: Sie war das Aufbegehren gegen eine
im 19. Jahrhundert ansetzende und in der Katastrophe des 20. Jahrhunderts kulminierende deutsche Geschichte, zugleich aber auch das empha-
tisch-performative Veto gegen das geschichtsvergessene restaurative Kli-

ma der Adenauer-Ära. Sie erhob den Anspruch auf den Neubeginn (und zwar einen anderen als den real praktizierten), mithin auf die Überwindung fortwirkender Strukturen sozialen Unheils. Sie schuf damit zumindest die Grundlagen für die neue politische Kultur Deutschlands und seiner Öffentlichkeit. Dass ihr Alter die hohe Zeit ihrer Frühe beschämt, ist wohl unabwendbar, sollte aber zumindest mit ihren eigenen intellektuellen Mitteln reflektiert werden können.

Was sich indes im letzten Jahrzehnt aus vermeintlich gleichem Geiste herausgebildet hat, ist letztlich nichts anderes als Verrat an der ursprünglichen, von geschichts- und sozialkritischer Gesellschaftsanalyse getragenen Ideenwelt und diskursiven Praxis der 68er-Bewegung: Der als politischer Gegenentwurf zu einem gesamten Katastrophenzeitalter postulierte *Antifaschismus* wurde auf eine götzenhaft gefeierte „Antisemitismus"-Bekämpfung reduziert, die historiographisch reflektierte Kritik am schicksalsträchtigen *deutschen Sonderweg* verkam zu einem parolenhaft skandierten „Antideutschtum", welches seinerseits auf dem narzisstisch beseelten Pathos besagter „Antisemitismus"-Bekämpfung basiert. Bildete *Auschwitz* noch die geschichtliche Folie für eine grauenerfüllte Konfrontation deutscher Unsäglichkeiten, gab nun eine sich zur „Shoah"-Euphorie steigernde Geschichtswahrnehmung die Matrix für eine geborgte Identität ab, in der man sich so sehr gefiel, dass man sie – die Schuldabwehr und politische Selbstgefälligkeit zugleich ermöglichte – freudig zum gestandenen Fetisch gerinnen ließ. Die ideologische Kausalkette, welche dabei von denen, die anfangs noch vorgaben, Kommunisten zu sein, konstruiert wurde, war frappierend: Da man das gegen das Katastrophen-Deutschland des 20. Jahrhunderts sich richtende *Nie-wieder-Deutschland* in ein gefestigtes (freilich kaum je näher bestimmtes) „Antideutschland" verwandelte, bedurfte es einer (Halt stiftenden) Begründung für die rigorose Negation dessen, was sich real gar nicht negieren ließ. Diese Begründung fand sich wie von selbst im Menschheitsverbrechen des Holocaust, womit denn „die Juden" zum ideologischen Hausgott der „Antideutschen" avancierten: „Antideutsch" sein, hieß von nun an, sich bedingungslos und aktiv mit „Juden" zu identifizieren und gegebenenfalls zu „solidarisieren". Da aber das real existierende Deutschland in vielerlei Hinsicht „judenrein" geworden war, dem neuen „linken" Anliegen somit der reale gesellschaftliche Anknüpfungspunkt fehlte – die in der alten Bundesrepublik bis zur Wende lebenden 30 000 Juden, aber auch die ab 1990 aus der ehemaligen Sowjetunion aus primär ökonomischen Gründen zugezogenen scherten sich wenig, wenn überhaupt, um linke Diskurse und deutsche Befindlichkeiten –, übertrug man die

identitätsgenerierende Kategorie der „Juden" auf deren staatliches Gemeinwesen „Israel". Israel befand sich aber seit seinem Bestehen in einem blutigen Konflikt mit seinem gesamten arabischen Umfeld, vor
allem mit den Palästinensern, denen ja durch die schiere zionistische
Staatsgründung ein kollektives historisches Unrecht widerfahren war,
was aber die verdinglichte Frontstellung der mit der eigenen kollektiven Vergangenheit hadernden „Antideutschen" mitnichten anzufechten vermochte: „Solidarität" mit den „Juden" konnte nichts anderes
bedeuten, als die ideologische Anfeindung der „Araber", der „Palästinenser", der „Muslime". Es wäre an der Zeit, fundiert zu untersuchen,
was andeutungsweise längst behauptet wird: Inwieweit sich gerade bei
„Antideutschen" ein aus der eigenen Schuldabwehr gebildeter, vorbewusst pulsierender antijüdischer Affekt sich auf einen islamophob gespeisten Araberhass solcherart verlagert hat, dass nun beides zugleich
möglich wird: unterschwellig verhasste, weil Schuld erzeugende Juden
zu „lieben", zugleich aber judenfeindliche Araber, mit denen man sich
uneingestandenermaßen solidarisiert zu hassen. Will man sich (wie es
„antideutsche" Theoretiker besonders gern zu tun pflegen) unbedingt
auf den sogenannten „sekundären Antisemitismus" berufen, böte sich
doch gerade mit der islamophoben Israelsolidarität die Möglichkeit
zur eigenen, narzisstisch freilich doppelt kränkenden Nabelschau, mithin zu einer alternativen Exemplifizierung des vieldeutigen, vom israelischen Psychoanalytiker Zwi Rex in die Welt gesetzten Diktums „Die
Deutschen werden den Juden Auschwitz niemals verzeihen".
    Damit wäre allerdings die „antideutsche" Ideologie noch nicht hinreichend umfasst; die pseudokausale Begründungsassoziation reicht weiter.
Da die Welt nach dem 11. September 2001 in neue Achsen von Guten
und Bösen aufgeteilt wurde, bot sich die ideologische Verbandelung mit
George W. Bushs USA wie von selbst an. Nicht nur zeichnete sich der
damalige US-Präsident durch seine nachgerade unerschöpflich scheinende, zunächst durch Ariel Sharon, dann durch Ehud Olmert sich vermittelnde Israel-Freundschaft bzw. Israel-"Liebe" aus, sondern er trat zudem als bellizistisch sich aufspreizender Bekämpfer von „Terror" bzw.
der diesen erzeugenden „muslimischen Welt", die er zu „demokratisieren" trachtete, auf, womit er denn alle projektiven Identitätsflächen „antideutscher" Ideologie gleichsam in eigener Person abdeckte. Dass dabei
geopolitische Interessen der USA in Zentralasien und in der Golfregion
die eigentlichen Motive für die amerikanische Kriegspolitik (welche als
Überwindung des Vietnam-Traumas, nicht zuletzt aber auch als Loslösung von der Doktrin, der zu Folge der fortgeschrittene Spätkapitalismus keiner Kriege für seine Expansion bedürfe, angedacht war) abgaben,

musste nicht besonders irritieren, wenn man sich fest genug auf der Seite
der Gerechten bei der ideologisch propagierten Bekämpfung einer „Achse des Bösen" wähnte. Mit Bushs Amerika kann man sich aber schlechterdings nicht vorbehaltlos identifizieren, wenn man dabei nicht ebenso
unhinterfragbar den Kapitalismus in die eigene Solidarität mitintegriert,
was nicht von ungefähr gerade im „antideutschen" Diskursspektrum mit
bemerkenswerten Begründungsverrenkungen vollzogen wurde. Dies
lag freilich ganz auf der Höhe der Zeit und schmiegte sich trefflich dem
herrschenden Zeitgeist an. Daraus erhellt, wie deutsche „Linke" eine zunächst unmöglich scheinende Quadratur des Kreises hinzubekommen
vermochten: die an Zeichnungen von Maurits Cornelius Escher gemah-
nende Metamorphose von „antideutschen Kommunisten" zu kapitalis-
musfreudigen Neocons US-amerikanischen Zuschnitts, aus dem imperialistischen Geist neoliberaler Globalisierung geboren. Es sei gleichwohl
angemerkt, dass die euphorisch Gewandelten zum Zeitpunkt der Niederschrift dieser Zeilen sich einer unannehmlichen kognitiven Dissonanz
ausgesetzt sehen: Der jetzige Präsident der USA –von den geopolitischen
Interessen seines Landes nicht weniger angetrieben als sein Vorgänger –
hat offensichtlich große Probleme mit Israels Bau- und Siedlungspolitik
im Westjordanland und in Jerusalem, was er dem israelischen Ministerpräsidenten im März 2010 inhaltlich wie performativ so unmissverständ-
lich zu verstehen gab, dass die israelische Medienwelt nahezu einstimmig
von der ärgsten Krise in den Beziehungen zwischen Israel und den USA
seit 35 Jahren berichten. Von einer „Plage der Finsternis" redete Akiva
Eldar in seiner „Haaretz"-Kolumne am Vorabend des Passahfestes: „Von
den zehn Plagen, die Gott über Ägypten verhängte, überschritt eine der
härtesten – die Plage der Finsternis – Grenzlinien. Am Passahfest des Jahres 2010 schreitet das Volk Israel wie blind dem Abgrund entgegen. Wie
Blinde, die ihren Weg verloren haben, stoßen die Israelis mit jedem zusammen, der ihnen über den Weg läuft. Sie unterscheiden nicht zwischen
Freund und Gegner, zwischen Fernen und Nahen; Jordanien und die
Türkei, Brasilien und Britannien, Deutschland und Australien. Und als
genügte das nicht, kollidierte der kurzsichtig gewordene Judenstaat fron-
tal mit dem Verbündeten, ohne den er keinen Bestand hat. Israel ist nicht
nur zum Störungsfaktor in seiner Umgebung geworden; Israel ist die
größte Gefahr, die Israel droht".[99] Was bedeutet das nun aber für israelsolidarische Ideologen im „antideutschen" Lager? Müssen sie etwa Barack
Obama als Antisemiten einstufen, wie von einigen israelischen Politikern
und nicht wenigen siedlernahen Juden in Israel vollmundig suggeriert?
Muss der Mittelname des US-Präsidenten (Hussein) als Indiz für seine –
offenbar unüberwindliche – von der eigenen Herkunft herrührende Affi-

nität zur muslimischen Welt gedeutet werden, wie nicht nur in den USA
millionenfach als paranoide Einsicht kolportiert? Vor allem aber: Wie soll
man mit der unabweisbaren Tatsache umgehen, dass ein solcher Mann
zum US-Präsidenten gewählt worden ist? Ist die Mehrheit des amerikanischen Wahlvolkes von latentem Antisemitismus durchdrungen? Und
muss man sich, wenn dem so sein sollte, nicht an den republikanischen
Gegnern Obamas orientieren, allen voran an christlichen Fundamentalis-
ten und Evangelikalen, die von Benjamin Netanjahu bekanntlich zu den
„größten Unterstützern Israels" gezählt werden?[100]
    Nun wird man allerdings einwenden wollen, dass hier ein randständiges
Phänomen, mithin die Aktivität einer verschwindenden Minderheit hoch-
gespielt und überbewertet werde. Als Splittergruppe innerhalb einer ohnehin durch selbstauferlegte Paralyse erlahmten deutschen Linken, handle
es sich doch um eine *quantité négligeable*. Ein solcher Einwand – von gestandenen Altlinken oft als rationalisierendes „Argument" für die eigene
Handlungsmüdigkeit vorgebracht – basiert auf drei Fehlannahmen. Zum
einen geht es eben nicht mehr um eine Randerscheinung, sondern um einen weit übers lauthals Artikulierte grassierenden Ungeist, der sich in wesentlich mehr „linken" Institutionen eingenistet und etabliert hat, als man
gemeinhin bereit ist, sich selbst einzugestehen. Zum anderen werden die
oben beschriebenen ideologischen Muster und Koordinaten politischer
Praxis hier gar nicht als *links* eingestuft, sondern ganz im Gegenteil als Gesinnungsverrat an allem Linken, welcher sich gleichwohl in den Sphären
sich selbst für links erachtender Institutionen und Diskursfelder mit merk-
lichem Erfolg durchsetzt, wie falsches Bewusstsein sich eben immer schon
zu verbreiten verstand, wenn es aus heteronomem Interesse für attraktiv
erachtet wurde. Was jedoch – damit eng zusammenhängend – den Aus-
schlag gegeben haben dürfte: Nicht nur auf der Basis einer allseits geteilten
neokonservativen Matrix, sondern auch im konsensuellen Einvernehmen
über den vorgeblichen Kausalzusammenhang von Antisemitismus, Antizionismus und Israelkritik hat sich eine (zumindest objektive) Verschwisterung von Vorgaben der hohen deutschen Politik, kodierten Normen der
bürgerlichen Medienwelt und zentralen Ideologemen „linker" Diskurse
herangebildet, die als Gesinnungswahlverwandtschaft wirkmächtiger vor-
waltet denn je, mithin dem Vorwurf des Antisemitismus besagte Keulenfunktion mit dem Ziel eines stummen herrschaftlichen Bekenntnisses verliehen hat. Um Darstellung und Analyse dieser ideologischen Diskursmaschinerien soll es anhand exemplarischer Fallbeispiele aus Deutschlands
„linkem" Milieu im zweiten Teil des vorliegenden Bandes gehen. Zuvor –
als Grundlage fürs Weiterfolgende – seien aber einige exkurshafte Anmerkungen zum Begriff des Antisemitismus vorangeschickt.

Anmerkungen zum Antisemitismus (Exkurs)

Über den Antisemitismus ist schon so viel, mithin so viel Gewichtiges gesagt worden, dass er mittlerweile begrifflich wie theoretisch durchdrungen, andererseits aber auch gehörig zerredet zu sein scheint. Dass man sich mit ihm so eingehend und intensiv befasst hat, kann nicht verwundern: So horrend waren seine Auswirkungen im 20. Jahrhundert, dass er mit Auschwitz als Kulminationspunkt eliminatorischer Judenverfolgung zum paradigmatischen Bestandteil der Dialektik einer gesamten zivilisatorischen Entwicklung und zur Grundlage eines als solchen apostrophierten „Zivilisationsbruchs" erhoben wurde. Das Menschheitsverbrechen der Shoah traumatisierte die Weltsicht der Moderne solchermaßen, dass es den Endpunkt aller unbeschwerten Zukunftsfreude und naiv aufklärender Fortschrittsseligkeit bilden musste. Auschwitz geriet so zum universellen Maßstab eines präzedenzlosen, gerade in der und durch die Moderne ermöglichten „Rückfalls in die Barbarei", was wiederum in zwei miteinander unvereinbare Gewichtungen der Katastrophe münden sollte: Mit der Präzedenzlosigkeit der Monstrosität wurde auch ihre Einzigartigkeit postuliert, wodurch beides möglich wurde – die Shoah der Juden als so unvergleichbar zu deuten, dass sie sich geschichtlicher Beurteilungskriterien nachgerade entschlug (der Schriftsteller Yechiel Dinur alias K. Zetnik, berühmter Zeuge im Eichmann-Prozess, hatte den Ausdruck „anderer Planet"[101] für Auschwitz geprägt, eine Benennung, die er späterhin gleichwohl revidierte); zugleich aber auch die Shoah als bereits erfolgten, gerade deshalb aber potentiell auch wieder möglichen Rückfall in die Barbarei zu rezipieren, wie es etwa Adorno mit dem sogenannten neuen kategorischen Imperativ suggerierte,[102] womit freilich ebendieses Einzigartige zum Maßstab einer permanent drohenden Möglichkeit historischer Wiederkehr umgedeutet wurde. Wenn nun der Antisemitismus als wesentlicher Motor dessen, was sich in Auschwitz vollstreckte, Auschwitz selbst aber als Zentralereignis neuzeitlicher Zivilisationsentfaltung wahrgenommen wird, unterliegt der Antisemitismus ebenfalls zwei konträren Möglichkeiten des Umgangs mit ihm: Zum einen wird man seinen Begriff und die Reaktion auf das mit diesem Begriff bezeichnete Phänomen für das vorbehalten wollen, was dem einzigartigen Ausnahmezustand der Shoah angemessen ist, d.h., den inflationären Gebrauch des Begriffs in dem Sinne meiden, den auch Adorno vor Augen gehabt haben muss, als er im Hinblick auf die Benennung dessen als *genocide*, wofür er selbst noch keinen Begriff hatte, schrieb: „[...] durch die

Kodifizierung, wie sie in der internationalen Erklärung der Menschenrechte niedergelegt ist, hat man zugleich, um des Protestes willen, das Unsagbare kommensurabel gemacht"[103] Zum anderen wird man aber gerade angesichts der Dauerdrohung eines Rückfalls in die Barbarei, im Geiste steter Alarmbereitschaft und aus dem Bewusstsein, der Anfänge wehren zu sollen, auf jegliche Erscheinung des Antisemitismus hinweisen wollen, ohne einer Hierarchie der Dringlichkeit zu gehorchen.

In diesem zweiten Fall muss allerdings in Kauf genommen werden, dass eine – wie immer honorig gemeinte – Alarmbereitschaft leicht in Alarmismus umschlagen kann, ein Umstand, der spätestens dann sich alles Honorigen begibt, wenn sich der unkende Alarmismus als handfeste Ideologie erweist. Dass es dazu kommen kann, rührt nicht unbedingt von subjektiv zynischer Absicht her, sondern hat strukturelle, in der historischen Genese des Antisemitismus und seinen vielfältigen Erscheinungsformen wurzelnde Gründe. Denn man würde den menschheitsgeschichtlichen Stellenwert der industriellen Vernichtung des europäischen Judentums vollkommen verkennen, wenn man diese als *eine* Station der jüdischen Verfolgungsgeschichte unter vielen anderen einordnete, mithin den im 19. Jahrhundert keimenden modernen Antisemitismus als teleologisch vorbestimmten Ursprung einer Entwicklung auf Auschwitz zu deutete: Zwar sind Residuen des traditionellen Judenhasses im modernen Antisemitismus sedimentiert, aber weder lässt sich der säkulare Antisemitismus der bürgerlichen Gesellschaft vom vormodernen, im Wesen religiös begründeten Judenhass kausal (geschweige denn linear) ableiten, noch darf man den sich im 19. Jahrhundert nach und nach bildenden Antisemitismus als determinante Vorstufe des eliminatorischen deutschen Antisemitismus der 1940er Jahre ansehen. Man würde sich damit sowohl um den Geltungsanspruch auf die Singularität von Auschwitz als auch um die Triftigkeit der Grundvorstellung von historischen Handlungsräumen, real möglicher Praxis, ja selbst von schlichter geschichtlicher Kontingenz bringen.

Sosehr vieles in der Geschichte des 19. Jahrhunderts als *chronologische* Vorstufe der Entwicklungen im darauffolgenden angesehen werden muss – dies ist trivial genug, um es bei dieser Feststellung zu belassen –, muss man auch auf den Bruch insistieren, der sich im Übergang vom Antisemitismus der Frühzeit zu den Vernichtungsexzessen im 20. Jahrhundert vollzogen hat. Wäre es bei dem geblieben, was sich in der zweiten Hälfte des 19. Jahrhunderts an Antisemitismus herausbildete, würde dies zwar heute noch für schlimm genug erachtet werden, aber niemand käme auf die Idee, von einer Menschheitskatastrophe zu reden. Gewiss, es gab gewalttätige Übergriffe gegen Juden, schlimmste

Pogrome (vor allem im osteuropäischen Raum), aber diese lassen sich, wie immer zynisch, in eine universelle Gewaltgeschichte gegen Minderheiten und gesellschaftlich Verfemte als mehr oder minder „normal" einordnen und ideologisch abbuchen. Angesichts der Ausmaße des Grauens erfordert Auschwitz hingegen so unabweisbar andere Deutungs- und Erklärungskategorien, dass man einzig die *reale* Praxis der Vernichtung zum Kriterium ihrer Bewertung erheben kann: Nichts zuvor Angemaßtes, Phantasiertes, ja Beabsichtigtes ist der schieren Tatsache des materiellen Vernichtungsvollzugs kommensurabel. Das u. a. muss Adorno im Sinn gehabt haben, als er im Hinblick auf Auschwitz dezidiert behauptete: „Nur im ungeschminkt materialistischen Motiv überlebt Moral"; und: „Die somatische, sinnferne Schicht des Lebendigen ist Schauplatz des Leidens, das in den Lagern alles Beschwichtigende des Geistes und seiner Objektivation, der Kultur, ohne Trost verbrannte".[104] Das zwingt Bescheidenheit auf, muss spontane Skrupel beim Vergleich zu jeglichem Vor- oder Nachgeschehenen wecken. Wer diese nicht verspürt, *spielt* mit Auschwitz, banalisiert mithin das Unsägliche selbst noch in der Geste ehrlich gemeinter Entrüstung, die letztlich nichts anderes vermag, als in der allzu leicht herbeibemühten Beschwörung der Shoah das Wesen dessen, was geschah, zwangsläufig zu verfehlen. Dies möge man sich stets auch in Anbetracht dessen vor Augen halten, dass der reale Vollzug der „endlösenden" Judenvernichtung selbst noch im NS-Regime nicht von vornherein feststand: 1933, 1935, 1938 sind prägnante Stationen auf dem Weg zu 1942, als chronologische Folge manifestiert sich in ihnen durchaus auch die Akkumulation und Verfestigung der Logik, die auf den Beschluss organisierter Vernichtung zusteuerte; und doch sind sie noch nicht Auschwitz – fraglich gar, ob ein gelungenes Attentat auf Hitler im Jahre 1938 Auschwitz nicht verhindert hätte. Das muss im hier erörterten Kontext dahingehend hervorgehoben werden, als damit auch das Eliminatorische des Antisemitismus (so grauenvoll er auch sonst noch stets war) ins angemessene Bewertungsverhältnis gerückt werden muss: Als „Saujude" angepöbelt zu werden, ist schlimm; auch als Jude gesellschaftlich ausgegrenzt oder gar ins Exil unter Verlust der materiellen Grundlage seiner Existenz vertrieben zu werden. Aber so kränkend, empörend, Leid erzeugend und unverzeihlich solche Akte stets waren, sie ließen dem Juden sein Leben, sie ermöglichten ihm die Flucht, die Alternative, den Neubeginn – sie löschten ihn nicht aus. Das darf man nie vergessen, wenn man sich angehalten fühlt, gegen heutige antisemitische Ausfälle vorzugehen bzw. sich ihnen gegenüber zu positionieren: Die Shoah gerät leicht zum ideologischen Fetisch, wenn man in jedem Gepöbel ei-

nes Neonazis, in jeder Auslassung eines liberalen Wahlkämpfers gleich
die Heraufkunft des Vierten Reichs gewahrt, vor allem aber Auschwitz
dabei im Munde führt, als rede man über den gestrigen Wetterbericht.
Dies ist auch der Zusammenhang, in dem „die Shoah" in einer Weise
zur austauschbaren Worthülse verkommt, dass die öffentliche Geißelung des Antisemiten als solchen sich aller emanzipatorischen Emphase begibt – erst recht dort, wo der unbeschwerte Vorwurf des Antisemitismus eher mit projektiven Bedürfnissen des Geißelnden als mit der
realen Gesinnung des Gegeißelten zu tun hat. Der lustvoll stigmatisie-
rende Keulenschwung so mancher heutiger deutscher „Antisemitenjäger" hat dem Ressentiment der von ihnen Aufgespießten oft nichts vor.
Es will zuweilen gar scheinen, als bediene das obsessive Aufspüren von
Antisemiten und Antisemitismen das pulsierende Verlangen der Keu-
lenschwinger, ein längst verdinglichtes „Auschwitz" am Leben zu erhalten – nicht unähnlich der Selbsteinhüllung jüdisch-israelischer Ju-
gendlicher mit der Israelfahne bei staatlich organisierten Auschwitz-
Besuchen. Das will wohlverstanden sein: Es geht hier nicht um die unhinterfragbare Notwendigkeit der realen Antisemitismusbekämpfung,
sondern um die fetischisiert-ideologische Erstarrung des ursprünglichen kritischen Impulses, die die emanzipatorische Kampfemphase zur
narzisstischen Selbstsetzung entarten lässt. Die Veralltäglichung der
Shoah im kollektiven Bewusstsein hat viel damit zu tun, vor allem aber
die durch leidige Dauerverwendung legitimierte Permanenz ihrer Ab-
rufbarkeit: Es gab nicht nur die reale Banalität des Bösen, sondern es
gibt heute auch das Böse der Banalisierung dessen, was statt sich ans
Unsägliche (eben als solches) heranzutasten, längst zur Allerweltspa-
role degeneriert ist. Dies erweist sich nicht nur am Nomenklaturproblem, sondern vor allem auch daran, dass die sozialen Hintergründe und
strukturellen Grundlagen des real existierenden Antisemitismus gar
nicht erst anvisiert werden, geschweige denn das, was zweifellos größere Dringlichkeit beanspruchen darf als das herrschende antijüdische
Ressentiment, namentlich Fremdenhass und Rassismus. Der kleinste
antisemitische Ausfall darf sich sofortiger öffentlicher Aufmerksamkeit
gewiss sein, wo mörderische Gewaltakte gegen Asylanten, Zuwande-
rern und sonstigen „Fremden" unaufgeregt als integraler Bestandteil einer routiniert gewordenen Tagesordnung registriert werden. Warum?
Weil es Auschwitz gegeben hat. Es ist indes genau *diese* instrumentel-
le Funktionalisierung von Auschwitz, die sich vorhalten lassen muss,
nicht nur Gewichtiges in der akuten politischen Praxis zu unterlassen,
sondern auch nahezu nichts für ein genuines Auschwitz-Gedenken,
welchem man sich angeblich so verpflichtet weiß, zu leisten. Genau ge-

nommen, kontaminiert die Verkommenheit eines zum fetischisierten „Argument" zerredeten Auschwitz nachgerade das Anliegen jeglicher Erinnerung an das, was dieser Begriff zu kodieren hätte.

Hieran schließt sich ein weiteres Problem an. Im Dezember 2009 veranstaltete das Zentrum für Antisemitismusforschung in Berlin eine Tagung über das Verhältnis von Antisemitismus und Islamfeindlichkeit, die, wie es hieß, „schon im Vorfeld heftigster Kritik ausgesetzt war". In einer „Tageszeitung"-Kolumne schrieb dazu Micha Brumlik, auf die Attacken gegen den renommierten Historiker Wolfgang Benz, Leiter des Zentrums und der offenbar Neuralgisches berührenden Tagung, bezugnehmend: „Eine Gruppe von Autoren, unter ihnen Matthias Küntzel, Henryk M. Broder, Clemens Heni sowie der Berliner Korrespondent der Jerusalem Post, Benjamin Weinthal, vertraten in einer publizistischen Kampagne die Auffassung, dass die geplante Tagung Antisemitismus und Islamophobie nicht nur miteinander vergleiche, sondern dadurch auch gleichsetze. Damit wurde – ohne nähere Begründung – der Veranstalter selbst zumindest in die Nähe des Antisemitismus gerückt. Aber was hatte Benz tatsächlich gesagt?"[105] Brumlik legte dann überzeugend dar, nicht nur, was Wolfgang Benz (sehr vorsichtig) gesagt hatte, sondern warum er selbst den in der Tagung thematisierten Vergleich für legitim erachte, ohne dass dabei etwas an der Singularität von Auschwitz angerührt würde. Dass dabei nicht nur Wolfgang Benz vor besagten Autoren in Schutz genommen werden musste, sondern in einem Fall auch der weltbekannte israelische Shoah-Forscher Yehuda Bauer, der sich für Benz einsetzte, braucht hier nicht weiter erörtert zu werden – besagt dies schon an sich genug, was man von den polemischen Auslassungen besagter Autoren zu halten hat. Man kommt aber nicht umhin, sich (im Sinne der von diesen Autoren erhobenen „Fragestellung") einer anderen Frage zu stellen, die dem „Vergehen" von Wolfgang Benz zumindest verschwistert sein dürfte: Wenn Antisemitismus nicht in die vergleichende Nähe der Islamophobie gerückt werden darf, wie kommt es, dass die heftigen Attacken der islamischen Welt gegen Israel leichterhand als Antisemitismus eingestuft werden? Anders gefragt: Wenn Auschwitz das Kriterium für die von diesen Autoren vorgenommene Unterscheidung des Antisemitismus von Islamfeindschaft abgibt, müsste nicht ebendieses Kriterium als Unterscheidungsmerkmal zwischen dem abendländischen Antisemitismus und der Zionismus- bzw. Israelfeindschaft vieler in der islamischen Welt herangezogen werden?

Die Antwort darauf tangiert ein weit verbreitetes, dafür umso effektiver kaschiertes Missverständnis: Das, was sich in der arabischen Welt

heute an antisemitischen Strukturen gebildet hat, hat mit dem abendländischen Judenhass und dem sich in seiner Folge bildenden modernen Antisemitismus nichts zu tun; vielmehr wurzelt es in dem seit über
ein Jahrhundert ausgetragenen Konflikt in und um Palästina, der im
Laufe der Jahre zum sogenannten Nahostkonflikt gereift ist. Es handelt
sich um einen im Wesen *politischen* Territorialkonflikt, der – bei allem,
was er mittlerweile an Epiphänomenen gezeitigt hat – politisch behеb-
bar ist, mithin auch den primär von ihm herrührenden (zwischen Juden und Arabern/Muslimen *beidseitig* herrschenden) Hass historisch
zu überwinden vermöchte. Im Gegensatz zur Geschichte der Juden im
christlichen Okzident zeichnete sich die des Judentums in der islamischen Welt nie durch den extremen Antagonismus zwischen den kon-
fessionellen Gruppen aus, der in Europa jene unsägliche Chronik ge-
waltdurchwirkter Verfolgung der Juden, die sich bis zum industriell be-
triebenen Genozid steigerte, zum Ergebnis hatte. Gerade weil der Antisemitismus als ein Phänomen der westlichen Moderne gedeutet werden muss, konnte er in der islamischen Welt nie die gesellschaftlichen
Grundlagen haben, deren er bedurfte, um sich als das zu entfalten, was
in Auschwitz seinen Kulminationspunkt erfuhr. Erst mit der Heraufkunft des politischen Zionismus am Ende des 19. und beginnenden 20.
Jahrhunderts und seiner praktischen Verwirklichung als Landnahme
und Besiedlung Palästinas bildete sich nach und nach der Konflikt zwischen Arabern und Juden heraus, ein Interessenkonflikt, der aus der
Strukturlogik des materiell wie ideologisch Be- und Umkämpften ent-
sprechende Gewaltmechanismen entstehen ließ. Man muss sich nicht
zionistischer oder panarabistischer Weltanschauung verschreiben, um
zu begreifen, dass die sich in den Koordinaten des Konflikts generie-
rende Feindschaft zwischen Juden und Arabern konkret feststellbare
historische Gründe hatte und auf deutlich umreißbare politische Faktoren basierte. Die Auswirkungen dieses Hasses bzw. ihr Umschlag in
propagandistische Hetze hat vielleicht äußerlich, aber eben nicht es-
senziell etwas mit dem Antisemitismus westlicher Provenienz zu tun:
Antisemitische Hetze in arabischen Medien korrespondiert durchaus
mit einem gewachsenen antiarabischen Alltagsrassismus in Israel. Und
wenn sich israelische Medien vulgärer propagandistischer Hetze gegen
Araber weitgehend enthalten, dann mag dies etwas mit der politischen
Kultur Israels zu tun haben, hat gleichwohl seine eigentliche Begründung darin, dass das, was als Besatzung seit Jahrzehnten an den Palästinensern unter großer herrschaftlicher Verachtung ohnehin ausge-
tobt wird, keiner zusätzlichen Hetzpropaganda bedarf – die israelische
vox populi inhumana ist auch so schon gestählt genug. Und weil Israel

aus dem (militärischen) Konflikt als „Sieger" hervorgegangen ist, manifestiert sich im „Antisemitismus" der Araber letztlich nichts als Ohn-
machtsrhetorik der Verlierer: Araber reden heute über „Juden", so wie
Juden seit 1945 über „Deutsche" zu reden pflegen.

Ein noch größeres Problem für den hier erörterten Zusammenhang
ergibt sich aus der selbstverständlich gewordenen Gleichsetzung von
Antisemitismus, Antizionismus und Israelkritik. Dass man sie vornimmt, mag freilich zumindest aus der Perspektive des zionistischen
Selbstverständnisses nachvollziehbar sein. Denn gerade weil der historische Zionismus die gesamte Judenheit in einem jüdischen Nationalstaat zu versammeln, mithin jegliches diasporisch-jüdisches Dasein zu
negieren trachtete; und weil die Triftigkeit dieses Postulats mit der Shoah gleichsam historisch-empirisch „bewiesen" worden war, maßte man
sich im israelischen Zionismus an, alles nichtzionistische Jüdische als
eine unterentwickelte Stufe des modernen, „befreiten" Judentums ab-
zuqualifizieren, das zionistische Israel dafür mit umso größerer Verve als Statthalter des emanzipierten Judentums und seiner Zukunft zu
preisen. Inwieweit sich der Zionismus in seinem Anspruch von vornherein verschätzte, sollte nicht den Gegenstand frivoler Polemik abgeben:
Zu dringlich erschien den allermeisten Juden nach der Shoah die Gründung eines jüdischen Staates, als dass man diesen aus der historischen
Katastrophe geborenen nationalen Impuls allzu eilfertig unbedachter
Kritik aussetzen dürfte. Dass aber der zionistische Staat nach der Shoah
nicht die reale Heimstätte aller Juden der Welt wurde, ein Großteil des
jüdischen Volkes vielmehr bis zum heutigen Tag außerhalb Israels lebt,
ist insofern beachtenswert, als sich der Zionismus, entgegen seinem ursprünglichen Anspruch, offenbar keiner kongruenten Deckung von Judentum, Zionismus und Israel gewiss sein darf. Da konnte man sich in
Israel jahrzehntelang noch so abschätzig über das „diasporische Judentum" auslassen, das eigene zionistische Judentum noch so überheblich
hochloben – spätestens dann, als nichtisraelische Juden aufhörten, sich
selbst für „diasporisch" zu erachten und den verwirklichten Zionismus
weder gesinnungsmäßig noch lebensweltlich als Option für den eigene
Daseinsentwurf anzusehen, begann auch die ideologische Suggestions-
kraft des Zionismus zu verblassen.

Das hatte freilich einige darüber hinausgehende Gründe. Zunächst
den einen, stets mit Vorliebe ideologisch übersehen, dass viele Juden
zu „Israel" zwar eine wie immer geartete Affinität unterhalten mögen,
im übrigen aber schlicht keine Zionisten sind – viele unter ihnen, weil
sie sich anderen Lebensentwürfen verschrieben, mithin wirtschaftlich,
sozial und kulturell in anderen Ländern niedergelassen und etabliert

haben, und zwar so, dass sie ihren gefassten Lebensentschluss nicht hinterfragt wissen möchten. Es gibt aber auch jüdische Gruppen, die sich der schieren Idee (wenngleich nicht dem realen Bestehen) eines zionistischen Judenstaates dezidiert entgegenstellen; dazu gehören vor allem orthodoxe und ultraorthodoxe Juden, die ihre Absage an den aus säkularem Selbstverständnis geborenen Zionismus religiös begründen; in der Vergangenheit konnte man auch die heute bereits eine verschwindende Minorität bildenden jüdischen Kommunisten und Sozialisten dazu zählen. Hinzu kommt eine große Masse von Juden, die sich zwar als Zionisten sehen, was sich aber lediglich in einer aus der Ferne bekundeten „Solidarität" mit Israel manifestiert; sie wählen nicht die Regierungen des Landes, zahlen an ihn keine Steuern, müssen ihre Kinder nicht in den obligatorischen Militärdienst schicken, dürfen sich auch in Israels Kriegszeiten vor unmittelbaren Gefahren fernhalten. In früheren Dekaden pflegte man in Israel, diese Fernzionisten mit einiger Verachtung zu strafen – Zionist zu sein, durfte nur beanspruchen, wer das zionistische Ideal der Einwanderung nach Israel verwirklicht hat –, je deutlicher sich aber herausstellte, dass viele israelsolidarische Juden im Ausland dieses Kriterium nicht als ein (performatives) Muss verstanden, schwächte sich das Immigrationspostulat ab und wurde durch eine abstraktere Form der „zionistischen Solidarität" ersetzt. Zionist- und Israeli-Sein, musste man zunächst mit Bedauern und dann mit zunehmender Indifferenz feststellen, ist nicht dasselbe.

Es kam indes noch ein anderer gravierender Faktor hinzu: Israel hörte nach und nach auf, die Matrix jüdischer „Identität" abzugeben, wie es etwa unmittelbar nach dem Sieg von 1967 und im Zuge der sich nach ihm rasant verbreitenden jüdischen Triumphaleuphorie noch der Fall war. Den Platz *Israels* nahm bezeichnenderweise die *Shoah* ein, mit der sich entsprechend eine andere – *jüdische* statt *israelische* – Grundlage fürs Selbstbild von Juden bot. Nicht von ungefähr wurden die großen Holocaust-Museen der letzten Jahrzehnte in den USA, also in einem Shoah-fernen Kontinent, errichtet. Denn wurde Israel noch in den ersten Dekaden seines Bestehens als unhinterfragbare Konsequenz aus der Shoah (ideologisch stets als „Zufluchtsstätte der Überlebenden") propagiert, verlor es nun zunehmend diesen normativen Stellenwert, nicht nur, weil viele Juden, unter ihnen nicht wenige Shoah-Überlebende, sich nicht für Israel als ihr neues Heimatland entschieden hatten, sondern weil sich Israels politische Entwicklung selbst als zweifach prekär erwies: Zum einen musste das zionistische Versprechen, existenzielle Sicherheit von Juden zu garantieren, immer absurder erscheinen, je länger sich die Gewaltzirkel im Nahen Osten hochschraubten, die Gewalt

(periodisch) eskalierte und sich herausstellte, dass Juden als Individu-
en nirgends auf der Welt unsicherer leben als gerade in Israel. Zum anderen aber verlor Israel seine (vorgebliche) „Unschuld" in den Augen
vieler Juden und Nichtjuden, je länger sich seine Okkupationspolitik
nach 1967 als etwas anderes erwies, als was sie noch unmittelbar nach
jenem Krieg ausgegeben worden war: eine religiös wie sicherheitsmä-
ßig begründete Politik der Expansion, Usurpation und der gewaltsamen Beherrschung eines anderen Volkes. Israelkritik hatte nun eine reale Grundlage, die bar allen Antizionismus oder Antisemitismus, auf
ihre politische wie moralische Geltung Anspruch erheben durfte.

Fügt man diese Faktoren (und weitere, hier unerörtert gebliebene)
zusammen, dürfte es – unabhängig von sonstigen ideologischen Bedürfnissen – klar werden, dass Judentum, Zionismus und (Leben in)
Israel nicht gleichzusetzen, darüber hinaus aber auch Antisemitismus,
Antizionismus und Israelkritik entsprechend als getrennte Phänomene
zu behandeln sind. Denn vielfältige Konstellationsvarianten sind möglich: Antisemiten können sich zwar als Antizionisten und Israelver-
leumder erweisen; sie können aber auch gut antisemitisch sein, ohne
sich antizionistisch zu gerieren und Israelkritik in Anschlag zu bringen
(wenn sie sich beispielsweise alle Juden nach Israel wünschen). Antizionisten können, müssen aber nicht antisemitisch sein (etwa orthodoxe Juden), wie sie sich denn dezidierter Israelkritik befleißigen können
oder diese auch sein lassen (wenn sie etwa den Staatgedanken eines Israel *abstrakt* infrage stellen zu sollen meinen, nicht aber das nun mal *real*
existierende Israel). Israelkritiker mögen ihre Kritik am Judenstaat einem gestandenen Antisemitismus oder auch einem antisemitismusfrei-
en Antizionismus verdanken (etwa jüdische Kommunisten und Bun-
disten), sie können aber auch ihre Israelkritik gerade als Zionisten und
bar allen Antisemitismus (etwa als Juden) artikulieren. All diese Vari-
anten (wie auch weitere Mischformen) sind möglich und leicht nachweisbar. Und doch ist es sowohl in Israel (bzw. in Israels politischer
Kultur) als auch unter enthusiasmierten Israelanhängern weltweit gän-
gige Praxis, diese Begriffe zusammenzuwerfen und wahllos jedem ent-
gegenzuschleudern, in dem sie eine Verkörperung ihrer irrigen Vorstellung von der zwangsläufigen Verzahnung der Kategorien zu erkennen
meinen. Dass es gilt, den Antisemitismus zu bekämpfen, darf heute für
so selbstverständlich erachtet werden, dass man sich hüten muss, dies
Selbstverständliche nicht zur verdinglichten Routine verkommen zu
lassen. Dass es im ideologischen Interesse staatsoffizieller israelischer
Politik liegt, Antisemitismus, Antizionismus und Israelkritik in einen
vorgeblichen Kausalnexus zu setzen, liegt ebenso auf der Hand wie die

propagandistische Funktion, die dieser Verbindung im Hinblick auf Israels politische Praxis und Alltagsrealität erfüllt. Kaum zu verstehen ist demgegenüber, was es Antisemitismus-Bekämpfern und Israelfreunden (besonders aber deutschen Keulenschwingern) so schwer macht, zu begreifen, dass Kritik an Israel etwas mit der israelischen Realität zu tun hat (weder mit Antisemitismus noch mit einer antizionistischen Infragestellung der Existenz des israelischen Staates); mit der Empörung über Israels verbrecherische Unterdrückung der Palästinenser (und nichts mit pauschaler Geißelung von Juden und Zionismus); mit genuiner Sorge um Israel und politische Mentalitätsstrukturen seiner jüdischen Bürger (und nichts mit antiisraelischer „Nestbeschmutzung"). Diese Frage muss mit einiger Dringlichkeit gestellt werden, weil die neuralgische Überspanntheit der Verleumdung und Diffamierung von israelkritischen Stimmen mittlerweile Formen angenommen hat, denen nicht nur der Realitätsbezug zur Antisemitismusbekämpfung und adäquaten Beurteilung des israelisch-palästinensischen Konflikt abhanden gekommen ist, sondern auch die Restgrundlage genuin emanzipativer Gesinnung. Es geht nicht nur darum, zu erörtern, was *deutsche* „Antisemitenjäger" in die Perfidie der wahllosen Besudelung israelkritischer *Juden* mit dem Antisemitismus-Vorwurf treibt; was für dunkle Gründe sich hinter ihrem Lustgewinn am Keulenschwung verbergen mögen, sondern auch darum, welcher politischer Schaden dem emanzipativen Kampf gegen Unrecht, herrschaftliche Gewalt und Repression durch die ideologisch entstellte Vereinnahmung der Kategorien „Antisemitismus", „Shoah", „Zionismus" und „Israel" zugefügt wird. Die folgenden Kapitel verstehen sich als ausgesuchte Fallbeispiele für die manipulativen Diskursmaschinerien und ideologischen Auswirkungen ebendieser Vereinnahmungspraxis.

Eine Knesset-Rede – ein offener Brief

In seiner 1946 verfassten, zunächst auf Englisch unter dem Titel „Eclipse of Reason", 1967 in deutscher Übersetzung erschienenen Schrift „Zur Kritik der instrumentellen Vernunft", schreibt Max Horkheimer: „Im Zeitalter des Relativismus, in dem selbst Kinder Ideen als Annoncen und Rationalisierungen ansehen, hat gerade die Furcht, dass die Sprache mythologischen Resten noch Unterschlupf gewähren könnte, den Wörtern einen neuen mythologischen Charakter verliehen. Zwar sind die Ideen radikal funktionalisiert worden, und die Sprache wird als bloßes Werkzeug betrachtet, sei es zur Aufstapelung und Kommunikation der intellektuellen Elemente der Produktion oder zur Lenkung der Massen. Zugleich rächt sich die Sprache sozusagen, indem sie auf ihre magische Stufe zurückfällt. Wie in den Tagen der Magie wird jedes Wort als eine gefährliche Macht betrachtet, die die Gesellschaft zerstören könnte und wofür der Sprecher verantwortlich gemacht werden muss. Dementsprechend wird unter der sozialen Kontrolle das Streben nach Wahrheit geschmälert. Der Unterschied zwischen Denken und Handeln wird für nichtig erklärt. Daher wird jeder Gedanke als ein Tun angesehen; jede Reflexion ist eine These und jede These eine Parole. Jedermann muss einstehen für das, was er sagt oder nicht sagt. Alles und jeder wird klassifiziert und mit einem Etikett versehen".[106]

Man weiß zuweilen nicht, worüber man mehr staunen soll: über die (vermeintlich) naive Überraschung der klassischen Frankfurter Denker von dem, was mittlerweile längst zur Norm gewachsen ist, oder über ihre nachgerade prophetische Weitsicht. Was Horkheimer und Adorno bereits in den 1940er Jahren über das Phänomen der spätkapitalistischen Kulturindustrie zu sagen wussten, nimmt sich – gemessen daran, welche Ausmaße und Intensitäten diese inzwischen angenommen hat – als noch bescheiden aus, zugleich aber auch als Weissagung, die solch unerhörten Anspruch auf historische Gewordenheit erheben darf, dass man ihr nur noch dadurch beizukommen versucht, indem man sie theoretisch wie begrifflich in Abrede stellt: Während die Kulturindustrie wie nie zuvor tobt und sämtliche Bereiche menschlichen Seins real erfasst hat, fühlt man sich, der eigenen theoretischen Ohnmacht wohl bewusst, bemüßigt, einwenden zu sollen, Adorno habe da doch dieses oder jenes „falsch" bzw. „überzogen" gesehen. So wird es auch gewissen Bedenkenträgern mit der oben zitierten Feststellung Horkheimers gehen. Aber gerade diejenigen unter ihnen, die sich des von Horkheimer Angeprangerten regelmäßig mit unverhohlener Lust befleißigen,

werden sich fragen lassen müssen, was es genau ist, das ihnen an der
Diagnose des kritischen Denkers nicht passt: dass man tunlichst Denken und Handeln unterscheiden und nicht jeden Gedanken zur Parole
verkommen lassen solle? Dass man das Klassifizieren und Etikettieren
bzw. die Besudelung eines jeden für das, was er gesagt oder nicht gesagt
hat, unterlassen solle?

Bei Politikern ist dies besonders prekär – sind sie doch in der sie
antreibenden Berufslogik und ihrem professionellen Naturell stets der
Sphäre zuzuschlagen, die Vilfredo Pareto als die der Derivationen apostrophiert hat.[107] Sie leben vom Pathos vorgespiegelter Authentizität und
öffentlicher Ergriffenheit. So waren denn auch die ideologischen Koordinaten für die im März 2008 von Bundeskanzlerin Merkel in der
israelischen Knesset gehaltene Rede von vornherein festgelegt.[108] Man
durfte ja nichts von dieser Rede erwarten, was die Gastgeber auch nur
im geringsten hätte irritieren können; und was einen im Rahmen der
deutsch-israelischen Beziehungen irritieren darf, bestimmen stets die
Israelis, denn sie haben den Deutschen eines vor: das stets abrufbare
Opfer-Kapital, welches sie in der Sphäre hoher Politik (und Ideologie)
immer schon geschickt einzusetzen verstanden.

Und so hielt Angela Merkel eine von Gideon Levy als „langweilig",
vom israelischen Historiker Yotam Hotam zudem als „ahistorisch" ein-
gestufte Rede, deren Schlagworte und Inhalte man wahrlich hätte im
voraus abstecken und angeben können.[109] Wie nicht anders zu erwarten, wurde gleich an ihrem Anfang die Shoah als Matrix der Beziehungen zwischen beiden Ländern gelegt, um daraus das hohe Bekenntnis
abzuleiten: „Nur wenn sich Deutschland zu seiner immerwährenden
Verantwortung für die moralische Katastrophe in der deutschen Geschichte bekennt, können wir die Zukunft menschlich gestalten. Oder
anders gesagt: Menschlichkeit erwächst aus der Verantwortung für die
Vergangenheit". Ob mit dem Attribut des Moralischen das relevante
der deutschen Katastrophengeschichte bezeichnet ist, sei dahingestellt.
Was aber bedeutet der Anspruch der Kanzlerin konkret? Sie selbst ex-
emplifizierte es am Umgang mit der Relativierung von „Gräueltaten
des Nationalsozialismus" (womit der in Israel geheiligte Code der Sho-
ah-Singularität in die Rede einbezogen war). Nur eine Antwort könne es darauf geben: „Jedem Versuch dazu muss im Ansatz entgegenge-
treten werden. Antisemitismus, Rassismus und Fremdenfeindlichkeit
dürfen in Deutschland und in Europa nie wieder Fuß fassen, und zwar
weil alles andere uns insgesamt – die deutsche Gesellschaft, das europäische Gemeinwesen, die demokratische Grundordnung unserer Länder
– gefährden würde". Mit dem „Antisemitismus" benannte die Kanzle-

rin ohne Zweifel ein obligatorisches Codewort ihrer parlamentarischen
Zuhörerschaft; aber bezog sich das Postulat der Bekämpfung von „Rassismus und Fremdenfeindlichkeit" auch auf Israel? Oder war damit lediglich Deutschland bzw. Europa gemeint.

Keine unangemessene Frage, wenn man bedenkt, dass die Kanzlerin
merklich bemüht war, einen Nexus zwischen „Gedanken", „Worten"
und „Taten" herzustellen, um von diesem die normative Basis für die
„besonderen Beziehungen" zwischen Israel und Deutschland herzuleiten. So gelangte sie zu einer wertegebundenen Gemeinsamkeit: „Helfen
kann uns dabei eine Kraft, die uns auch in den vergangenen Jahrzehnten geholfen hat: Es ist die Kraft zu vertrauen. Diese Kraft zu vertrauen hat ihren Ursprung in den Werten, die wir, Deutschland und Israel,
gemeinsam teilen: den Werten von Freiheit, Demokratie und der Achtung der Menschenwürde. Sie ist das kostbarste Gut, das wir haben: die
unveräußerliche und unteilbare Würde jedes einzelnen Menschen - ungeachtet seines Geschlechts, seiner Abstammung, seiner Sprache, seines Glaubens, seiner Heimat und Herkunft". Spätestens an dieser Stelle musste sich beim unbefangenen Zuhörer der Gedanke einschleichen,
dass Angela Merkel mit ihrer Rede entweder eine an Chuzpe grenzende
Subversion betrieb, oder aber – eher anzunehmen – einem nicht minder
empörenden Zynismus frönte. Ein demütiges Schuldbekenntnis im Namen des deutschen Volkes musste sie ablegen; dies schrieb das Protokoll
konsensuellen parlamentarischen Gedenkens vor. Niemand aber zwang
die Kanzlerin, sich auf das Parkett der gemeinsamen Werte zu begeben:
Es kann ihr doch nur schwerlich entgangen sein, dass Israel seit Jahrzehnten eine Realität brutaler Besatzung perpetuiert, in welcher alles
hochgehalten wird, nur nicht Freiheit, Demokratie und Achtung der
Menschenwürde. Sie mag es sich selbst schuldig gewesen sein, ihrem
Ursprungsland, der DDR, den Seitenhieb versetzt zu haben, dass diese
Israel „bis kurz vor ihrem Ende nicht anerkannt" habe; aber abgesehen
von diesem subjektiven befindlichkeitsgeschwängerten Bekenntnis –
meinte Merkel allen Ernstes deutsche Defizite dadurch wettmachen zu
sollen, dass man sich nach 40 Jahren dann doch noch zusammenraffte,
um sich gesamtdeutsch zu Israel zu bekennen? Von was für einem Israel
war da die Rede? Von der Abstraktion „Israel", die es Deutschen stets
ermöglicht, etwas bekenntnishaft „an Juden" wieder gut zu machen?
Die Kanzlerin wusste zwar, was sich im israelischen Parlament gehört,
und beschwor die Gefahr, die von einem nuklear aufgerüsteten Iran für
„Israel und das jüdische Volk" ausgehe. Es kam ihr jedoch nicht in den
Sinn, auch nur mit einem Wort anzusprechen, was sich keine fünf Kilometer von dem Ort, an dem sie ihre Rede hielt, vom bedrohten Israel an

den Palästinensern seit Jahren bereits verbrochen wird, vor allem aber
nicht, welche Kausalverbindung wohl zwischen der von Israel ausge-
übten Besatzungsgewalt und der „Legitimation" der Bedrohung Israels
bestehen mag. Und wenn sie schon vom Konflikt redete, „der die Region und das tägliche Leben der Menschen in Israel und das Leben der
Menschen in den palästinensischen Autonomiegebieten überschattet",
so wiederspiegelte die symmetrische Gleichsetzung der Menschenkol-
lektive, deren Leben von der Gewalt „überschattet" wird, die Ideologie
einer sich der „Shoah" und dem (historischen) „Antisemitismus" verpflichtet wissenden *Vertuschung* der akut herrschenden Repressions-
verhältnisse zwischen Israelis und Palästinensern.

Und so kulminierte die Rede der deutschen Bundeskanzlerin in einem staatsoffiziellen Bekenntnis, das an symbiotischem Pathos kaum
überboten werden konnte: „Gerade an dieser Stelle sage ich ausdrücklich: Jede Bundesregierung und jeder Bundeskanzler vor mir
waren der besonderen historischen Verantwortung Deutschlands für
die Sicherheit Israels verpflichtet. Diese historische Verantwortung
Deutschlands ist Teil der Staatsräson meines Landes. Das heißt, die
Sicherheit Israels ist für mich als deutsche Bundeskanzlerin niemals
verhandelbar – und wenn das so ist, dann dürfen das in der Stunde der
Bewährung keine leeren Worte bleiben. Deutschland setzt gemeinsam
mit seinen Partnern auf eine diplomatische Lösung. Die Bundesregierung wird sich dabei, wenn der Iran nicht einlenkt, weiter entschieden
für Sanktionen einsetzen".

Die Sicherheit Israels als Staatsräson Deutschlands? Wenn man unter
Staatsräson ein „grundsätzliches Orientierungs- und Handlungsprin-
zip, welches die Erhaltung des Staates bzw. der staatlichen Autorität
und/oder sogar deren Steigerung zur entscheidenden politischen Maxime erklärt",[110] versteht, muss man sich, gerade im Hinblick auf die
zuvor in der Rede hochbemühte Verbindung von Gedanke, Wort und
Tat, doch fragen, was die Kanzlerin mit ihren hehren Worten genau
meinte. Wenn, wie sie in ihrer Rede – Erwartungen ihrer parlamentarischen Zuhörer willfahrend – die Bedrohung Israels durch die nukleare Aufrüstung des Iran offenbar als vordringliches Sicherheitsproblem
des jüdischen Staates ansieht, heißt es, dass sie gegebenenfalls ihr Land
in einen Nuklearkonflikt im Nahen Osten involvieren würde? Wenn
sie aber weder das noch – leiser gegriffen – die Verschickung deutscher
Soldaten an die Front konventioneller israelischer Kriege im Auge hat,
dann handelt es sich um nichts anderes, als um das, was ohnehin seit
Jahren besteht: gute bilaterale Beziehungen, bei denen Israel stets auf
deutsche diplomatische und politische Unterstützung auf der Weltbüh-

ne rechnen darf, und wirtschaftliche Zugeständnisse, die aber durchaus als integraler Bestandteil gängiger Handelsbeziehungen verbucht werden können, solche, die von Interessenträgern der deutschen Wirtschaft – kapitalistisch konsistent – zu Saddams Zeiten auch mit dem Irak und bis vor kurzem (vielleicht noch immer) mit Ahmadinedschads Iran betrieben wurden (und möglicherweise noch werden).

Das will wohlverstanden sein: Angela Merkel, die in Jerusalem in staatsoffizieller Funktion auftrat, konnte nichts anderes sagen, als was ihre Rede tatsächlich enthielt. Das hat nicht nur mit herkömmlichen Gepflogenheiten politischer Gäste ihren Gastgebern gegenüber zu tun, sondern vor allem mit der Matrix des neuralgisch geladenen Verhältnisses von Deutschen und Juden – und davon abgeleitet, von Deutschland und Israel – und dem sich auf ebendieser Matrix formal herstellenden ideologischen Scheins. Denn es gibt einiges, was deutsche Amts- und Würdenträger nie werden öffentlich artikulieren, mithin sich auch nie selbst eingestehen dürfen: Erstens, dass Deutsche die an den Juden verbrochene Katastrophe niemals werden „wiedergutmachen" können; das jüdische Volk hat sich von dieser Katastrophe nie mehr erholt – fraglich, ob es jemals dazu fähig sein wird. Zweitens, dass Israel nur eine historische Ersatzadresse sein kann fürs deutsche Ansinnen, etwas an den Juden „wiedergutmachen" zu wollen; die Judenheit, die durch das Menschheitsverbrechen unterging, ist ein für allemal verloren – sie ist nirgends wieder „auferstanden" bzw. „neugeboren" worden, am allerwenigsten in Israel. Drittens, dass das Israel, welches man zur Adresse deutscher Geschichtsentlastung „erwählt" hat, kein unbescholtenes Gemeinwesen ist; seine schiere Gründung bedeutete die Katastrophe eines anderen Kollektivs – seine Funktion als „Zufluchtsstätte der Überlebenden" ist nicht leicht mit seiner eigenen politisch-militärischen Praxis und dem Umgang mit der von ihm selbst verursachten Opferrealität vereinbar (wenn man sich allzu grobschlächtiger ideologischer Rationalisierung enthalten möchte). Viertens – und entscheidend –, dass der (auch von der deutschen Bundeskanzlerin in ihrer Jerusalem-Rede angesprochene) Antisemitismus nicht unbedingt zum „Argument" *für* Israel tauge; denn wenn beispielsweise berichtet wird, dass die Anzahl antisemitischer Gewaltausbrüche im Jahr 2009 infolge des Gazakrieges um 100% gestiegen sei,[111] dann mag dies mit der Erweckung bereits vorhandener antisemitischer Ressentiments zu tun haben, aber eben auch mit der empörend brutalen Kriegspraxis Israels. Was kann man dann aber von der deutschen Kanzlerin bei solch einem staatsoffiziellen Anlass überhaupt erwarten? Nichts, was sich nicht ohnehin über Dekaden in Deutschlands als politische Kultur (und nicht nur in dieser) im Verhältnis zu „Israel" und „den Juden" etabliert hätte. Das machte ja die Rede Angela Merkels so voraussehbar, so „langweilig", so „ahistorisch". Wenn dem aber so ist, dann möge man sich auch tunlichst Rechenschaft darüber ablegen, worum es bei der stets beschworenen, miteinander verschwisterten „Gedenkkultur" Deutschlands und Israels geht: sehr wenig um die historischen Opfer, schon gar nicht um die aktuellen, kaum je um reale Bekämpfung des Antisemitismus, des Rassismus oder der Fremdenfeindschaft; desto mehr dafür um die verdinglichte Erhaltung der „besonderen Beziehungen" zwischen beiden Staaten; um die Ideologie einer ominösen „Verantwortung" für die (zur deutschen „Staatsräson" avancierten) „Sicherheit" Israels, deren reale Praktiken allzu oft genau das konterkarieren, was eine genuine Gedenkkultur zum Inhalt haben müsste: das Andenken der Opfer im Stande ihres Opfer-Seins.

Dass freilich solche realitätsferne Gedenkdefizite nicht nur deutsche Persönlichkeiten des öffentlichen Lebens belangen mögen, sondern auch prominente jüdische Shoah-Überlebende, die sich zu ideologischen Platzhaltern instrumentalisierten Gedenkens machen lassen, sei an einem von Elie Wiesel im April 2010 publizierten offenen Brief exemplifiziert. Bekanntlich ist US-Präsident Barack Obama, anders als sein Vorgänger, um Neuaufnahme und Forcierung der Friedensgespräche zwischen Israel und der Palästinensischen Autonomiebehörde bemüht, und zwar nicht nur deplakativ, sondern durchaus auch rigoros im Druck, den er auf Israel auszuüben bereit ist. Dass dieses Bestreben mit geopolitischen Interessen der USA zusammenhängt, ändert nichts an der Tatsache, dass damit auch Leben in den in tiefer Ohnmacht fortwesenden Nahostkonflikt eingehaucht werden soll, was letztlich (objektiv) nur zum Interesse Israels gereichen kann. Einer der akuten Streitpunkte in diesem Zusammenhang betrifft die expansive Baupolitik Israels im arabischen Ostteil Jerusalems,[112] die nicht nur zu vehementen Auseinandersetzungen zwischen israelischen Friedensaktivisten und der Polizei, sondern auch zu erheblichen diplomatischen Spannungen zwischen Israel und den USA geführt hat. Das Problem ist nicht neu; neu ist lediglich die Ernsthaftigkeit der Obamaschen Attitüde, wobei der Präsident offenbar bestrebt ist, seinem Gesamtvorhaben konkreten Ausdruck zu verleihen. Wie erbärmlich es im Frühjahr 2010 um Israels bilaterale Beziehungen mit den USA bestellt war, lässt sich daran ablesen, dass Ministerpräsident Benjamin Netanjahu sich allen Ernstes an Elie Wiesel mit der Bitte wandte, sich in der Jerusalem-Frage beim US-Präsidenten für Israel zu verwenden. Wiesel kam der Bitte mit einem am 16. April 2010 in mehreren amerikanischen Zeitungen publizierten

Artikel nach.[113] Er eröffnet seinen Text mit der Klage darüber, dass Jerusalem wieder einmal im Fokus politischer Debatten und internationaler Kontroversen stehe und Emotionen errege, wie es weder Athen noch Rom je vermocht hätten, um dann emphatisch zu deklarieren: „Für mich als Juden, der ich bin, steht Jerusalem über alle Politik. Mehr als sechshundertmal ist es in der Bibel erwähnt – nicht ein einziges Mal im Koran. Seine Gegenwart in der jüdischen Geschichte ist überwältigend. Es gibt kein bewegenderes Gebet in der jüdischen Geschichte, als jenes, welches unsere Sehnsucht zur Rückkehr nach Jerusalem ausdrückt. Für viele Theologen *ist* Jerusalem die jüdische Geschichte, für viele Dichter eine Inspirationsquelle. Jerusalem gehört dem jüdischen Volk und ist viel mehr als nur eine Stadt; es ist, was Juden in einer immer noch schwer zu erklärenden Weise miteinander verbindet. Wenn ein Jude Jerusalem das erste Mal besucht, ist es nicht das erste Mal; es ist eine Heimkehr. Das erste Lied, das ich hörte, war ein Wiegenlied meiner Mutter über und für Jerusalem. Seine Traurigkeit und seine Freude sind Teil unseres kollektiven Gedächtnisses".

Wiesel listet sodann Stationen der jüdischen Geschichte Jerusalems seit König David auf, hebt aber zugleich hervor: „Es ist wichtig, daran zu erinnern, dass wenn Jordanien sich nicht mit Ägypten und Syrien im 1967er Krieg gegen Israel verbündet hätte, die Altstadt Jerusalems noch immer arabisch wäre. Denn während Juden bereit waren, für Jerusalem zu sterben, wollten sie nie für Jerusalem töten". Diese Feststellung dient Wiesel, um den großen Vorzug zu begründen, dass Jerusalem sich heute unter jüdischer Oberhoheit befindet: „Zum ersten Mal in der Geschichte können heute Juden, Christen und Moslems ihren Glauben an den heiligen Stätten frei praktizieren. Und im Gegensatz zu gewissen Medienberichten, *ist* es Juden, Christen und Moslems erlaubt, ihre Häuser überall in der Stadt zu errichten. Das durch Jerusalem hervorgerufene Leid hat nichts mit Immobilien, sondern mit Erinnerung zu tun". Als „Lösung" für das zwischen Israelis und Palästinensern in Jerusalem entstandene Problem bietet Wiesel daher den Aufschub der Auseinandersetzung mit ihm. Man möge erst andere Fragen des Konflikts anvisieren, ehe man sich dieser „komplexesten und empfindlichsten" widmet. Und so endet Elie Wiesel seinen Text mit gebührendem Pathos: „Jerusalem muss die spirituelle Hauptstadt der Weltjudenheit bleiben; kein Symbol von Leid und Verbitterung, sondern ein Symbol des Vertrauens und der Hoffnung. Wie der hassidische Rabbiner Nachman von Bratzlaw sagte: ‚Alles in der Welt hat ein Herz, und das Herz selbst hat sein eigenes Herz'. Jerusalem ist das Herz unseres Herzen, die Seele unserer Seele".

Wäre dieser Text von irgendeinem wenig bekannten Verfasser publiziert worden, dürfte er kaum Beachtung erheischt haben. Es ist ein kitschig-emotionaler Text, der trotz seines idiosynkratischen Duktus Anspruch auf Allgemeingültigkeit erhebt. Da nun aber sein Autor ein bekannter Schriftsteller, Friedensnobelpreisträger, vor allem aber ein prominenter Holocaust-Überlebender ist, erhielt er sogleich ein seinem Inhalt unangemessenes Gewicht. Wiesel sprach in seinem offenen Brief Obama zwar nicht direkt an, aber niemand konnte sich über den eigentlich gemeinten Adressaten des Briefes täuschen. Und weil er den US-Präsidenten bei dessen Buchenwald-Besuch am 5. Juni 2009 begleitet hatte, konnte auch (abgesehen von der Brisanz der persönlichen Beziehung zwischen beiden US-Amerikanern) kein Zweifel darüber bestehen, mit welchem kulturellen Kapital und lebensgeschichtlichen Gewicht sich Wiesels Brief auflud. Einem wenig bekannten Autor hätte man das Ideologisch-Manipulative des sich geistig-gewichtig gerierenden Textes mit dem Vermerk retournieren können, er möge sich tunlichst etwas Originelleres einfallen lassen, als das hohle Festtagsgerede israelischer Politiker bei ermüdenden Staatsakten und Parteiversammlungen zu reproduzieren. Da aber nicht nur der bildlich erhobene Zeigefinger des renommierten Juden in ihm mitschwang, sondern auch gleich der des weltbekannten Shoah-Überlebenden, beschlich wohl viele, die sich durch die Gewichtigkeit eines solchen Attributs einschüchtern lassen zu sollen meinen, das Gefühl zutiefst bewegter Schuld: Wenn Elie Wiesel (in einem kruden politischen Text) sagt, Jerusalem stehe über alle Politik, muss man sich nicht seinem Verdikt beugen, wenn man nicht Gefahr laufen möchte, sich mit den Königen David und Salomon, ja mit der gesamten jüdischen Geschichte und der Shoah als ihrem Kulminationspunkt, dabei auch noch mit dem wichtigen Shoah-Überlebenden selbst anzulegen?

Es bedurfte denn eines jüdischen Israeli, selbst Sohn von Shoah-Überlebenden, der der Jerusalem-Realität lebensweltlich um einiges näher steht als der vorbeischauende Gast Elie Wiesel, um dessen Epistel respektvoll, aber bestimmt zu konterkarieren. In einem in der „Haaretz" veröffentlichten „Brief an Elie Wiesel" versicherte Yossi Sarid eingangs dem in der Ferne Besorgten, dass wie Wiesel auch er um Jerusalem besorgt sei und dessen „schönen, offenen Brief" an den US-Präsidenten gelesen habe, welcher ihm aber klarmachte, dass Wiesel das himmlische Jerusalem gut, das irdische hingegen offenbar weniger kenne. Wiesel sei getäuscht worden. Das reale Jerusalem habe mit der von ihm gezeichneten Idylle und Liberalität gar nichts zu tun: „Nicht nur kann ein Araber nicht ,überall in der Stadt' ein Haus errichten, sondern er darf seinem

Gott danken, wenn er aus seinem Haus nicht vertrieben, mithin samt Kinder und Hausrat auf die Straße gesetzt wird. Möglicherweise ist Dir zu Ohren gekommen, dass die arabischen Bewohner von Sheikh Jarrah, die in diesem Viertel seit 1948 wohnen, wieder vertrieben werden – sie sind wieder Flüchtlinge –, weil sich einige Juden in Jerusalem beengt fühlen und den Anspruch auf Vertreibung bei gleichzeitiger Beerbung erheben". Diese fanatischen Juden hätten bereits weitere arabische Wohnviertel anvisiert, die sie in Kooperation mit reichen amerikanischen Juden („die Dir zum Teil persönlich bekannt sein dürften"), mit Israels Ministerpräsidenten und Jerusalems Bürgermeister usurpieren möchten, um sie zu „judaisieren" und zu „säubern" – das sei der reale Grund für die von Wiesel beklagten Debatten und Kontroversen um Jerusalem, nicht die Intervention der US-amerikanischen Regierung.

Das Motiv der jüdischen Fanatiker führte Sarid sodann weiter aus und wies Wiesel darauf hin, dass es solche exaltiert Verblendete gewesen seien, die vor zweitausend Jahren den Untergang des zweiten Tempels verursacht und die davon ausgehende jüdische Katastrophengeschichte eingeläutet hätten, um noch hinzuzufügen: „Wie sie, lieber Elie Wiesel, beschreitest auch Du einen gefährlichen Weg, der Spannungen nicht mindern, sondern nur erhöhen kann. Wie sie rekrutierst auch Du den biblischen Besitzanspruch und färbst somit den Konflikt religiös-gläubig und messianisch ein. Nur das fehlt uns, als hätten wir nicht schon genug am politischen Konflikt, der ein Knäuel schwerst lösbarer Verwicklungen darstellt. Gerade unsere schlimmsten Feinde würden sich freuen, diesen schrecklichen Streit mit den Farben des heiligen Krieges und des Jihads zu malen; man sollte sich ihnen nicht unbedacht hinzugesellen". Und nachdem er Wiesel zu bedenken gab, dass gerade weil Jerusalem allen Beteiligten heilig sei, man mit der Lösung des Problems dieser Stadt nicht bis zum Ende des Konflikts warten könne, sondern sich im Gegenteil unverzüglich an diese Lösung machen müsse, ging er zur Kommentierung des Kernsatzes im Wieselschen Text über: „'Jerusalem steht über alle Politik', schreibst Du. Es passt nicht zu einer Person Deines Ranges, sich in den Grundbegriffen so zu irren und andere zu täuschen. Ist es nicht die Politik, die sich stets und überall mit Menschenleben, mit Fragen von Krieg und Frieden, mit Leben und Tod beschäftigt? Und ist das Leben selbst nicht heiliger als historische Rechte und nationale wie persönliche Erinnerungen, ja sogar heiliger als Jerusalem? Die Lebenden gehen immer den Toten vor, Gegenwart und Zukunft gehen der Vergangenheit vor und sind wichtiger als sie".

Diese Maßregelung hätte gut als Schlusswort gepasst, um den von jüdisch-mythischem Gedenkpathos beseelten Shoah-Überlebenden zur

humanistischen Besinnung zu rufen. Sarid, einmal in Fahrt geraten, legte aber noch nach und stellte fest: „Es gibt nichts auf dieser Welt, was
,über Politik' steht, welche ja allein die Probleme schafft und sie entsprechend als einzige zu lösen vermag; sie allein verwundet, und einzig
sie kann heilen. Wem, wenn nicht den Staatsmännern, obliegt es, zu eb-
nen, Kompromisse zu schaffen, Brücken zu schlagen; werden es [etwa]
die Gott dienenden Friedensengel am Ende aller Zeiten an ihrer Stelle
verrichten?" Und auch Obama nahm Sarid am Ende seiner Kolumne
vor Wiesel in Schutz: Er traue dem US-Präsidenten zu, beide Seiten des
Konflikts „aus ihrem Gefängnis" zu befreien; wünschte sich, er möge
sie dazu bringen, die Stadt in zwei Hauptstädte zu teilen, die jüdischen
Viertel den Juden, die arabischen den Arabern zuzusprechen und die
heiligen Stätten internationaler Treuhand zu überantworten. Nur so
lasse sich Jerusalem als „spirituelle Hauptstadt der Weltjudenheit" erhalten, wie Elie Wiesel sie sich vorstelle.

   Man mache sich nichts vor: Yossi Sarids Stimme gehört einer qualitativ hohen, indes verschwindend kleinen Minorität im israelischen
politischen Diskurs an. Zwar meldeten sich weitere prominente Vertreter des öffentlichen Lebens zu Wort, um Wiesels blauäugiger Wahrnehmung der Jerusalemer Realität kritisch zu begegnen,[115] aber die für
die real vorwaltenden Machtverhältnisse des Diskurses *repräsentati-
ven* Stimmen kamen dann doch aus der politischen Ecke jener, die für
die empörenden Zustände in Jerusalem ideologisch wie praktisch verantwortlich zeichnen, allen voran Knesset-Vorsitzender Reuven Riv-
lin. Dieser verkündete auf der diesjährigen staatlichen Gedenkzere-
monie für die gefallenen Soldaten: „Wir werden jenen gegenüber, die
ihre Hand gegen Jerusalem erheben, nicht tatenlos bleiben. Es gibt
unter uns welche, die schwach geworden sind, Zion um Uganda tau-
schen und König Davids Stadt teilen wollen". Sich an die Familien
der Gefallenen wendend, legte er nahe, dass das Erblühen Jerusalems
„unser Trost" sei: „Seht, wie diese Stadt dank der Hingabe der Söhne,
dank der Erziehung und des Heldenmuts, die ihr ihnen eingabt, sich
von einer öden in eine lebenssprudelnde Stadt verwandelt hat". Den
1967er Krieg beschwörend, fügte er hinzu: „Wer damals für [Jerusa-
lem] kämpfte, als die Stadt von Fremden abgesperrt war, wird auch
[die heutige Gefahr] nicht einfach hinnehmen. Wir, ihr, liebe Famili-
en, und die stummen Grabsteine derer, die für das Land und für die
Stadt gefallen sind, werden nicht verzagen. Wir werden nicht tatenlos
zusehen, wie man Hand erhebt gegen die wiedervereinte Stadt". Kein
Zufall sei es, dass jedes neue jüdische Haus in Jerusalem die ganze
Welt an den Grundfesten erzittern lasse, „denn von diesem Berg [dem

Olivberg] leisten wir der Stadt einen uralten hebräischen Eid – wenn ich deiner vergesse, Jerusalem, verdorre meine Rechte".[116]

Den unerträglichen Kitsch des Rivlinschen Pathos, der sich nicht davor scheut, alles, was zwischen dem biblischen König David und den in den Kriegen des modernen Israel Gefallenen (bzw. ihren „stummen Grabsteinen") liegt, für seine politischen Belange aufs schändlichste zu instrumentalisieren, darf man getrost ignorieren. So redet der Mann. Immer. Interessanter ist da die unübersehbare inhaltliche Affinität, um nicht zu sagen: ideologische Symbiose, zwischen Rivlins Zeremonialrede und Wiesels offenen Brief. Aber auch um diese soll es an dieser Stelle nicht gehen, sondern um die für den hier erörterten Zusammenhang relevantere Frage, was es sei, das Elie Wiesels Text die Aufmerksamkeit beschert hat, die irgendeinem Leserbrief in der Tageszeitung oder dem Votum eines unbekannten Bloggers nie und nimmer zuteil geworden wäre. Ist es sein Renommee als Denker, für welchen er gehalten wird? Wohl kaum; zu mager ist die Substanz seines Textes dafür. Vielleicht sein Ansehen als Friedensnobelpreisträger? Noch weniger; denn trotz beschönigender Rhetorik richtet sich sein Text auf nichts weniger aus als auf Frieden. Man kommt um die Einsicht nicht hin, dass es Wiesels Identität als weltbekannter Holocaust-Überlebender ist, sein Image als Träger jüdischer Leiderfahrung, die seinen epistolaren Worten das Gewicht verlieh, welches sie ihrem Inhalt und ihrer Tendenz nach gar nicht verdient hätten. Dies wäre freilich, für sich genommen, noch kein „Vergehen": Elie Wiesel ist nicht der erste und gewiss auch nicht der letzte, der seine lebensgeschichtliche Katastrophenerfahrung verdinglichend instrumentalisiert hätte. Dass Wiesel aber sein biographisches Kapital für ein Anliegen verdingte, das sich mit der repressiven Politik der rechtesten aller Regierungen der israelischen Parlamentsgeschichte verschwistert wissen darf (wenn er sich nicht *bewusst* ihrem Oberhaupt andiente), sollte nicht nur ihm, sondern auch allen zu denken geben, die die schiere Shoah-Leiderfahrung eines Redners oder Autors als Kriterium für die Triftigkeit seiner inhaltlichen Aussagen und Behauptungen halten. Wie Wiesel hat sich auch der US-amerikanische jüdische Milliardär Ronald Lauder für Netanjahu bzw. dessen Jerusalem-Politik verwendet. Die Akzeptanz der Macht seines Einsatzes rührte von seiner ökonomischen Potenz her; die Elie Wiesels von seinem Ansehen als Shoah-Überlebender. Dass Kapital immer schon als Herrschaftsinstrument einsetzbar war, darf als Binsenweisheit gelten. Als nicht gar so selbstverständlich (jedenfalls nicht allzu selbstverständlich hinnehmbar) galt dies bislang für Shoah-gezeichnete Lebensgeschichten und ihre Wirkmächtigkeit im öffentlichen Diskurs.

Was aber hat Elie Wiesels epistolare Intervention mit Angela Merkels Rede vor dem israelischen Parlament zu tun? Strukturell, trotz unübersehbarer Unterschiede, eine ganze Menge, denn Wiesel wie Merkel bewegen sich beide letztlich in der gleichen Diskursformation. Abgesehen davon, dass sich beide auf Israel beziehen, dabei aber die Leiderfahrung der Palästinenser wohlbedacht aussparen, und dass die deutschjüdische Geschichte des 20. Jahrhunderts die prästabilisierte Matrix ihrer Aussagen abgibt, gehorchen beide den Maßgaben eines latenten „Antisemitismus"-Diskurses. Merkel kann sich nicht leisten, Israels Politik zu kritisieren (schon gar nicht, eine solche Kritik vor der Knesset zu artikulieren), ohne Gefahr zu laufen, sich den Ruf einer Antisemitin zuzuziehen, wie es Barack Obama infolge seiner (die Konvention stagnierender Apathie sprengenden) Nahostpolitik oft über sich ergehen lassen muss.[117] Gleiches kann aber jemandem widerfahren, der es sich herausnimmt, Wiesels Jerusalem-Brief für ein von unvertretbaren Ideologemen durchsetztes, hohles Gerede zu halten, welches als grobschlächtige Apologie der reaktionär-repressiven Politik der israelischen Regierungskoalition dient. Was Merkel weiß, ohne es zu wollen, ist dem, was Wiesel nicht weiß, weil er es so will, auf der Grundmatrix dessen, was beide verbindet, anverwandt: Sie ist spätestens in der Knesset – vor sich selbst, aber gewiss auch für ihre Zuhörerschaft – Repräsentantin des Tätervolkes. Er ist spätestens, wenn es um die Archaik „Jerusalems" geht, paradigmatischer Vertreter des Opferkollektivs. Wären sie in die Lage versetzt, einander begegnen zu sollen, wäre dies nur auf der Ebene einer beidseitigen Anerkennung dessen, was sie repräsentieren, möglich. Der abgenutzte „Gedenk"-Diskurs würde diese Anerkennung legitimieren. Gewährleistet wäre sie aber erst durch beidseitiges Einvernehmen über die Unantastbarkeit der längst zur Ideologie degenerierten Annahme einer Permanenz des „Antisemitismus".

Ausufernde Hysterie

Dass das Politische alle Bereiche menschlichen Lebens kolonisiert, ist spätestens in der zweiten Hälfte des 20. Jahrhundert mehr oder minder zur normativen Gewissheit geworden. Das hatte zweifelsohne sein Gutes, denn zu hoch war der Preis, den man für die ideologische Abtrennung des Politischen von Sphären, die von ihm objektiv durchdrungen waren, gezahlt hatte. Da Herrschaftsdenken und autoritäre Mentalität als Konstanten der *conditio humana* in einer nunmal-so-strukturierten Zivilisation gedacht werden mussten, konnte es nur begrüßt werde, dass sich die (selbst)kritische Moderne reflektierte Rechenschaft darüber abzulegen begann. Der emanzipatorisch politisierte Mensch durfte, so besehen, als eine gewichtige Errungenschaft westlicher Aufklärung eingestuft werden. Wie man aber weiß, ist das noch keine Garantie dafür, dass Errungenes nicht umkippt, ja nachgerade in sein Gegenteil umschlagen wird. Oft genug erwies sich Emanzipation als Plattform verdinglichter Verhunzung und praktischer Fetischisierung dessen, auf was sie sich ideell ausgerichtet hatte und wofür sie hochgehalten worden war: Nicht nur eine dialektisch bewegte Spannung zwischen *real* sich entfaltenden Gegensätzen ist in der Geschichtsarena kollektiv-emanzipatorischer Prozesse angelegt, sondern auch die entstellende Verzerrung des ursprünglich Beabsichtigten, die Karikierung erhabener Ideale, ja die sich ihrer selbst oft gar nicht bewusste Trivialisierung und Banalisierung dessen, was in dekaden- und jahrhundertlangen, teils höchst blutigen und stets gewaltdurchwirkten Prozessen erkämpft worden war. Gerade das Postulat „Alles ist politisch" entpolitisierte oft das Politische durch Lächerlichmachung derart, dass erst in der kritischen Reflexion über den neuentstandenen Popanz das eigentlich Politische zutage trat.

Nicht unberührt davon blieb auch der sprichwörtlich gewordene „Strukturwandel der Öffentlichkeit", mithin die in der Moderne verfestigte Verzahnung der sogenannten „hohen" Politik mit den Sphären ihrer außerparlamentarischen Wirkbereiche, welche sich von der zu einer eigenen öffentlichen Gewalt gewachsenen Medienwelt bis zur chaotisch turbulenten Straßendemonstration und anderen Diskurspraktiken der dem „Hohen" feindlich gesinnten Lebenswelten erstrecken. Galt früher die *öffentliche Debatte* noch als dezidierte Forderung emanzipierter demokratischer Kultur, darf man sich heute zunehmend fragen, ob man die Geister, die man so vorbehaltlos rief, nicht doch lieber wieder loswerden möchte. Was sich heutzutage in so manchen Talk-

back-Schlachten des Internets an Niedrigkeit abspielt, stellt das frühere
Stammtischgedröhn an faschistoider Verve bei weitem in den Schatten.
Die demokratisch sich rühmende Spontaneität der e-mailenden Reaktion und die Unmittelbarkeit des technisch ermöglichten Zugriffs auf
diese bezeugen aufs Beredteste das sich allseits bietende Potential, Aufklärung und demokratischen Diskurs in bewusste Diffamierung und
gezielt eingesetzte Besudelung entarten zu lassen. Was in früheren Zeiten (halb)offiziellen Parteikörpern und staatlichen Geheimdiensten
aufgetragen wurde und institutionell oblag, ist längst jedem anonymen
Blogger nicht nur technisch, sondern auch im Hinblick auf die lüster-
ne Aufnahmebereitschaft eines nur noch virtuell öffentlich existierenden Publikums möglich geworden. Diffamierende Verleumdung und
perfide Besudelung sind der Politik nie fremd gewesen; sie dürfen als
ihr transhistorisches Attribut ihrem Wesen zugerechnet werden. Was
sich aber geändert hat, ist die legitimierte „Freiheit", sich dieses Missbrauchs (anonym wie nicht anonym) zu bedienen, vor allem aber die
mittlerweile globalisierte Verbreitung des Missbrauchs und seine damit
einher gehende Wirkmächtigkeit – was die Quantität in der Tat zu einer
neuen Qualität geraten lässt. Es war nie leicht zu beweisen, dass man
überhaupt keine Schwester hat, wenn erst einmal das Gerücht in die
Welt gesetzt wurde, dass sie eine Prostituierte sei. Im Zeitalter unent-
wegter medialer Reproduktion erscheint es als nahezu aussichtslos, solchen Gerüchten überhaupt noch beikommen zu wollen. Als besonders
fatal erweist sich die Auswirkung des diffamierenden Gerüchts, wenn
sich die interessengeleitete hohe Politik und Hetzkampagnen niedriger
Öffentlichkeiten in Verbund mit etablierten Medienkonstellationen wie
„von selbst" gleichschalten, um einen erkorenen gemeinsamen Feind zu
erlegen. Es kann sich dann auch schon mal erweisen, dass „Gerüchte
über Juden" zur strukturellen Grundlage perfider „Gerüchte über Antisemiten" verkommen können. An Niedertracht steht dabei der skru-
pellose Antisemitismus-Vorwurf der herkömmlichen antisemitischen
Besudelung des Juden in nichts nach.

Was geschah am 25. Oktober 2009 in der Hamburger Brigittenstraße, als im dortigen Kino „B-Movie" Claude Lanzmanns Film „Warum
Israel", ein 1973 entstandenes Werk, das die geschichtliche Begründung
der Errichtung des Staates Israel aus jüdischer Perspektive zum Thema hat, aufgeführt werden sollte? Die Frage ist nicht einfach zu beantworten; es kommt ganz darauf an, wen man dazu befragt. Denn die
Wahrnehmung von Ereignissen, auch von solchen, denen keine große
historische Bedeutung beigemessen werden kann, vollzieht sich für gewöhnlich nach dem Rashomon-Prinzip: Die Rezeption des Ereignisses

ist stets in gewissem Maße divergent, nicht zuletzt deshalb, weil sich
Interessen, Ideologien und Befindlichkeiten mit den wahrgenomme-
nen Tatsachen und Abläufen des Ereignisses vermengen; und was für
große Geschichtsereignisse stimmt, gilt allemal für Alltagsgeschehnis-
se. So weit, so schlecht für den Wahrheitsbegriff. Nun gibt es aber eine
common sense-Ebene, die konsensuell annehmbare Koordinaten für
den Grundstock dessen, worüber man sich zu einigen hat, um überhaupt von einer gemeinsamen Erfahrung sprechen zu können, zu bieten vermag. Rempeleien während eines Fußballspiels sollten tunlichst
nicht als Todschlagversuche wie denn die Teilnahme an einem Passa-
gierflug nicht als latente Todessehnsucht missdeutet werden, und zwar
nicht zuletzt deshalb, weil sonst menschliche Interaktionen überhaupt
nicht möglich wären.

Was also geschah am 25. Oktober 2009 in der Hamburger Brigittenstraße? Da man, wie gesagt, nicht alle Wahrnehmungen reproduzieren kann, die sich in einer Flut von „Darstellungen" im Netz nieder-
geschlagen haben, sei hier auf eine zurückgegriffen, die deshalb für die
beste erachtet werden darf, weil sie sich die Mühe macht, die normative Positionierung dem Gesamtereignis gegenüber mit strikter Analyse und unaufgeregtem *common sense* zu verbinden. So findet sich im
Bericht zum Ereignis der Online-Zeitung „Schattenblick" u.a. folgende Erklärung:[118] Die Aufführung von Claude Lanzmanns Film war am
25. Oktober 2009 „von Aktivistinnen und Aktivisten der antiimperialistischen Linken, die sich gegen die Instrumentalisierung des Films
durch die ‚antideutsche' Gruppe ‚Kritikmaximierung' verwahrten, verhindert worden. Im Internationalen Zentrum B5, dessen Räume vom
benachbarten Kino B-Movie mitbenutzt werden, wollte man schlichtweg keine erklärten politischen Gegner haben, welche den israelischen
und US-amerikanischen Imperialismus verherrlichen, eine bellizistische Ideologie verbreiten und islamophobe Vorurteile befördern". Es
ging also um ein Ereignis, bei dem „Antideutsche" und antiimperialistische Linke (wie unzählige Male zuvor) aneinander gerieten. Eigentlich nichts besonderes und gewiss kein außerordentlicher Grund zur
Aufregung. Weiter heißt es im Text: „Auf die Frage des Schattenblick,
ob das Tischtuch zwischen den beiden Fraktionen damit endgültig zerschnitten sei, gaben die Betreiber des B5 die aufschlussreiche Antwort,
dass es nie ein gemeinsames Tischtuch gegeben habe. Während Internationalisten sehr genau zwischen dem Staat Israel, dessen Regierung,
den verschiedenen Teilen der israelischen Bevölkerung und Juden zu
unterscheiden wüssten und daraus eine differenzierte Position ableiteten, arbeite die Gegenseite mit der platten und unzutreffenden Gleich-

setzung von jüdischem Interesse mit Israel, weshalb sie jede Kritik an
der Politik der israelischen Regierung und in letzter Konsequenz jede
linke Position als antisemitisch diffamiere". Eine in der Tat aufschlussreiche Antwort, von der sich „Antideutsche" nicht einmal missreprä-
sentiert fühlen dürften, denn sie selbst würden darauf insistieren wollen, dass Judentum, Zionismus und Israel im Kern nicht auseinander zu
halten seien, weshalb Antizionismus, ja selbst schon Israelkritik unter
Antisemitismus zu subsumieren seien. Was also hatten die Antiimperialisten im hier erörterten Zusammenhang verbrochen? Jeder, der es
wollte, hätte es verstehen können: „Bei dem Aufbau eines israelischen
Checkpoints vor dem Eingang zum Kino und dessen Blockierung handelte es sich um eine aktionistische Inszenierung, die auf die aktuellen
Verhältnisse in den Palästinensergebieten hinweisen sollte, die Claude
Lanzmann in seinem Film ‚vergessen‘ habe. Erst nachdem die Filmaufführung abgesagt worden war und das B-Movie-Team die Szenerie verlassen hatte, kam es zu einer Auseinandersetzung zwischen Antiimperialisten und ‚Antideutschen‘, in deren Verlauf Beschimpfungen
und Handgreiflichkeiten ausgetauscht wurden. Zum genauen Hergang
gibt es naturgemäß einander widersprechende Aussagen, wobei die
herbeigerufene Polizei die später erhobenen Vorwürfe antisemitischer
Schmähungen nicht bestätigen konnte. Letztere wurden von Seiten der
B5-Aktivistinnen und Aktivisten nachdrücklich dementiert, wobei die
Gruppe ausdrücklich betonte, dass sie ein solches Verhalten nicht tolerieren würde, da ihrer Überzeugung nach Linkssein und Antisemitismus unvereinbar seien". Diese rigorose Behauptung würden freilich
„Antideutsche" nie und nimmer annehmen. Das akribische Aufspüren
eines „linken Antisemitismus" scheint sich ihnen längst zu einem ideologischen Grundbedürfnis verfestigt zu haben. So offenbar auch beim
Hamburger Ereignis: „Die Darstellung, ein zum Äußersten bereiter
und bewaffneter linker Schlägertrupp habe Kinobesucher mit ungezügelter Brutalität traktiert, stilisiert eine Rempelei und Schubserei unter beiderseitiger Beteiligung zum Auftritt eines Sturmtrupps hoch, der
eine Prügelaktion herbeigeführt habe. Diese Version ist nicht nur übertrieben, sondern verfälscht den Vorfall offenbar in der Absicht, daraus
ein Wiederaufleben antisemitischer Gewalttaten – diesmal unter Beteiligung der antiimperialistischen Linken – zu konstruieren. Nachdem
angebliche ‚antisemitische Pöbeleien‘ zunächst weder polizeilich festgestellt noch zur Anzeige gebracht wurden, trat Tage später ein gewisser ‚Lennart K.‘ in Erscheinung, der als angeblicher Augenzeuge Vorwürfe erhob, die sofort die Runde durch die Medien machten. Zumal
es sich bei dieser Person um einen erklärten Parteigänger der antideut-

schen Fraktion handelt, dürfte unter den geschilderten Umständen eine
seriöse journalistische Bewertung des Vorfalls anhand einseitig erhobener und durch nichts bestätigter Vorwürfe allenfalls unter größten Vorbehalten und jedenfalls nicht ohne den Versuch, die Meinung der Gegenseite einzuholen, stattfinden".

Nun, journalistische Klärungen von Kolportiertem ist eine Sache;
eine ganz andere das Bedürfnis, sich das Kolportierte anzueignen. Zuvor kommt man allerdings nicht umhin, auch Inhaltliches zu klären.
Lanzmanns Film „Warum Israel" von 1972 war der erste einer Trilogie,
dem im Jahre 1985 der neunstündige Film „Shoah" und 1994 „Tsahal"
folgten. Über „Warum Israel" kann man geteilter Meinung sein. Dass er
die Palästinenser in Zusammenhang mit „Israel" mehr oder minder ignoriert, so als hätte ihr kollektives Schicksal nichts mit den Warum der
israelischen Staatsgründung zu tun, ist schon schlimm genug, aber bei-
leibe nicht das einziges Manko des Films. Dass dieses Defizit bei vielen
Deutschen nicht weiter ins Gewicht fällt, hat primär damit zu tun, dass
sie meinen, davon unberührt bleiben zu dürfen: sie haben ja an „den Juden" etwas „wieder gut zu machen", nicht an den Palästinensern, und
wenn ein Jude meint, die Palästinenser und „ihr Problem" ignorieren
zu sollen, dann sind sie ganz „auf seiner Seite" – ihm schulden sie etwas,
nicht seinen Feinden. Der Film „Shoah" hingegen ist ein Meisterwerk,
nicht zuletzt deshalb, weil er in beeindruckender Weise die cineasti-
sche Grundlage für das gelegt hat, was in seiner Folge ein Vierteljahr-
hundert lang als das Problem der Repräsentation von geschichtlichem
Geschehen und der historischen Zeugenschaft diskutiert und erörtert
wurde; das Gestaltungsprinzip dieses Films hat Grundfragen über das
Verhältnis von Authentizität und Wiedergabe brisant aufgewirbelt und
paradigmatisch erneuert. „Tsahal" wiederum ist ein miserabler Film,
der nicht von ungefähr kaum je in Israels Cinemathequen aufgeführt
wird. Der Titel bedient sich des Akronyms der Wörter, aus denen sich
der hebräische Name der israelischen Streitkräfte zusammensetzt (*tswa
hagana le'israel,* wörtlich übersetzt: Verteidigungsarmee für Israel).
Man könnte sich den Kommentar zu diesem von Kitsch, Pathos und
sentimentalem Getöne nur so strotzenden Militärfilm ersparen, wenn
sich nicht gerade in ihm die konsequente Vervollständigung der ideologischen Matrix der Trilogie manifestierte. Denn was sich in der chro-
nologischen Reihenfolge der drei Filme bzw. der in ihnen behandelten
„Themen" kundtut, ist nichts anderes, als die Pathosformel der zionistischen Staatsideologie Israels: Das aus der jüdischen Shoah hervorge-
gangene zionistische Israel wird mit eigener Militärmacht dafür sorgen,
dass die kollektive Existenz von Juden nie wieder bedroht werde.

Es gibt nicht wenige Israelis, die ihr zionistisches Selbstverständnis *nicht* aus der Shoah abgeleitet (sondern als „Erneuerung des jüdischen Volkes in seinem alt-neuen Heimatland" verstanden) wissen wollen. Andere, auch sie gestandene Zionisten, äußern zunehmend Bedenken über den zum kollektivpsychischen Fetisch gesteigerten Militarismus als vermeintlich einzig mögliche Geschichtskonsequenz aus der Shoah. Die allermeisten jüdischen Israelis würden sich freilich dem von Claude Lanzmann offerierten zionistischen Geschichtsbild in der Tat verschreiben; was sie gleichwohl besser als der blauäugige Filmemacher wissen, ist, dass das israelische Militär in den letzten Jahrzehnten nicht allzu viel mit *Verteidigung,* umso mehr dafür mit der brutalen *Besatzung* des Westjordanlandes und des Gazastreifens beschäftigt war, mit der gewaltsamen Unterdrückung jener also, von denen der französische Jude Lanzmann offenbar nichts wissen möchte. Wenn in „Wohin Israel" bereits die Logik von „Tsahal" angelegt ist, trafen die protestierenden Aktivisten am 25. Oktober 2009 mit dem Aufbau des Checkpoints vor dem Hamburger Kino genau ins Schwarze: Der (für die Gegenpartei zugegebenermaßen ärgerliche) Verhinderungsakt symbolisierte einen Deut von der *realen* alltäglichen Behinderungs- und Repressionspraxis, der sich die Palästinenser in den besetzten Gebieten seit Jahrzehnten ausgesetzt sehen, die aber im Film Lanzmanns ideologisch wegretuschiert worden ist. Es handelt sich um einen Propagandafilm, gegen den eine gewiefte propagandistische Reaktion gestartet wurde. So einfach ist es – um nicht weniger ging es, aber eben auch um nicht mehr. Was jedoch hat es mit dem militaristischen Zug in Lanzmanns Gedenklogik auf sich? Wie ist er zu erklären? Man könnte sich mit der schlichten Feststellung begnügen, dass Claude Lanzmann mit komplexen (cineastischen) Mitteln die primitive Matrix der zionistischen Staatsideologie Israels reproduziere. Das tut er auch. Es scheint indes, als seien bei Lanzmann noch andere, dunklere Impulse am Werk, die es gerade im hier anvisierten Zusammenhang zu erörtern gilt. Zwar sollte man gängigerweise Werk und Person, wenn nur möglich, auseinanderhalten können; aber es gibt Fälle, in denen gerade die Verklammerung von beidem erhellend wirken kann. Um dies darzulegen, sei hier wieder auf eine knappe 20 Jahre alte Episode zurückgegriffen.

In der zweiten Woche nach Ausbruch des Golfkrieges von 1991, als die ersten Scud-Raketen in israelischen Großstädten einschlugen, landete unter anderen jüdischen VIPs auch Claude Lanzmann in Israel. Bei seiner Ankunft sprach er von seinem „inneren Bedürfnis" zu kommen, weil ihm der Gedanke, dass sich Israel in Gefahr befinde und er nicht „hier" sei, unerträglich war: „Die nächtliche Sirene war meine erste. Es

lag eine Ironie darin. ‚Shoah' habe ich über Gas gemacht, und plötzlich finde ich mich mit aufgesetzter Gasmaske unter anderen Juden
mit Gasmasken. Das war ein höchst merkwürdiges Gefühl. Ich fühlte,
dass sich die Geschichte wiederhole".[119] Mochte man bei dieser Aussage noch rätseln, was der Filmemacher meinte – sollte der Spruch „die
Geschichte wiederholt sich" etwa heißen, dass sich die Shoah wiederhole? Oder dass die Erinnerung wiederkehre? Oder war es lediglich ein
achtloses Gerede, dem man keine Bedeutung beizumessen brauchte –,
so stellte sich in einem wenige Tage später gegebenen Interview heraus,
dass Lanzmann glaubte, er habe „prophetische Antennen", und diese
registrierten eine „unerfreuliche Botschaft": „Zum ersten Mal in seiner
Geschichte ist der Staat Israel durch – deutsches! – Gas bedroht, seine
Hände sind gebunden, er reagiert nicht, auch wenn's sich nur um eine
zeitweilige Zurücknahme handelt, und die zuschauende Welt könnte
sich daran noch gewöhnen". Das Nebulöse dieser Feststellungen klär-
te Lanzmann auf. Die Gleichung „Saddam = Hitler" auf die israelische
Perspektive beziehend, stellte er fest, dass für Saddam das Ziel, Israel zu
vernichten, als „zentral und wörtlich zu nehmen" gelte: „So wie Hitler
den Weltkrieg ausrief, und sein Krieg sich gegen die Juden richtete, denke ich, dass Saddams Krieg sich gegen Israel richtet, wofür es notwendig war, den Golfkrieg zu eröffnen. Ob dies bewusst oder unbewusst
geschah, ist nicht von Belang. Das ist die Perversion dieses Krieges".
Die Logik dieser Perversion müsse man wie folgt verstehen: „Damit
Saddam Tel-Aviv mit Langstreckenraketen beschießen kann, zieht er
die Amerikaner in den Krieg, wobei Israels Hände gebunden bleiben,
ohne reagieren zu können". Israels „gebundene Hände" beschäftigten
den französischen Intellektuellen offenbar sehr, weil „diese Passivität
Israels der Existenzdoktrin des Staates widerspricht, welcher ja genau
gegen eine solche Passivität errichtet worden war. Paradoxerweise hat
sich Israel heute in ein Anhängsel gewandelt, wie es noch nie war, und
befindet sich zugleich im Zentrum einer globalen Gefahr". Er befürch-
te daher, „dass wir wieder zur jüdischen Passivität zurückkehren – und
das noch in Israel". So postulierte denn Lanzmann zum Abschluss des
Interviews: „Das Wichtigste ist, dass sich die Welt nicht daran gewöhnt,
dass Israel Scud-Raketen abkriegt. Die Welt darf sich nicht an die Gewöhnung Israels gewöhnen!"[120]
Das Verblüffende an Lanzmanns Worten war die erstaunliche Selbstverständlichkeit, mit der er Israel und die Juden in den Mittelpunkt des
Golfkriegs hineininterpretierte. Man darf schon bezweifeln, dass Hitler in den Eroberungskrieg gezogen war, um die Vernichtung der Juden vollziehen zu können (wenn auch kein Zweifel über das Krankhaf-

te seiner antisemitischen Obsession und die Macht ihrer Wirkung auf sein allgemeines Verhalten bestehen kann), aber die Ansicht, dass Saddam Husseins Krieg sich gegen Israel richtete, weshalb er den Golfkrieg eröffnete, entstellt nicht nur den gesamten realen Ereignishergang vor und bis zum Beginn der Kampfhandlungen im Januar 1991, sondern ist auch total unlogisch: Wozu hätte Saddam die verbündeten Mächte von vornherein gegen sich aufbringen sollen, wenn er einen Krieg gegen Israel vom Zaune brechen wollte? Die rigorose Entschiedenheit, mit der Lanzmann postulierte, dass *dies* die Perversion dieses Krieges war, und die Beiläufigkeit, mit der er die Kategorie des Unbewussten in sein Argument als ein stets probates Mittel gegen potentielle Kritik seiner Behauptungen einschleuste, erwecken den Eindruck, dass es sich bei seinen Aussagen weniger um die sachlichen Überlegungen eines reflektierten Intellektuellen handelte als vielmehr um eine (im Renommee des Schöpfers von „Shoah" eingehüllte) Idiosynkrasie Claude Lanzmanns.

Dies bezeugte auch ein weiteres Interview, das er dem hoch angesehenen israelischen Publizisten und TV-Moderatoren Yaron London gab.[121] Lanzmann redete von der „Schreckensatmosphäre", die Israel erfasst habe, und zwar „nicht unberechtigt", „denn Israel ist in der Tat von Feinden umzingelt; niemand auf der Welt begreift den realen Zustand, und ich habe das Gefühl, dass ich zum Jahr 1940 zurückkehre, als sich alle Grenzen Europas schlossen [...]". Er wiederholte seine Behauptung, dass „die Eroberung Kuwaits und der Krieg gegen die USA ein Mittel auf dem Weg zur Vernichtung Israels" sei, stellte zwar in Abrede, dass dies bewusst stattgefunden hätte, weil „die Perversion ja nie in bewussten Prozessen entstehe", bestand aber auf die Feststellung, dass dies „die Realität" sei. Davon leitete sich für ihn denn wohl auch das Postulat (welches er Yaron London zufolge mit „schauerlicher Selbstverständlichkeit" aussprach), dass „wenn ein Gasangriff [auf Israel] stattfinden sollte, würde ich Irak mit taktischen Nuklearwaffen bombardieren". London, ein erfahrener Interviewer mit herausforderndem Gesprächsgestus, wollte wissen, ob Lanzmann fähig sei, „sich der Anbindung der Shoah an unseren gegenwärtigen Zustand zu entziehen". Lanzmann antwortete, es gebe „tausend Wege", über die Shoah zu reden, und wählte die „Mitglieder der Judenräte" zum Reflexionsthema: „Sie waren zum großen Teil anständige, angesehene und mutige Menschen, die ihre Volksangehörige zu retten versuchten. Sie dachten, dass die Deutschen rational handelten, daher die Vernichtung der Juden vermeiden würden, wenn sich herausstellte, dass lebende, für die deutsche Wirtschaft produzierende Juden, der deutsche Kriegsmaschinerie zum Vorteil gereichten". Es habe sich aber herausgestellt, dass „die deutschen nicht rational waren, und die vermeintlich rationalen Handlungen der Judenräte erwiesen sich als schrecklich". London wollte wissen, worin der Vergleich liege; Lanzmann erklärte, dass „die israelische Regierung auch davon ausgeht, dass sich hinter Saddam Husseins [Verhalten] irgendeine Logik verberge, weshalb sie sich zurückhält und [ihre Schritte] erwägt". London ließ nicht nach: „So wie die Judenräte?", und Lanzmann antwortete: „Ich schockiere dich, aber die Antwort ist: ja, Israels Regierung erwägt in ähnlicher Art und Weise. Das ist keine Anschuldigung, ich will keine Ratschläge erteilen. Aber Israel ist einsam und einer Vernichtungsgefahr ausgesetzt wie Europas Juden zur Zeit der Shoah".

Nicht von ungefähr stellt Yaron London fest, dass Lanzmann selbst nach israelischem Maßstab als „paranoider Falke" gelten dürfe. Man kann sich dieser Einschätzung nur anschließen; sie widerspiegelt aufs trefflichste den Zusammenhang von psychischen Prädispositionen und ihren möglichen Auswirkungen auf politische Ideologien. Das Verblüffende an Lanzmanns damaligen Aussagen war jedoch nicht die nukleare Lösung, die ihm in den Sinn kam; viele Menschen zwischen Tel Aviv und New York wollten damals „to nuke them" und frönten unbekümmert Gewaltphantasien wildester Art. Unbegreiflich bleibt an seinen Äußerungen vielmehr der Vergleich, den *gerade er* – der sich den Unsäglichkeiten der Shoah mit solch akribischer Intensität gewidmet hatte – zwischen der Israel zu Beginn des Jahres 1991 drohenden Gefahr und der Lage der Juden zur Zeit der Massenvernichtung ziehen zu sollen meinte. Irritierend war dabei nicht die vermeintliche Rückkehr zum diasporischen „alten Juden", wie es am Anfang von Yaron Londons Interview-Reportage hieß. Auch nicht die Frage, ob Israels Vernichtung im Golfkrieg überhaupt zur Debatte stand (und wenn ja, was Lanzmann dazu antrieb, sich so apokalyptisch zu gebärden, wo „uns doch die Amerikaner die Arbeit abgenommen haben und uns beschützen", wie ihm seine eigenen israelischen Freunde zu verstehen gaben). Irritiert fragt man sich vielmehr, wie es denn möglich sei, dass ein Mann mit solch reichem Wissen über die Shoah und ihre nicht zuletzt von ihm selbst hervorgehobene zivilisatorische Einzigartigkeit sich nicht entblödete, die Lage des bis zum Hals bewaffneten, sich seiner Siege und militärischer Erfolge stets rühmenden Israel, selbst wenn Hunderte oder sogar Tausende im Land bei einem chemischen Raketenangriff umgekommen wären, mit der Realität einer administrativ geplanten, bürokratisch verwalteten und industriell vollführten Massenvernichtung von Millionen Menschen zu vergleichen. Wie kann es bloß sein, dass er die bewusst beschlossene (und sich eindeutig auszahlende!) Zurücknahme Israels zur

Zeit des Golfkrieges als eine katastrophische Regression in die alte „jüdische Passivität", als Juden wie „Vieh zur Schlachtbank" geführt wurden, missdeutete? Wie kam es, dass er die freiwillig erkorene „Ohnmacht" gegenüber den Raketen mit der ausweglosen Situation der Opfer im Angesicht der Gaskammern zu vergleichen vermochte? Es stellte
sich heraus, dass gerade der Mann, der in seinem bedeutenden Film das
große Problem der adäquaten Repräsentation von Unvorstellbarem begriffen hatte, mithin die prekäre Situation der Zeugen mit bewunderns-
werter Sensibilität anzugehen wusste, im entscheidenden Moment (als
Israels Bürger in der Tat bedroht waren) hysterisch wurde und öffentlich begann, mit unhaltbaren Vergleichen und abstrusen Analogien um
sich zu werfen. Er, gerade er, erwies sich als ein schäbiger Banalisierer
der Shoah, als er die Lage der souveränen israelischen Regierung mit
der Lage der Judenräte im Ausnahmezustand und Israels wie immer
diffizile Situation der von europäischen Juden im Jahre 1940, „als sich
alle Grenzen Europas schlossen", gleich setzte.

Man könnte sich mit dieser (betrüblichen) Feststellung begnügen und
Lanzmann seine Idiosynkrasien als *Privatproblem* sogar nachsehen. Jeder darf mal hysterisch werden. Das Problem beginnt erst dann auch
für andere relevant zu werden, wenn es als Ideologie in den öffentlichen
Raum getragen wird. Denn nicht mehr die Ängste der Privatperson Claude Lanzmann sind dann interessant, sondern die sich aus dessen Paranoia
ableitende Gesinnung, etwa sein bellizistischer Militarismus, vor allem
aber die öffentliche Wirkung, die diese zeitigen. Das Hamburger Geschehen am 25. Oktober 2009 weist, so besehen, zwei verschiedene, wenn
auch miteinander verschwisterte Ebenen auf. Auf der einen Ebene geht
es um den Inhalt des Lanzmannschen Films, seine ideologische Funktion und den Umgang zweier politischen Fraktionen mit dieser Funktion.
Man kann den Film Lanzmanns gut oder schlecht finden, die Verhinderung seiner Aufführung goutieren oder nicht, aber es handelt sich dabei um etwas, das die Grenzen der Handhabung gängiger Polit-Events
keinesfalls überschreiten dürfte. Auf der anderen Ebene geht es zum einen um die Person Lanzmanns, sein kulturelles Renommee und das, was
sich in diesem Renommee politisch kodiert, zum anderen aber auch um
Lanzmanns offenbare Neigung, Politisches ins Paranoide und subjektive Einsichten in Apokalypse umschlagen zu lassen, was spätestens dann
zum ideologischen Problem wird, wenn sich für ihn daraus eine bellizis-
tischen Weltsicht ableitet. Interessant im hier erörterten Zusammenhang
ist allerdings die (über Claude Lanzmanns Gehabe bei weitem hinausreichende) Resonanz, die seine Person mit allem, was sich in ihr ideologisch
kodiert, gezeitigt hat, mithin die Dynamisierung bereits bestehender Be-

findlichkeitsstrukturen, die sich nicht zuletzt an Lanzmanns apokalyptischer Hysterie, so als hätten sie auf diese nur gewartet, schärfen und sensationsgeschwängert entladen konnten.

Frappierend war vor allem, wer sich da alles zusammenfand, um dem lokalen Event den Rang eines Meilensteins der politischen Erschütterung eingeübter deutscher Gedenkgesinnung zu verleihen – so viel Niewieder!-Pathos war selbst in Zeiten zunehmender Verwässerung des Antisemitismusbegriffs und selbstgefälliger deutscher „Beschützung" von „Juden" auffallend. Von allen Seiten nahm man sich des Vorfalls mit einiger Verve an.

„Die Zeit" wusste zu berichten: „Linke Antisemiten verhindern in Hamburg einen Film von Claude Lanzmann".[122] In einem „Spiegelonline"-Artikel zeichnete Romain Leick die intellektuelle historische Signifikanz des Lanzmannschen Film-Oeuvres nach – nicht von ungefähr unter einer „Antisemitismus-Debatte" betitelten Rubrik.[123] Henryk Broder bewies wieder einmal sein sensibles Gespür für horrende zeitgeschichtliche Wenden: „So etwas hatte es in der Bundesrepublik noch nie gegeben. Es war das erste Mal seit dem Ende des Dritten Reiches, dass ein ‚Judenboykott' durchgesetzt wurde, Antisemitismus als Antizionismus maskiert. Hätte es sich um Rabauken der NPD oder andere Neonazis gehandelt, wären die Innenminister der Bundesländer umgehend zu einer Krisensitzung zusammengekommen, um über eine Verstärkung des ‚Kampfes gegen rechts' zu beraten. Weil es aber Linke waren, die sich wie eine SA-Horde aufführten, dauerte es eine Weile, bis die Überraschung dem Schrecken weichen konnte".[124] Nicht weniger als „wie eine SA-Horde"? Zuweilen bedarf es wahrhaft keiner Shoah-Leugner, um den Holocaust zum Trash verkommen zu lassen. Der „Badischen Zeitung" zufolge erschütterte das Hamburger Event offenbar auch die lokalpolitische Sphäre: „Die Junge Union Waldkirch bleibt weiter an ihrem Vorhaben dran, den Film ‚Warum Israel' in Waldkirch zu zeigen. Eine erste Anfrage beim Kommunalen Kino war abschlägig beantwortet worden [...]. Eine weitere Anfrage richtete die Junge Union inzwischen an die Waldkircher SPD. Sabine Wölfle lehnte die Vorführung ab, weil der Film zu einseitig nur die israelische Sicht auf die Konflikte zeige. Dies stufte JU-Sprecher Holger Nickel als ‚Solidarität mit einem judenfeindlichen Boykott statt mit einem boykottierten jüdischen Regisseur' ein und forderte von Wölfle eine öffentliche Entschuldigung. Gegen diesen Vorwurf verwahrte sich Sabine Wölfle [und] ließ Nickel wissen, dass sie und ihre Partei jede Form von Extremismus ablehne".[125] Kein anderer als Moishe Postone, altgedienter Kritiker linker Provenienz, postulierte „Hamburg 2009 – another German Au-

tumn",[126] freilich als Gastautor der „antideutschen" Gruppe „Kritikmaximierung". Dass sich Postone mit anderen Altlinken, die ihre einst
rigorose antiimperialistische Haltung, zeitgemäß gewendet, heutzutage
apologetisch zurechtzuschönen pflegen, bestens verstehen würde, ging
aus der Auflistung einiger ihrer Aussagen in der „taz" hevor.[127] Andere Autoren versuchten anlässlich des hochgeputschten Hamburger Ek-
lats, sich der Emphase solcher Gruppen wie „Kritikmaximierung" oder
aber auch der Logik der ins Theatralische gesteigerten Feindschaft der
Fraktionen zu nähern.[128] Es gab auch seriöse Auseinandersetzungen mit
der (nicht erst) durch das Lanzmann-Spektakel offenbar gewordenen
Misere der deutschen Linken und den sie teils zunehmend kennzeich-
nenden Rundumschlägen mit einem inhaltsleeren, dafür allzeit abruf-
baren Antisemitismus-Vorwurf.[129] Man konnte sich ab einem gewissen
Zeitpunkt gar nicht mehr durch den Dschungel der Artikel, Kommentare, Proklamationen, Petitionen und digitale Debattenbeiträge durch-
lesen, ohne das Gefühl zu haben, Zeuge einer die gesamte deutsche
Nachkriegsgeschichte zutiefst erschütternden Gesinnungskatastrophe
zu sein.[130] Und bedurfte es noch einer autorisierten Absegnung des ins
Unermessliche gewachsenen Diskurses, trat Claude Lanzmann höchst
persönlich in Erscheinung und schickte nicht nur eine Grußadresse an
die „Kritikmaximierung", die sich fortan vom Grandsegnieur des französischen Shoah-Gedenkens beweihraucht wähnen durfte,[131] sondern
bemühte sich gar zu einer Veranstaltung nach Hamburg, die ihrerseits
zu einem Mini-Eklat geraten sollte.[132]
   Lanzmann erfüllte denn auch alle Erwartungen jener unter den „Linken", die das Gefühl wahren zu sollen meinen, es könne nur noch eine
Frage der Zeit sein, bis das Vierte Reich über Deutschland hereinbre-
chen werde. In einem dem „Freitag" gegebenen Interview erklärte er,
er sei nicht nur „überrascht", sondern nachgerade „schockiert" über
die Hamburger Vorfälle am 25. Oktober 2009. Das sei bislang weltweit nicht ein einziges Mal passiert, schon gar nicht in Deutschland.
Dass man in Hamburg „Schweinejuden" gerufen habe, lasse für ihn den
Vorfall unter eine andere Kategorie als sonstige Protestaktionen ausfal-
len, aber – nicht wissend, was auf die deutsche Medien- und Internet-
welt alles noch zukommt – das noch Schlimmere sei, dass „lange Zeit
keine deutsche Zeitung darüber berichtete". Die Ausdrucksmittel der
Protestaktion vor dem Hamburger Kino waren nicht nach seinem Geschmack; endgültig seien indes die Grenzen überschritten worden, als
die Kinobesucher „mit antisemitischen Parolen beleidigt wurden". Und
so weiter und so fort – Lanzmann, flankiert von seinen „Freitag"-In-
terviewern, dramatisierte (auf falschen Tatsachen bzw. Gerüchten ba-

sierend) das Hamburger Geschehen zu einem geschichtsträchtigen Popanz, der ihn entsprechend am Schluss des Interviews proklamieren
ließ: „Dass die Aufführung von ‚Warum Israel' in Hamburg verhindert
wurde, ist für mich ein Ausdruck von Zensur. Die Deutschen, ob links-
radikal oder nicht, haben sich wie Herren aufgespielt. Diese Rolle dürfen sie nie wieder spielen".[133] Man muss zweimal hinschauen, um seinen
Augen recht zu trauen, dass diese Äußerung – gleichsam als Quintes-
senz des gesamten Gesprächs – unkommentiert wieder gegeben werden
konnte und von der Redaktion einer (einst) linken deutschen Zeitung
womöglich sogar für gut befunden wurde. Denn dass die symbolische
Nachahmung jener, die sich im Nahen Osten nicht nur als Herren *aufspielen*, sondern ein anderes Volk seit Jahrzehnten mit brutalen Mitteln
real beherrschen, nicht nach Lanzmanns Geschmack war, mag man mit
einiger Nachsicht registrieren. Er ist nun mal kein Parteigänger der Palästinenser, sondern ein Apologet der Israelis, bei denen er sich zuweilen nur wünschen würde, dass sie nicht zur alten „jüdischen Passivität" zurückkehren, sondern selbstbewusst und aktiv Herren der Lage
(im Nahen Osten) bleiben. Auch dass er sich über die Aktion gegen
seinen Film als „Ausdruck von Zensur" echauffierte, darf als Resultat
seiner Ignoranz (bzw. bequemen Verblendung) hingenommen werden:
Weiß der Mann denn nicht, welche Seite im vorherrschenden deutschen
Politdiskurs der letzten Jahre unentwegt das Fallbeil der Zensur akti-
viert und alles, was ihr nicht in den ideologischen Kram passt, dem Verdikt des „Antisemitismus" bzw. dem von diesem fälschlicherweise abgeleiteten „Antizionismus" unterstellt? Was aber kodiert sich in Claude
Lanzmanns Mahnung, *„die Deutschen"* hätten sich *„wie Herren* aufgespielt", eine Rolle, die sie *„nie wieder* spielen" dürften? Doch nichts
anderes als das subtextuelle Suggerieren, die politischen Aktivisten vor
dem Hamburger Kino hätten sich als den Nazis vergleichbare Herren-
menschen gebärdet, ein Umstand, dem offenbar eine aus Deutschlands
NS-Vergangenheit und – der Mahner war ja Claude Lanzmann – der
Shoah zu ziehende Geschichtslehre innewohnt. Dass Lanzmann dabei
den Pauschalbegriff „Deutsche" verwendete, indiziert, dass es ihm um
eine historisch geschwängerte Manipulation zu tun war, sein moralisch
erhobener Zeigefinger mithin eine krude Instrumentalisierung des Shoah-Andenkens (als dessen paradigmatischer Sachwalter er auftritt und
wahrgenommen wird) implizierte. Wieder erwies sich seine subjektive
paranoide Emphase als Ideologie, seine Hysterie als öffentlich goutierte
Realitätsentstellung. Wer mit der Unsäglichkeit der deutschen Vergangenheit rhetorisch so leichtfertig umspringt, ist schlechterdings nicht
seriös – mag er einst noch so gewichtige Beiträge zur Aufklärung eben-

dieser Vergangenheit geleistet haben.

Claude Lanzmann spielt aber im hier erörterten Zusammenhang eine letztlich eher untergeordnete Rolle. Relevanter und gewichtiger als seine Auslassungen ist die Resonanz, die sie auslösten bzw. die Rezeption der Vorfälle um die Aufführung seines Films. Und es ist diese Ebene, auf der das eigentlich Bedenkliche, ja Unfassbare sich zutrug. Um die Ausmaße der Farce zu veranschaulichen, sei hier eine am 1. Dezember 2009 veröffentlichte Petition in voller Länge wiedergegeben:[134]

Es darf keine antisemitische Filmzensur in Hamburg geben!

Was sich am Sonntag den 25.10.2009 zwischen 14 und 16 Uhr in der Hamburger Brigittenstraße ereignete, ist schier unfassbar. Das dort ansässige Kino B-Movie wollte in Kooperation mit einer linken Initiative den Film »Warum Israel« von Claude Lanzmann vorführen. Dies hat eine Gruppe von Antiimperialisten und Israelhassern aus dem, im Vorderhaus des Kinos gelegenen, »Internationalistischen Zentrums B5« mit Drohung, Beleidigung und Gewaltanwendung verhindert.

In dem vor Ort verteilten Flugblatt wurde die Dokumentation außerdem als »zionistischer Propaganda-Film« diffamiert. Bei »Warum Israel« handelt es sich um einen Film des in Frankreich lebenden Juden Lanzmann, der mit dem Monumentalwerk »Shoah« einen immens wichtigen Beitrag zur Erinnerung an die Opfer des Holocaust geleistet hat. Der Regisseur kämpfte darüber hinaus in der Résistance aktiv gegen den Nationalsozialismus. Über »Warum Israel« von 1973 sagte Lanzmann »Dieser Film hat einen roten Faden, nämlich: Was ist das: Normalität? (...) Ich zeige in ,Warum Israel', dass die Normalität das eigentlich Anormale ist.« Dies empfinden einige Hamburger »Linke« im Jahr 2009 also als Provokation!

Den Betreibern des B-Movie wurde das Betreten und Öffnen ihres eigenen Kinos untersagt, jedes Gespräch verweigert und statt dessen mit Gewalt gedroht. Das B-Movie war deshalb gezwungen, die Vorstellung abzusagen. Doch selbst nach der Absage wurde das noch vor dem verschlossenen Kino verbliebene Publikum beschimpft (in einem Fall bezeichnenderweise als »Judenschweine«). Überdies wurden Kinobesucher körperlich angegriffen und mindestens drei Gäste durch Faustschläge verletzt.

So etwas darf nicht geschehen! Nicht nur, dass in die Programmfreiheit Hamburger Kulturschaffender durch Filmzensoren eingegriffen wurde. Es ist unerträglich, dass gerade die Vorführungen einer Dokumentation von Claude Lanzmann und ein Gespräch über sein Werk solchem Treiben zum Opfer fiel.

Wir stellen uns hinter das betroffene Kino und seine Absicht, »Warum Israel« auch in seinen Räumlichkeiten zu zeigen. Die Unterzeichnenden unterstützen die Veranstalter bei der Ausweichvorstellung von »Warum Israel« am 13.12.2009 um 16 Uhr.

Wir verurteilen solche Formen von Kulturzensur, jeden Antisemitismus und Israelhass!

Erstunterzeichner (01.12.2009): Claude Lanzmann, Filmemacher, Paris • Dr. Christine Achinger, University of Warwick • Sharon Adler, Herausgeberin AVIVA-Berlin • Jan Philipp Albrecht, MdEP, Grüner Europaabgeordneter für Hamburg • Arachne • Arbeitsgemeinschaft Neuengamme – Deutsche Vereinigung der Überlebenden des KZ Neuengamme • Mickey Aron, Berlin • Arbeitskreis Distomo • Associazione Delle Talpe, Bremen • Audiolith Records • B_Books, Berlin • BAK Shalom der Linksjugend ['solid] • Dr. Ralf Balke, Historiker und Publizist • Beatpunk Webzine • Volker Beck, MdB, Bündnis 90/Die Grünen • Roger Behrens, Autor • Prof. Dr. Russell Berman, Stanford University • Anat Bleiberg, Leiterin der Sozialabteilung, Jüdische Gemeinde zu Berlin • Prof. Dr. Gabriel Brahm, Central European University, Budapest • Prof. Dr. Micha Brumlik, Universität Frankfurt/M. • Sebastian Brux, Journalist • Byte.FM • Prof. Dr. Detlef Claussen, Universität Hannover • Margit Czenki, Filmemacherin • Karl-Heinz Dellwo, Filmemacher • Arnaud Desplechin, Regisseur, Paris • Prof. Diedrich Diederichsen, Akademie der Bildenden Künste, Wien • Franziska Drohsel, Bundesvorsitzende der Jusos • Christian Duncker, Assistent für Kommunikation und Organisation • Thomas Ebermann, Publizist • Prof. em. Dr. Wolfgang Eismann, Universität Graz • Almut Engelien, Hörfunkjournalistin • Gabriela Fenyes, Journalistin • Johanna Fischle • Freie ArbeiterInnen Union (FAU) Hamburg • Freies Sender Kombinat (FSK) • Thierry Frémaux, Künstlerischer Leiter der Filmfestspiele in Cannes • Fluten • Stefanie Galla • Nicola Galliner, Festivalleiterin, Jewish Film Festival Berlin • Patrick Gensing, Journalist • Ralph Giordano, Schriftsteller, Köln • Shelly Gottlieb, Frankfurt • Romain Goupil • Eva-Deborah und Uwe Granzow • Prof. Dr. Michael Th. Greven, Universität Hamburg • Dr. Elvira Grözinger, Universität Potsdam • Prof. em. Dr. Karl E. Grözinger, Universität Potsdam • Halle für Kunst Lüneburg • Hate Mag • Shimrit Härtl, Vorsitzende der DIG München • Friedrich Hansen, Gabriel Riesser Stiftung, London • Stefan Hensel, Vizepräsident der Deutsch-Israelischen Gesellschaft • Prof. Dr. Jeffrey Herf, University of Maryland • Ruben Herzberg, Vorsitzender der Jü-

*dischen Gemeinde Hamburg • Brigitte Jaques, Regisseurin, Paris • Jan
Jetter, Bildungsrefrent der Arbeitsgemeinschaft freier Jugendverbän-
de / Störungsmelder • Pascal Jurt • Anetta Kahane, Vorsitzende der
Antonio-Amadeu-Stiftung • Sven-Christian Kindler, MdB, Bündnis
90/Die Grünen • Serge und Beate Klarsfeld, Les Fils et Filles des De-
portés Juifs de France, Paris • Dr. Martin Kloke, Berlin • Andreas Koch,
Vorstand Yad Achat • Konkret – Magazin für Politik und Kultur • Dr.
Karin König, Hamburger Institut für Sozialforschung • Jan Korte, MdB,
Die Linke • Hans-Jürgen Köster, Buchladen Männerschwarm • Regine
und Hinrich Krahnstöver • Dr. Wolfgang Kraushaar, Hamburger Insti-
tut für Sozialforschung • Prof. Dr. Sven Kramer, Universität Lüneburg
• Mary Kreuzer, Autorin • Matthias Küntzel, Politikwissenschaftler •
Werner Labisch, Verbrecher Verlag • Sergey Lagodinsky, Sprecher des
Arbeitskreises Jüdischer Sozialdemokratinnen und Sozialdemokraten •
LAK Shalom der Linksjugend ['solid], Hamburg • Dr. Klaus Lederer,
Die Linke-Landesvorsitzender, Berlin • Lesbisch Schwule Filmtage
Hamburg • Bernard Henry Lévy, Philosoph, Paris • LIGNA, Künst-
lergruppe • Ulrike Litschel • Dr. Bella Luirik, Wissenschaftliche Ge-
sellschaft bei der Jüdischen Gemeinde zu Berlin • Christoph Lütgert,
Chefreporter Fernsehen, NDR • Prof. Dr. Viktor Mairanowski, Wissen-
schaftliche Gesellschaft bei der Jüdischen Gemeinde zu Berlin • Prof.
Dr. Andrei S. Markovits, University of Michigan • Dr. Heinz Maaß,
Karlsruhe • Meerwert Platten • Adelheid Meyner • Missy Magazine
• Dr. Sonja Mönkedieck, Catholic Charities, New York • NPD-Blog.
info • Cem Özdemir, Bundesvorsitzender Bündnis 90/Die Grünen
• Opak Magazin • Thomas von der Osten-Sacken, Publizist, Frank-
furt a.M. • Diethard Pallaschke, Scholars for Peace in the Middle East
(Deutschland) • Petra Pau, Vizepräsidentin des Deutschen Bundesta-
ges, Die Linke • Peggy Parnass, Publizistin • Prof. Dr. Anton Pelinka,
Central European University, Budapest • Rosa Perutz, Antinationale
Künstlergruppe • Lilia Rosenstock Alfaro • Teile des Plenums der Roten Flora • Maximilian Pichl, Mitglied im Bundesvorstand der Grünen Jugend • Politbüro • Prof. Dr. Moishe Postone, University of Chi-
cago • re[h]tro-frauentag bei FSK • Angela Richter, Theaterregisseu-
rin • Nicolas Saada, Journalist und Filmemacher, Paris • Levi Salomon,
Beauftragter der Jüdischen Gemeinde zu Berlin für die Bekämpfung
des Antisemitismus • Hans Martin Schäfer • Winfried Schebesch, Vorsitzender der Rosa Luxemburg Stiftung Hamburg • Helmut Schert •
Thomas Schmidinger, Vorsitzender der IG externe LektorInnen und
freie WissenschafterInnen, Wien • Schroeter und Berger, Büro für Lö-
sungen • Prof. Dr. Stefanie Schüler-Springorum, Direktorin des Insti-*

*tuts für Geschichte der deutschen Juden • Julia Seeliger, taz online •
Wolfgang Seibert, Vorsitzender der Jüdischen Gemeinde Pinneberg •
Spex – Magazin für Popkultur • Prof. Dr. Gerhard Stapelfeldt, Universität Hamburg • Sibylle Stoler • Jörg Sundermeier, Verbrecher Verlag • Lala Süsskind, Vorsitzende der Jüdischen Gemeinde zu Berlin •
Prof. Dr. Valery Tatarsky, Wissenschaftliche Gesellschaft bei der Jüdischen Gemeinde zu Berlin • Testcard • Tocotronic • Serge Toubiana, Direktor der Cinémathèque française • Prof. Dr. Christoph Türcke, Hoch-
schule für Grafik und Buchkunst, Leipzig • Übel&Gefährlich • Prof.
em. Dr. Barbara Vogel, Universität Hamburg • Michael Vogel, Richter
i.R. • Prof. Dr. Gerard Wajcman, Autor, Psychoanalytiker, Professor,
Université Paris 8, Paris • Florian Waldvogel, Direktor des Kunstver-
eins in Hamburg • Dr. Jeff Weintraub, Political Sociologist, University of Pennsylvania • Dalia Wissgott-Moneta • Elke Wittich, Journalistin, Berlin • Daniella Wutz und Familie • Prof. Dr. Svetlana Zhukowa,
Wissenschaftliche Gesellschaft bei der Jüdischen Gemeinde zu Berlin*

Dass sich der Petitionstext der Shoah-Aura Claude Lanzmanns bedient, um aus dem Hamburger Geschehen eine Aktion antisemitischer
Israelhasser (und nicht etwa Israelkritiker) zu konstruieren, ist durchaus adäquat: Seine Kernaussage ist ja ganz im Sinne des erstunterzeich-
nenden französischen Intellektuellen, der sich nie wirklich gefragt zu
haben scheint, auf welcher ideologischen Matrix seine Filmtrilogie gestellt ist (und ob er Israels wahre Realität und die wirkliche Bedrohung seiner Zukunft je begriffen hat). Ebenfalls kaum verwunderlich,
dass Kulturzensur, Antisemitismus und Israelhass der gleichen Sinn-
welt subsumiert werden; das ist ja Zweck und Logik des Antisemitismus-Vorwurfs als Herrschafts- und Ideologieinstrument: alles Unliebsame mit Antisemitismus und dem von ihm wie selbstverständlich abgeleiteten Israelhass derart zu besudeln, dass das eigentliche (politische)
Interesse des Besudelnden sich – gleichsam „moralisch" – hinter dem
Besudelungsattribut verstecken kann. Was es mit der „Kulturzensur"
in der deutschen Befindlichkeitsarena sonst noch auf sich hat, soll im
nächsten Kapitel gesondert erörtert werden. Was aber die hier ange-
führte Petition zur regelrechten Farce werden lässt, ist nicht ihr melo-
dramatischer Inhalt (dessen ideologische Einfärbung ja von vornherein festgelegt war); „unfassbar" ist mithin nicht, was sich in der Hamburger Brigittenstraße real ereignet hat, sondern wer alles seine Unterschrift unter dieses Pamphlet setzen und somit seine Solidarität mit
seinem Inhalt bekunden zu sollen meinte. Wer kam da nicht alles (aus
aller Welt) zusammen? Hoch angesehene Intellektuelle und Philoso-

phen, Geistes- und Sozialwissenschaftler, Politologen, Soziologen und
Historiker, Politiker und Journalisten, Kulturschaffende, Psychoanalytiker, Medienvertreter, allesamt gewichtige Autoren und Autorinnen, ja
ganze Institutionen und dazu noch erlauchte Juden und Jüdinnen und
sonstige Gedenkprominenz. Und man fragt sich: Was ist denn bloß in
diese Menschen gefahren? Meinten sie allen Ernstes, dass die lokalen
Ereignisse in der Hamburger Brigittenstraße am 25. Oktober 2009 diese weltweite Kampagne gerechtfertigt hätten? Erschien ihnen die Aktion einer linken deutschen Randgruppe in der Tat so gefährlich und
bedrohlich, dass sie gleich das Schwerstgeschütz des Antisemitismus
ausfahren müssten? Oder war da etwa der Fetischcharakter des Namen
„Claude Lanzmann" am Werk – eine Mischung aus unreflektierter Ehrfurcht vor dem, was sich mit diesem Namen verbindet und in ihm kodiert, und einer kollegial-solidarischen Verpflichtung dem prominenten
„Geschädigten" gegenüber? Wann haben sich all diese wichtigen Erst-
unterzeichnenden je *gemeinsam* in einer Petition zusammengefunden,
bei der es um Hunger und Massensterben, um massive Völkerrechts-
verletzungen und kollektive Unterdrückung, ja als es um Israels wahre existenzielle Interessen ging, nämlich die des Friedens und der damit
zusammenhängenden Beilegung des Konflikts zwischen Israelis und
Palästinensern? Man soll nie mit Kanonen auf Spatzen schießen. Die
Munition könnte sich nämlich verbraucht haben, wenn es politisch und
sozial mal ans Eingemachte geht. Aber vielleicht ist diese Signatoren-
gemeinschaft gar nicht am Einsatz ihres kulturellen Kapitals fürs (mutige) Wesentliche, vielleicht ist sie lediglich am selbstgefälligen Schaum
ihrer überspannten Unterzeichnungsaktion interessiert. Das sind dann
die Momente, in denen der Einsatz gewichtiger Namen zum Armuts-
zeugnis der berühmten Namensträger und ihres Renommees gerät.

Vorauseilende Selbstzensur

Die versierte Taktik des ideologisch vereinnahmten Antisemitismus-Vorwurfs schlägt unterschiedliche (freilich komplementär verschwisterte) Richtungen ein. Echauffiert sie sich zum einen über Proteste, die Israel, den Zionismus oder irgendetwas von „jüdischem" Belang zum Gegenstand haben, und „beschützt" den Judenstaat, seine Ideologie und ihre jüdischen Verfechter vor dem ihnen stets und überall drohenden „Antisemitismus", so stürzt sie sich zum anderen gern mit besonderer Verve auf jüdische Kritiker der politischen Praxis Israels oder auch des Zionismus schlechthin, um sie als „jüdische Antisemiten" oder „selbsthassende Juden" zu desavouieren. Der antisemitische Impuls, der sich gerade hinter der weidlich ausgekosteten und unverhohlen freudigen Attacke seitens israelsolidarischer Nichtjuden auf Vertreter der kritischen jüdischen Intelligenz verbirgt, soll zum Abschluss dieses Kapitels erörtert werden. Am Fall der hetzkampagnenartig orchestrierten Verhinderung des Auftritts Norman Finkelsteins in Deutschland soll hier aber zunächst die stille (wenn auch geräuschvolle), für den hier diskutierten Zusammenhang relevante Verklammerung von politischer Paranoia und ideologisch geschwängerter Aggression dargestellt werden. Dass Claude Lanzmann und Norman Finkelstein beide Juden sind, ist für diesen Zusammenhang dahingehend von Bedeutung, als sich an ihren „deutschen" Fällen das projektive Moment im Gehabe ihrer jeweiligen nichtjüdischen Apologeten und Angreifer festmachen lässt: Während ihnen Lanzmann zum Märtyrer-Opfer (linker) antisemitischer Praxis gerann, nahm sich ihnen Finkelstein von vornherein als antisemitischer (bzw. Antisemitismus-affiner) jüdischer Linker aus.

Eine Anmerkung in eigener Sache.

Da ich im Jahre 2001 um eine Stellungnahme zur bevorstehenden Veröffentlichung von Norman Finkelsteins Buch „The Holocaust-Industry" gebeten wurde, sei den Lesern des vorliegenden Bandes nicht vorenthalten, was ich schrieb und welche Position ich schon damals vertrat. Dies dürfte für den hier erörterten Kontext von einigem Belang sein. Vorab also mein kurzer Text von 2001:

> „Daß das Geschichtsereignis Holocaust in seinen zentralen israelischen, deutschen und US-amerikanischen Rezeptionsdiskursen mehr oder minder instrumentalisiert wird, ist schon verschiedentlich dargelegt worden, wobei zuweilen (wie im Fall von Martin Walsers berüchtigter Friedenspreis-Rede) die vermeintlich aufklärerische Erörterung der Instrumentalisierung selbst

zur Instrumentalisierungsstrategie verkommen mag. Daß bei der nachmaligen Vereinnahmung dieser weltgeschichtlichen Monstrosität eine mittlerweile global wirksame Kulturindustrie eine gewichtige Rolle spielt, dürfte ebenfalls nicht unbekannt sein. Ob dabei freilich eine durchgeplante und zielge-
recht betriebene "jüdische" Konspiration (welche die geheimen "Protokolle" der "Weisen von Zion" unweigerlich assoziieren läßt), gar eine auf Profit
und Kapitalvermehrung ausgerichtete "jüdische" Industrie am Werk ist, darf
nicht nur bezweifelt, sondern muß als überspannte Auslegung des Instru-
mentalisierungsdiskurses strikt verworfen werden. Nicht, daß es keine Materialisierung der Sühne – und zwar gerade im Rahmen der frühzeitig konstitu-
ierten Beziehungen zwischen Israel und Deutschland – gegeben hätte; nicht,
daß staatsoffizielle Vereinnahmungen von Holocaust-Erinnerung und -ge-
denken sich nicht oft bewußt auf heteronome Ziele und Zwecke auszurichten
vermochten. Man geht dabei gleichwohl fehl, wenn man den beteiligten Institutionen und individuellen Protagonisten eine bewußt geplante und orga-
nisierte, ‚rationale' Interessen verfolgende, mithin das jüdische Leid zynisch-
parasitär ausbeutende Industriemaschinerie unterstellt: Das ist ja gerade das
Erschreckende an solcherart ideologisierenden Instrumentalisierung, daß
sie sich als Interessen-, aber auch als Weltanschauungsdiskurse zumeist außerhalb des subjektiven Bewußtseins abspielen, besonders dann, wenn sie
vermeinen, ein bestimmtes Ziel zu verfolgen, dabei aber objektiv ein ganz
anderes, eben nicht intendiertes Resultat zeitigen. Man tut in diesem Zusammenhang gut daran, von einem "falschen Bewußtsein" zu sprechen.

Nicht um Norman Finkelsteins umstrittene Thesen geht es hier indes,
sondern darum, ob sie in Deutschland publiziert werden sollen. Wer immer
für ein Publikationsverbot plädiert, geht wohl kaum davon aus, daß es im
Zeitalter globalisierter Kommunikation noch möglich sei, unliebsame Diskurse einem (aus welchen Gründen auch immer) interessierten Publikum
vorzuenthalten. Nicht von ungefähr entbrannte vor einigen Jahren die Gold-
hagen-Debatte noch ehe das provokante Buch des amerikanischen Sozial-
wissenschaftlers in deutscher Sprache erschienen war. Weder staatliche noch
selbstauferlegte Zensur kann heutzutage noch die Übermittlung andernorts
öffentlich zugänglicher Information längerfristig verhindern. Entsprechend
geht es bei der Diskussion über eine mögliche Publikation des Finkelstein-
Buches in Deutschland um Fragen, die eher die Symbolebene des öffentlichen Diskurses, weniger um solche, die eine effektive Verhinderung der Publikation belangen: Kann es sich ‚Deutschland' moralisch ‚leisten', im Zeitalter zunehmender rechtsextremistischer Übergriffe der Veröffentlichung eines Textes zuzustimmen, der – von einem Juden verfaßt – gerade aus der dem
Autor des Textes wie auch dem liberalen ‚Deutschland' unliebsamsten, politisch verworfensten Ecke Beifall erheischen könnte?

Für den Autor stellt sich dieses Problem als eine persönliche Gewissens-
frage: Wohl wird er sich damit ‚beruhigen' können, daß er die unerwünschte
Rezeption seines Textes ohnehin nicht hätte beeinflussen, geschweige denn
verhindern können; und dennoch wird er sich die Frage gefallen lassen müssen, was ihn zur Publikation bewogen haben mag. Ähnlich wie der Verlag, der primär durch die Aussicht auf großen Profit motiviert gewesen sein
dürfte (was freilich in der inneren Logik seiner Funktion als Geschäftsunter-
nehmen liegt), wird auch er sich dem Vorwurf, von fremdbestimmten Erwä-
gungen und Zwecken bewegt worden zu sein, stellen müssen. Für ‚Deutschland' stellt sich das Dilemma als Imagefrage: Was heißt es für seine Gedenkkultur, wenn es eine von Juden und jüdischen Institutionen praktizierte, materiell ausgerichtete Holocaust-Instrumentalisierung zum legitimen Topos
seiner öffentlichen Debatte um die Vergangenheit erhebt? Wie würde der
mit einer solchen ‚normalisierenden' Absolution der Fragestellung einhergehende Tabubruch und die ihm innewohnende ‚Schlußstrich'-Tendenz (‚im
Ausland') aufgenommen werden?
    Sowenig diese neuralgischen Momente des nach außen vermittelten kol-
lektiven Selbstbildes unterbewertet werden sollten, muß doch festgestellt
werden, daß ihre potentielle Überwindung nur dann denkbar ist, wenn man
sich ihnen stellt und sie eben nicht durch bewußte Ausschließung und Verdrängung unter den politisch korrekten Diskursteppich kehrt. Nur die offe-
ne Auseinandersetzung mit Finkelsteins Thesen könnte das Problematische
an ihnen und die durch dieses Problematische angerührte ‚deutsche' Idiosynkrasie angemessen konfrontieren. Genau hierfür ist es unumgänglich, Finkelsteins Text auf Deutsch zu publizieren. Der von falscher Seite dabei zu erwar-
tende Beifall muß in Kauf genommen werden. Daß ein solcher falscher Beifall noch immer (bzw. schon wieder) einen festen Bestandteil deutscher politischer Realität darstellt, ist freilich der eigentliche Grund zur Besorgnis".[135]

    Norman Finkelsteins Auffassungen sind also kontrovers. Das sind
Claude Lanzmanns Auffassungen freilich auch. Der Unterschied zwischen beiden liegt im hegemonialen ideologischen Hinterland, dessen sich Lanzmann gewiss sein darf, in Deutschland zumal. Finkelstein lässt sich in Deutschland verbieten, Lanzmann nie und nimmer:
Lanzmanns *Aus*ladung wäre „Antisemitismus"; Finkelsteins *Ein*ladung
war es offenbar in den Augen richtender deutscher Institutionen. Von
vornherein war dabei nicht zu erwarten, daß eine *nicht* linke Institution sich hätte einfallen lassen, Finkelstein zu einer Veranstaltung in
Deutschland einzuladen. Umso berechtigter wäre es gewesen, eine solche Erwartung an sich immer noch für links ausgebende Institutionen
zu richten. Dies sei behauptet, obgleich oder gerade weil, wie gesagt,

von vornherein klar sein durfte, dass das, worüber Norman Finkelstein im Februar 2010 in Deutschland sprechen wollte, kontrovers debattiert würde. So ist das, wenn man bekannt und provokant ist und Unangenehmes ausspricht, welches man zwar vermutlich bewusst bereits registriert hat, sich aber nicht selbst einzugestehen vermag. Norman Finkelstein ist kein unbeschriebenes Blatt: von einer „Holocaustindustrie" wusste er zu berichten,[136] von „Antisemitismus als politischer Waffe".[137] Harter Tobak für zarte deutsche Seelen, die weder wollen, dass ihre ehrlich gemeinte „Wiedergutmachung" in Verruf gerate, noch dass der Fetisch „Israel", den sie sich als Schuttabladeplatz für ihre schuldbeladenen Befindlichkeiten erkoren haben, demontiert werde. Seelenökonomisch günstiger, vor allem aber ideologisch lohnenswerter ist es da, Finkelstein gleich als (jüdischen) „Antisemiten" und „Geschichtsrevisionisten" zu apostrophieren, womit sich denn die notwendige Auseinandersetzung mit seinen Aussagen erübrigt. Es ist schon merkwürdig, mit welcher Unbeschwertheit nichtjüdische Deutsche heutzutage Juden als „Antisemiten" zu schmähen sich anmaßen, wenn diese die wackligen Prothesen ihrer über „Juden" und „Israel" gewonnene Identität ins Wanken bringen.

Was war geschehen? Prof. Rolf Verleger, Vorsitzender der „Jüdischen Stimme für gerechten Frieden in Nahost", brachte es wie folgt auf den Punkt:[138] Der Titel der geplanten Veranstaltung Norman Finkelsteins lautete „Ein Jahr nach dem israelischen Überfall auf Gaza – die Verantwortung der deutschen Regierung an der fortgesetzten Aushungerung der palästinensischen Bevölkerung". Vor der Wahrheit, die Finkelstein darzulegen und zu erörtern gedachte, hätte die deutsche „Lobbygruppe des israelischen Schlag-zu-Nationalismus" große Angst gehabt. „Also wurde eine Kampagne geführt. Der auf seine elterlich-jüdische Tradition stolze Finkelstein wurde als ‚Antisemit' und ‚Geschichtsrevisionist' diffamiert, mithin in die Nazi-Ecke gestellt. Die Jüdische Gemeinde Berlin, jüdelnde Gruppen in Der Linken (Arbeitskreise namens ‚Shalom') und ein jüdischer Arbeitskreis in der SPD riefen zur Demonstration gegen Finkelstein auf. Mit diesen Gruppen wollte es sich die Evangelische Kirche ohne Not nicht verderben, ebenso die Parteistiftung der Grünen, und ebenso die Parteistiftung der Linken: Sie alle zogen ihre Zusagen zur Organisation der Veranstaltung zurück. Da nutzte es nicht genug, dass Finkelstein selbst Jude ist und dass wir, die Jüdische Stimme für gerechten Frieden in Nahost, Mitveranstalter waren". Zwar gab es eine neue Raumzusage der „Junge Welt"-Ladengalerie in Berlin. Aber es handelt sich um einen relativ kleinen Saal, und so sei Finkelstein zur Einschätzung

gelangt, dass die Streitereien sein eigentliches politisches Anliegen zu
sehr überlagern würden, und sagte seine Deutschlandreise ab.

Rolf Verleger deutete diesen Erfolg der „Lobby", welche in Berlin
die Kirche, die Grünen und die Linke „wieder auf Linie gebracht" hatte, als „Pyrrhus-Sieg". Er meinte, dass es Gegenkräfte auf den Plan rufen werde, und vermutete gar, dass es in der Rosa-Luxemburg-Stiftung
bereits „rumort". Solcher Optimismus ist honorig, man soll ja als politischer Mensch stets Perspektiven öffnen oder zumindest offen halten.
Die Richtigkeit von Verlegers Einschätzung darf indes bezweifelt werden. Um diesen Zweifel zu begründen, vor allem im Hinblick auf Umtriebe der letzten Zeit in den Gefilden der Linken-Partei, seien hier zunächst charakteristische Stellungnahmen relevanter Protagonisten herangezogen. So erklärten der Vorstandsvorsitzende der Rosa-Luxemburg-Stiftung, Heinz Vietze, und das geschäftsführende Vorstandsmit-
glied Florian Weis die offizielle Raumabsage an Finkelstein wie folgt:
„Wir halten eine Auseinandersetzung mit dem Goldstone-Report für
dringend geboten. Die politische Brisanz eines Vortrages ausschließlich von Norman Finkelstein zu diesem Thema haben wir allerdings
unterschätzt, als wir im Dezember 2009 einen Raum für dieses Vorhaben zusagten. Wir bedauern dies zutiefst. Unser Ansinnen, das Podium am 26. Februar 2010 um einen Gegenpart zu Norman Finkelstein
zu erweitern, ist von den Veranstaltern leider abgelehnt worden. Unser
Bildungsauftrag setzt aber unter anderem kontroverse und plurale Debatten voraus. Für eine sachliche und ausgewogene Diskussion zu den
Konflikten im Nahen und Mittleren Osten bereitet die Rosa-Luxemburg-Stiftung gegenwärtig eine eigene Veranstaltungsreihe vor."[139]

Ausflüchte sind kein sehr ehrenwertes Mittel, um Handlungs- und
Gesinnungsdefizite zu überbrücken, aber selbst sie sollten einigerma-
ßen glaubwürdig und, wenn möglich, intelligent sein. Von welcher politischer Kompetenz zeugt es, wenn führende Personen der Linken-Par-
teistiftung meinen, eingestehen zu sollen, die „politische Brisanz eines
Vortrages ausschließlich von Norman Finkelstein" zum Thema des
Goldstone-Berichtes „unterschätzt" zu haben? Was kann man nicht
von vornherein gewusst haben? Wer Finkelstein ist? Was der Goldstone-Bericht auflistet? Was die Deutung dieses Berichts durch Finkelstein
erwarten lässt? Und dann das „Ansinnen", das Podium „um einen Gegenpart zu Norman Finkelstein zu erweitern". Warum meinte man,
das tun zu sollen? Achtet die Rosa-Luxemburg-Stiftung immer auf einen Gegenpart, wenn es um Kontroverses geht, oder ist es eigentlich
so, dass Finkelstein selbst den Gegenpart zur gegenwärtigen Ausrichtung von Partei und Stiftung bildet, und diesem Gegenpart ein Gegen-

part entgegengestellt werden sollte, sobald es öffentlich mulmig wurde
und man meinte, vor der eigenen Courage in Ohnmacht fallen zu sollen? „Sachlich und ausgewogen" sollen die Konflikte diskutiert werden, heißt es in der Verlautbarung. Meint man allen Ernstes, dass man
im real vorwaltenden Kräftefeld des gegenwärtigen deutschen Diskurses über den Nahostkonflikt ausgewogen sei, wenn man dem bereits im
Vorfeld geächteten Finkelstein einen aus dem hegemonialen Konsens
herbeibemühten „Gegenpart" entgegensetzt? Und wie „sachlich" will
man sein, wenn das, was den Inhalt des Goldstone-Berichts ausmacht,
nicht zunächst als Resultat dessen begriffen wird, was das Unausgewo-
gene des realen Konflikts zwischen Israelis und Palästinensern – vor
allem in der Gewaltanwendung – ausmacht? Linke wussten einst im
Hinblick auf derlei Realitäten, „Ausgewogenheit" als schönrednerische
Ideologie zu entlarven.

Aber nicht nur die ausgewogen kämpfende Stiftung gibt es in der
Partei der Linken, sondern auch einen Nachwuchs, den die Partei hoff-
nungsfroh und zukunftsweisend aus sich wachsen lässt. Innerhalb des
Jugendverbands der Partei „Linksjugend [‚solid]" hat sich in den letzten Jahren der Bundesarbeitskreis Shalom (BAK Shalom) gebildet, dessen raison d'être offenbar darin besteht, so viel Israelsolidarität performativ in die deutsche Öffentlichkeit zu tragen, dass es Israelis fast
unheimlich damit werden kann: So ein intensives Geschwenke von Israelfahnen kennt man im israelischen Alltag, wenn überhaupt, in den
Sphären nationalistisch enthusiasmierter Rechter. Es wird zudem nicht
wenige jüdische Israelis geben, die auf eine geborgt-angeeignete „jüdische" Identität von Deutschen mit einigem neuralgischen Argwohn reagieren dürften; man fühlt sich unangenehm berührt, wenn Deutsche
übertrieben auf „Jüdisches" abfahren. Assoziationen kommen auf.

Natürlich konnte sich der BAK Shalom nicht bedeckt halten, als es
darum ging, Israel vor Norman Finkelstein (in Deutschland) zu retten.
Nicht zufällig trägt denn der diesbezügliche Hauptartikel der BAK-
Shalom-Homepage den siegeseuphorischen Titel „Norman Finkelstein
erfolgreich verhindert".[140] Was da *erfolgreich* veranstaltet worden ist,
kann nicht anders bezeichnet werden, als das, worauf sich der BAK
Shalom in der kurzen Zeit seines Bestehens offenbar spezialisiert hat,
nämlich als Hetzkampagne gegen Finkelstein, die der Bundessprecher
des Arbeitskreises Benjamin Krüger u.a. mit folgenden Worten begründete: „Finkelstein ist international bei Antisemiten beliebt, weil ihm allein durch die Tatsache, dass er sich als Jude und Sohn von Holocaust-
Überlebenden bezeichnet, Glaubwürdigkeit und die absolute Wahrheit
bescheinigt wird." Nach heftigen Protesten gegen seine Aussage gab

Krüger folgende Erklärung ab: „Ein kleiner Hinweis zum Artikel. Der Absatz ‚Finkelstein ist international bei Antisemiten beliebt, weil ihm allein durch die Tatsache, dass er sich als Jude und Sohn von Holocaust-Überlebenden bezeichnet, Glaubwürdigkeit und die absolute Wahrheit bescheinigt wird‘ wurde geändert in ‚Finkelstein ist international bei Antisemiten beliebt, weil ihm allein durch die Tatsache, dass er Jude und Sohn von Holocaust-Überlebenden ist, Glaubwürdigkeit und die absolute Wahrheit bescheinigt wird‘. Es gab zur ersten Version Irritationen, da man diesen auch hätte falsch verstehen können. Natürlich ist es keinesfalls die Absicht, Finkelstein die Tatsache zu nehmen, dass er Jude und Sohn von Holocaust-Überlebenden ist. Die aktualisierte Fassung drückt nun eindeutig aus, was wir meinen".

Sehr honorig, dass man Norman Finkelstein nicht die Tatsache nehmen will, dass er Jude und Sohn von Holocaust-Überlebenden ist. Ob man Krügers Zugeständnis freilich trauen darf, sei dahingestellt. Es will zuweilen scheinen, als wollten er und seinesgleichen Juden, die ihnen nicht in den ideologischen Kram passen, sehr wohl am liebsten ihr Judentum „nehmen", vor allem aber das, was ihnen offenbar als ein begehrenswertes kulturelles Kapital vorkommt: dass sie Kinder von Holocaust-Überlebenden sind. Es sei Krüger hiermit beschieden: Nachkomme von Shoah-Überlebenden zu sein, ist lebensgeschichtlich ein sehr kleines Vergnügen, und es sollten vor allem deutsche Institutionen (solche, die vorgeben, links zu sein, allemal) sich davor hüten, ihre perfiden rhetorischen Jongleurspielchen mit dieser „Tatsache" zu treiben. Wenn Benjamin Krüger meint, den Antisemitismus bekämpfen zu sollen, dann lege er sich zunächst die minimale intellektuelle Rechenschaft über diesen geladenen Begriff ab, vermeide es vor allem, Israel, Judentum und Zionismus, mithin Antisemitismus, Antizionismus und Israelkritik wahllos in (s)einen deutschen Eintopf zu werfen, um es, je nach Lage, opportunistisch zu verkochen und demagogisch einzusetzen; vor allem aber sehe er zu, dass er aufhört, Juden ihr Judentum und Kindern von Shoah-Überlebenden ihre Lebenstragödie deutsch-vorlaut zu bescheinigen. Es gibt Unappetitlichkeiten, die man selbst einem jungen Ideologen nicht nachsehen kann.

Was nun Norman Finkelstein selbst anbelangt, so dürfte er keine Handhabe darüber haben, von wem er zu welchen Zwecken vereinnahmt wird. Wer hätte das schon? Doch nur sogenannte „Ausgewogene", die das Gesinnungsequilibrium so rigoros betreiben, dass man vor lauter Gleichgewicht der Meinungen „neutral" alles zulassen kann (um dann aber doch festzustellen, dass man der Vereinnahmung letztlich nicht zu entrinnen vermag). Sein Anliegen erklärt der für seine Red-

lichkeit oft angefeindete Finkelstein jedenfalls wir folgt: „Die moralische Herausforderung, die sich für die Deutschen ergibt, könnte nicht
größer sein. Sie besteht darin, einerseits der Verantwortung gerecht zu
werden, die ihnen aus den Verbrechen des ‚Dritten Reichs' gegen das
jüdische Volk erwächst, es andrerseits aber auch nicht zuzulassen, dass
ihnen aufgrund dieses schrecklichen Vermächtnisses das Recht abge-
sprochen wird, aktuelle Verbrechen anzuprangern, nur weil diese von
einem Staat begangen werden, der sich selbst als jüdisch definiert. Sich
dieser Herausforderung zu stellen, ist in Wahrheit die würdigste Form
der Holocaust-Erinnerung."[141]

Norman Finkelstein war freilich nicht das einzige Opfer dieser rigi-
den Politik der Ausgrenzung und Gesprächsverweigerung. Regelmäßig
geht dabei die Initiative von Israellobbies aus, die gezielt Universitäten und Vermieter von Veranstaltungsorten unter Druck setzen, israelkritische Referenten nicht auftreten zu lassen. Auf diese Weise sollte auch der israelische Historiker Ilan Pappe daran gehindert werden,
sein Buch über die „Ethnische Säuberung Palästinas" öffentlich zu diskutieren. In Wien war es das von der evangelischen Diakonie betriebene „Albert Schweitzer Haus", das sich von der Israellobby einspannen
ließ und im Dezember 2008 in letzter Minute den Saal für Ilan Pappe
sperrte. Den auf ihrer Homepage verkündeten Anspruch der Diakonie
„ein weltoffener Ort" zu sein, „der Menschen aus unterschiedlichen
Weltregionen, Kulturen und sozialen Hintergründen beherbergt und
zur Begegnung einlädt", verhöhnte die Kultureinrichtung damit offen
und schamlos. Oft sind es auch Universitäten beispielsweise in Wien,
München oder Frankfurt/Main, die israelkritische Referenten wie Ilan
Pappe, Ted Honderich, Georg Meggle, Norman Finkelstein u.a. ausla-
den. Als Argument dient ihnen ein Vorwurf, den sie gleichzeitig nicht
diskutieren lassen: „Antisemit!"

Es ließe sich noch manches zu den borniert en ideologischen Abläufen des der Rauswürfe von Finkelstein oder Pappe aus diversen Veranstaltungsorten anmerken.[142] Dessen bedarf es aber nicht; liegen doch die
Dinge deutlich genug auf der Hand. Bemerkenswert bleibt indes doch,
mit welcher Verve sich gerade diejenigen z.B. als Zensoren der Finkel-
stein-Veranstaltung aufplusterten, die wenige Monate zuvor in drama-
tisch amplifizierter Verfolgten-Larmoyanz beim Hamburger Lanz-
mann-Vorfall gegen die „Zensur" aufheulten; mit welcher Selbstverständlichkeit sie sowohl die politische Aktion gegen Lanzmanns Film
als auch den ihnen in die Quere gekommenen Juden Finkelstein als Antisemiten zu apostrophieren sich anmaßten. Von den jüdischen Protagonisten dieser Perfidie wird noch an anderer Stelle zu reden sein. Inte-

ressanter jedoch sind in diesem Zusammenhang eher die sich in nämlicher Perfidie hervortuenden nichtjüdischen Deutschen. Man fragt sich immer wieder, was es wohl damit auf sich habe, dass sie sich so unverhohlen als peinlich selbstgewisse Sachwalter der „Antisemitismus"-Bekämpfung aufspielen, mithin alles ideologisch nieder rennen, was sie selbst für verfolgungswürdig erachten und wofür ihnen kein Mittel der Verleumdung, der Besudelung, der Hetze zu gering zu sein scheint. Es gab Zeiten, in denen man noch geneigt gewesen wäre, ihnen ihr überspanntes Gehabe als politische Lehre und zivilgesellschaftliche Schlussfolgerung aus der verbrecherischen deutschen Geschichte des 20. Jahrhunderts, gleichsam als Erbschaft der 68er-Emphase, zugute zu halten. Von dieser Vorstellung darf man sich ganz und gar verabschieden. Denn war es schon vor vierzig Jahren mehr als fraglich, ob sich die (neue) deutsche Linke um reale Juden bzw. jüdische Realitäten allzu sehr kümmerte, so kann heute mit Bestimmtheit behauptet werden, dass reale Juden als reale Objekte antisemitischen Ressentiments (von Verfolgung kann ohnehin nicht die Rede sein) die vorgeblichen deutschen „Linken", welche sich ihrer in der sogenannten „antideutschen" Gesinnungsfunktion angenommen haben, überhaupt nicht interessieren, sie ihnen vielmehr als das Abstraktum dienen, dessen sie bedürfen, um sich (deutschbefindlich) selbst zu setzen. Galt dabei früher noch dieses Selbstverständnis als Abgrenzungskriterium gegenüber einem wirtschaftswunderlichen deutschen Polit- und Sozialestablishment, so erfüllt es heute die Funktion des Gesinnungskapitals einer sich gerade mit dem Establishment eins wissenden politischen Praxis: „Antisemitismus"-Hysterie und die Ideologie davon hergeleiteter „Israelsolidarität" von „Antideutschen" verträgt sich bestens mit dem hegemonialen Tenor der deutschen Regierung (und ihrer „Staatsräson"), mit der bürgerlichen Presse und der moralischen Richtfunktion der in ihrer realen Bedeutung maßlos überschätzten jüdischen Institutionen Deutschlands. Was dabei aber besonders ins Auge fällt, ist, wie sehr der Antisemitismus-Vorwurf und die an ihn gekoppelte „Israelsolidarität" sich von Juden und Israel losgelöst, mithin zu freischwebenden Selbstläufern gewandelt haben, allzeit abrufbar für jede sich bietende Gelegenheit narzisstisch-politischer Selbstsetzung. Ein prominenter Vertreter dieser Gesinnungskaste proklamierte vor einigen Jahren – auf einen tatsachenfremden Unsinn, den er gerade über Israel geäußert hatte, hingewiesen –, Israel interessiere ihn eigentlich gar nicht, es gehe ihm vielmehr um Deutschland. Seine lapidaren Worte widerspiegelten in jenem Moment bestechender Ehrlichkeit einen Wahrheitskern der gesamten ideologischen Konstellation, für die er – der nach einigem Bekunden nie in Israel war und es nie zu besuchen

gedenkt – einsteht: Es geht den großen „Antisemitenjägern" gar nicht
um Juden, es geht ihnen auch gar nicht um den Antisemitismus, es geht
ihnen, den sich „antideutsch" Wähnenden, um nichts mehr als um ihr
Deutschsein; wie germanische Laokoons hadern sie mit der ihnen historisch aufgebürdeten Last. Links wollten sie dabei einst sein – deutscher
denn je sind sie jedoch gerade darin geworden.

Unerörtert darf hier bleiben, dass sich die euphorisierten deutschen
Anhänger Israels offenbar nicht bewusst sind, sich mit einer Israel zunehmend schadenden Politik israelischer Regierungen zu solidarisieren. Es kann ihnen ja nicht abgefordert werden, was sich selbst die allermeisten israelischen Bürger noch nicht klargemacht haben – dass nämlich Israels Politik das Land in eine historische Sackgasse treibt, welche
das gesamte zionistische Projekt bedroht, ihm womöglich gar den Ruin
bescheren könnte.[143] Zumindest Zionisten und ihren gutwilligen An-
hängern sollte dies schlaflose Nächte bereiten. Anvisiert werden sollte
hingegen ein anderer Aspekt des Phänomens der selbsternannten „Antisemitenjäger": Man mag sich fragen, wie sich ihre stets hysterisch-
überspannte Obsession, überall und in allem „Antisemitismus" wittern
zu sollen, erklärt. Denn es fällt auf, dass sie sich selbst dort paranoid zu
gebärden pflegen, wo sie selbst als medial vernetzte Majorität die Keule
des Antisemitismus-Vorwurfs über Einzelne bzw. über politische Mi-
noritäten schwingen; dass sie selbst dort die Larmoyanz von Gejagten
anstimmen, wo sie ihre Hetze in Gang setzen. Dass sie sich erlauben
können, dies zu tun, liegt auf der Hand: Gehören sie doch vermeintlich
zu den „good guys" der bundesrepublikanischen politischen Kultur;
sie betreiben ja vorgeblich, was jedem anständigen Deutschen vor dem
Hintergrund der desaströsen deutschen Vergangenheit obliegen sollte.
Aber diese Apologie dessen, was letztlich nichts als die ideologische
Instrumentalisierung eben dieser deutschen Vergangenheit darstellt,
kann lediglich die *Legitimation* des ideologischen Missbrauchs erklären, nicht die Obsession selbst. Was also hat es mit dieser ideologisch
geschwängerten Obsession auf sich?

Der aus dem Jiddischen stammende hebräische Spruch „Auf dem
Kopf des Diebes brennt der Hut" besagt, dass ein sich seiner Taten
schämender Mensch dies durch sein Verhalten offenbart. Diese Einsicht lässt sich (mit Freuds „Psychopathologie des Alltagslebens") in
die allgemeinere Feststellung modifizieren, dass verdrängte innere Regungen die Neigungen aufweisen, „wiederzukehren" bzw. sich im äu-
ßeren Verhalten („an der Oberfläche") gewandelt niederzuschlagen.
Die Obsession „antideutscher" Beschäftigung mit „Antisemitismus"
ist in dieser Hinsicht beredt: Ähnlich wie der Antisemit, der in allem

Jüdischen paranoid eine Bedrohung gewahrt, weil er auf den Juden eigene Ängste und Lebensdefizite projiziert und sich mit ihm gerade darin heimlich identifiziert, erblickt der „antideutsche" Juden- und Is-
raelfreund in allem den drohenden „Antisemitismus", auf den er das
projiziert, was er sich selbst nicht eingestehen darf, gerade weil er sich
mit ihm identifiziert: die eigene, in die Latenz verwiesene antisemitische Regung. Nicht zuletzt das meinte das provokante Diktum „Die
Deutschen werden den Juden Auschwitz niemals verzeihen". Die „Antideutschen" auch nicht. Das, was sie meinen, an „den Juden", an „Israel", am „Zionismus" „wiedergutmachen" zu sollen, ist nichts als die
durchs Zulässige überspielte Wut darüber, nichts „wiedergutmachen"
zu können, mithin im (kollektiv) Verbrochenen verharren zu müssen.
Einzig der Jude kann sie von ihrer Schuld, vom Unbehagen ihres psychischen Seins erlösen. Das macht sie wütend; die Wut können sie sich
aber nicht erlauben; daher tabuisieren sie den Juden und kompensieren
ihre Aggression ihm gegenüber, indem sie ihn (und alles, was zu ihm
gehört) unantastbar werden lassen. Umso willkommener ist ihnen, was
der Jude antastet – so auch die von jüdischen Israelis an Palästinensern
ausgeübte Gewalt: Was sie nicht an den Juden ausleben dürfen, sollen
Juden an den Palästinensern austoben können. Bekannt sind ja mittlerweile die ideologischen Auswüchse des „antideutschen" Bellizismus.[144]
Es wäre an der Zeit zu bedenken, welche psychischen Abgründe sich
erst einmal öffnen, wenn man die „Vorstellungswelt entfesselter Brutalität, in der ‚antideutsche' Blogger ihren sozialdarwinistischen Gewaltphantasien freien Lauf lassen können", ermisst, eine Vorstellungswelt,
von der gerade „die Zahl der mit israelischen *Merkava*-Panzern und
sonstigem Kriegsgerät geschmückten Internetauftritte" von „Antideutschen" ein beredtes Zeugnis ablegen.[145] Wie nichtjüdische Deutsche mit
diesem „antideutschen" Phänomen umgehen, ist eine Sache. Eine ganz
andere der Umgang von Juden mit ihm. Bedenken sollten sie dabei, was
alles an Unverdautem unter der Maske der ihnen schmeichelnden „Israelsolidarität" und „Antisemitenjagd" west, vor allem aber die Quelle der Obsession von zu Jägern mutierten psychisch Gejagten, die den
Eros ihrer „antideutschen" Selbstverneinung einzig aus dem verdräng-
ten Ressentiment denen gegenüber zu beziehen vermögen, an denen sie
schuldig geworden sind.

Nachträge

Die im letzten Kapitel erörterte Symbiose von latentem antisemitischen Impuls und euphorisierter Israel- und Judenliebe nimmt unterschiedliche Formen gestandener Perversion an, nicht zuletzt auch pornographische. Dass die Verbindung von Shoah und Pornographie ein vermarktbares Thema abgeben kann, manifestierte sich bereits in den berüchtigten Stalag-Taschenbüchern, die sich gerade im Israel der 1960er Jahre großer Beliebtheit erfreuen durften.[146] Auch Liliana Cavanis umstrittener Film „Der Nachtportier" von 1974 hatte diesen Topos, freilich auf gehobenerer künstlerischer Ebene, zum Thema.[147] Aber es bedurfte schon eines „antideutschen" Blog-Betreibers, um im Dezember 2008 folgende *nicht*fiktionale Widerlichkeit in die Welt zu setzen. Der sich als „grejpfrut" selbst anonymisierende Autor – aller Vermutung nach der stellvertretende Bundessprecher des BAK Shalom[148] – wusste in seinem mit dem Titel „Lipstick Israel" benannten Blog, der den bezeichnenden Untertitel „vacation fun communism" trägt, von einer bemerkenswerten persönlichen Erfahrung zu berichten: *„während mein opa irgendwo an der ostfront für den nationalsozialismus gekämpft hat, hat ihre großmutter als kleines kind während der todesmärsche um ihr leben kämpfen müssen. und zwei generationen 60 jahre später treffen sich die kindeskinder zu später stunde, um andauernd miteinader rumzumachen. crazy shitty world…".*[149] Man muss schon zweimal hinschauen, um seinen eigenen Augen zu trauen. Dabei sollte man aber nicht den Fehler begehen, den Gehalt der Zeilen als geschmacklosen bzw. unappetitlichen Ausrutscher abzubuchen und beiseite zu schieben. Denn die Widerlichkeit birgt einen Wahrheitskern in sich: Sie indiziert nicht nur die unter „Antideutschen" längst zur verbalen Routine verkommene Trivialisierung von Antisemitismus und eben auch Shoah, und zwar gerade durch ihre unentwegte, vermeintlich gedenkende Heraufbeschwörung; nicht nur die erbärmliche Perversität des Anspruchs auf Überbrückung von Unüberbrückbarem und „Wiedergutmachung" dessen, was für immer unwiederherstellbar, mithin „unwiedergutmachbar" bleiben muss; sondern sie zeugt auch von jener offenbar unbezähmbaren Sehnsucht (der vom „Täter"-Bewusstsein Gepeinigten) nach symbiotischer Vereinigung mit den „Opfern", vom Bedürfnis, sich ihnen anzugleichen, vom Verlangen, sich ihre Identität zu erborgen, ja sich dieser Identität (gegebenenfalls phallisch) zu bemächtigen. Über den in jugendlichem Slang als „andauernd miteinander rummachen" apostrophierten Sexualverkehr werden dabei Täter-

Opa und überlebende Oma noch einmal salopp zusammengeführt, so als versöhnten sie sich nachträglich im Tun ihrer „miteinander andauernd herummachenden" Enkelkinder.

Nichtjüdische „Antideutsche" mögen so etwas lieben. Deutsche (bzw. in Deutschland lebende) Juden eher nicht. Dass sich aber auch diese Juden an der zelebrierten Anti-Antisemitismus-Euphorie „antideutscher" Provenienz, freilich aus eigenen, wenn auch durchaus wahlverwandtschaftlichen Motivationen, zu delektieren vermögen, beweisen die Vertreter ihrer Institutionen in zunehmendem Maße. So warnte im Mai 2010 Charlotte Knobloch, Präsidentin des Zentralrats der Juden in Deutschland, in einem Interview vor „linkem Antisemitismus".[150] Der Interviewer, Richard Herzinger, fragte sie: „Bei dem rechtsextremen Antisemitismus weiß man zumindest sofort, woran man ist. Verbirgt sich aber nicht auch hinter dem ‚Antizionismus' und der ‚Israelkritik' der Linken bisweilen Judenfeindschaft?". Charlotte Knobloch hatte sofort eine Antwort parat: „In der Tat sind die Linken in dieser Hinsicht jahrelang falsch eingeschätzt worden. Das war ein großer Fehler – von allen, auch von uns im Zentralrat. Aussagen, die mir von dieser Seite zu Ohren kommen, sind absolut mit denen der Rechten gleichzusetzen. Sagte man nicht dazu, von woher sie stammen, würde ich sie für Aussagen von Rechts halten. Die Linke hat sich inzwischen derartig eindeutig antiisraelisch bis antijüdisch positioniert, dass dieses Problem unbedingt mit der Bekämpfung des Rechtsextremismus gleichgestellt werden sollte. Ich habe das früher nicht geglaubt, jetzt aber schon". Das Manipulative der gestellten Frage sticht ins Auge: Antizionismus und Israelkritik (in Anführungszeichen gesetzt) werden vom „fragenden" Interviewer wie selbstverständlich mit Antisemitismus gleichgesetzt, eine Gleichsetzung, die Knobloch mit einem gefälligen „In der Tat" absegnen kann, um dann von einer jahrelang währenden falschen Einschätzung der Linken „in dieser Hinsicht" zu reden, welche ein großer Fehler „von allen, auch von uns im Zentralrat" gewesen sei. Über die Verschwisterung des Zentralrats mit „allen" kann man getrost hinwegsehen; Knobloch vollführt dabei lediglich die opportune Gleichschaltung mit einer allgemein akzeptierten und weidlich praktizierten Abgrenzung von den Linken Deutschlands. Sie aber müsste doch am besten wissen, dass das jüdische Establishment in Westdeutschland der Nachkriegszeit *nie* etwas mit den Linken anfangen konnte, sie mithin immer schon als feindlich gesinnt einschätzte, und zwar nicht nur, weil deutsche Linke sich zionismus- und israelkritisch gebärdeten, sondern vor allem weil sie – sozialökonomisch strukturiert, wie die in Deutschland lebenden Juden nun einmal waren – nie etwas mit den gesellschaftlichen Bestrebungen der Linken und den diesen Bestrebungen unterlegten Anschauungen und Werten am Hut hatten. Linke als das wahrzunehmen, was die „Neueinschätzung" des Zentralrats vorgeblich zutage gefördert hat, ist wahrlich keine Neuigkeit unter den jahrzehntelang in Deutschland lebenden Juden gewesen. Charlotte Knobloch kann sich da auf eine gestandene Tradition berufen; ihre Rhetorik im Jahre 2010 ist nichts als die gern vollführte Affirmation eines zeitgeistigen Konsenses.

Der Interviewer hakte – scheinheilig kritisch – nach: „In jüngster Zeit machen aber auch jüdische Gruppen lautstark und zum Teil aggressiv auf sich aufmerksam, die den jüdischen Gemeinden vorwerfen, aus falsch verstandener Loyalität Kritik an der israelischen Regierungspolitik zu unterdrücken". Charlotte Knobloch wusste auch darauf eine Antwort: „Nun gibt es die schärfsten Kritiker der israelischen Politik ja in Israel selbst. Die meisten sind sich jedoch über die Parteien hinweg im Ziel der Zwei-Staaten-Lösung einig. Die Schwierigkeit ist jedoch, wer dabei der Partner Israels sein soll. Und die jüdischen Israelkritiker, die sich jetzt hier in Deutschland hervortun, sollten ihre Aufmerksamkeit zuerst einmal auf jene richten, die tatsächlich verhindern, dass die Zwei-Staaten-Lösung kommt. Wenn die Hamas heute immer noch sagt, Israel müsse ausradiert werden, wenn ihre Gegenspieler in der palästinensischen Führung ihrerseits zu schwach sind, das Existenzrecht Israels eindeutig anzuerkennen, wie kann man da zu einer Friedenslösung kommen?"

Die Kompetenz Knoblochs in Sachen deutscher Linker ist schon fragwürdig genug. Als gänzlich inkompetent bzw. ideologisch verblendet (eventuell auch nachgerade verlogen) erweist sie sich in der Erörterung zentraler Koordinaten des israelisch-palästinensischen Konflikts. So kritikwürdig die Ideologie der Hamas sein mag (deren Fundamentalismus dem regressiven Fundamentalismus der nationalreligiösen jüdischen Siedler im Westjordanland übrigens in nichts nachsteht) – weiß Knobloch wirklich nicht, wie es zur Heraufkunft der Hamas innerhalb der palästinensischen Kollektivität kam, und welche maßgebliche, bewusst eingenommene Rolle die israelische Politik darin bereits in den 1970er Jahren spielte? Weiß sie denn wirklich nicht, warum die Gegenspieler der Hamas in der palästinensischen Führung so schwach sind, und dass genau diese Schwäche das erklärte Ziel der Sharonschen Politik bereits in den 1980er Jahren war, damit es *nicht* zum Vollzug der Zwei-Staaten-Lösung komme? Ist sich die Präsidentin des Zentralrats der Juden in Deutschland allen Ernstes nicht darüber im klaren, dass es Israels nunmehr 43 Jahre währende Okkupationspolitik ist, die die

Strukturen und Bedingungen der *Verhinderung* einer Lösung herstel-
len, weil Israel die Lösung nie *real*, sondern stets nur als scheinheili-
ges Lippenbekenntnis wollte. Die Hamas-Bewegung kann sich das Verschwinden Israels von der Landkarte noch so emphatisch wünschen,
wie denn viele Israelis die reziproke Elimination der Palästinenser aus
ihrem Leben herbeisehnen, aber was bedeutet das schon, gemessen am
real herrschenden Besatzungsregime, das sich nicht damit begnügt, sich
etwas zu wünschen, sondern die Unterdrückung Tag für Tag, Jahr für
Jahr praktisch vollführt – einmal abgesehen davon, dass nicht zuletzt
das der Grund dafür sein mag, warum die Hamas postuliert, Israel müsse ausradiert werden. So ist es, wenn man eine reale Schwäche durch
ohnmächtige Wunschvorstellungen zu kompensieren sich genötigt
sieht. Charlotte Knobloch darf sich die erneute Lektüre der „Hagada"
von Pessach vornehmen, um einiges über diesen Aspekt der ideologisierten Kollektivpsyche von verfolgten Schwachen zu lernen.

Herzinger stellte daraufhin die sich aufzwingende Frage: „Wie weit
ist es überhaupt die Aufgabe jüdischer Gemeinden in Deutschland,
zu Israel und der israelischen Politik Stellung zu nehmen?" Charlotte
Knobloch war ehrlich genug einzugestehen: „Meine Meinung dazu ist
sehr persönlich geprägt. Als ich ein Kind war, habe ich erlebt, dass wir
Juden nicht auf Parkbänken sitzen, keine öffentlichen Verkehrsmittel
benutzen und uns praktisch nur noch in unseren Wohnungen aufhalten durften, bis auch die konfisziert wurden. Die Menschen kamen ver-
zweifelt zu meinem Vater, der Anwalt war, weil sie vergeblich auf Aus-
reisepapiere gewartet hatten und stattdessen ihre Deportationsbefehle
erhielten. Hätte es damals einen Staat gegeben, der jüdische Menschen
aufgenommen hätte, hätten alle diese Menschen eine Überlebenschance
gehabt. Es ist gut, dass die Juden in der Welt aufgrund der Vergangenheit – nicht nur in Deutschland – einen Staat haben, der sie aufnimmt.
Denn wir wissen nicht, was die Zukunft in anderen Ländern für sie bereithält. Dazu gibt es bei vielen jüdischen Menschen natürlich familiäre Verbindungen zu Israel. Ich selbst habe eine Tochter und drei Enkelkinder dort, das Jüngste ist derzeit bei der israelischen Armee. Das
hindert uns aber nicht daran zu sagen, was uns an politischen Entscheidungen in Israel nicht gefällt. Wir Juden in Deutschland, in der Diaspora überhaupt, werden von der israelischen Regierung ja nicht in ihre
Entscheidungen einbezogen. Unabhängig von meiner persönlichen Situation ist ganz grundsätzlich zu sagen: Die jüdischen Gemeinden in
Deutschland haben eigentlich nicht die Aufgabe, zur Politik der israelischen Regierung Stellung zu nehmen. Sie haben nur schlicht keine
Wahl, weil ihre nichtjüdischen Gesprächspartner in diesen Diskussio-

nen, nicht zwischen Juden und Israelis entscheiden [sic! – sollte wohl „unterscheiden" heißen]".

Charlotte Knobloch geht sehr behutsam mit dem Status, den die in der deutschen „Diaspora" lebenden Juden in den Augen der israelischen Regierung (und vieler Israelis) einnehmen, um. Denn nicht nur werden sie in die Entscheidungen der israelischen Regierung nicht mit einbezogen, sondern sie wurden über Jahrzehnte (als im „Täterland" lebende Juden) für die unwürdigsten aller „diasporischen Juden" erachtet, wenn man schon diesen Terminus des israelischen Zionismus verwenden möchte, wie es Charlotte Knobloch tut. Das hat die jüdischen Gemeinden in der alten BRD und im vereinten Deutschland nie daran gehindert, ihre unbedingte Loyalität zum Staat Israel zu wahren, eben aus Gründen, die Charlotte Knobloch als ihre lebensgeschichtliche Prägung aufzählt. Nun bekleidet aber Frau Knobloch eine offizielle Funktion, die ihr etwas abfordert, das über ihre persönlichen Empfindungen und individuellen Einstellungen hinausgeht – es sei denn ihre Idiosynkrasien sind offizielle Ideologie des Zentralrats der Juden in Deutschland, in welchem Fall sie sich der Frage stellen müsste, nicht *ob* es „überhaupt die Aufgabe jüdischer Gemeinden in Deutschland, zu Israel und der israelischen Politik Stellung zu nehmen" sei, sondern welchen Inhalts solche Stellungnahmen sind. Denn wenn es bei der unabdingbaren Solidarität mit Israel und der Nichthinterfragung seiner Politik letztlich einzig darum geht, dass es gut sei, dass „Juden in der Welt aufgrund der Vergangenheit […] einen Staat haben, der sie aufnimmt", dann muss sich Charlotte Knobloch der Frage stellen, ob nicht mit der automatischen Hinnahme der israelischen Politik ein historischer Weg abgesegnet wird, der gerade zum Ruin Israels, mithin zum Zusammenbruch des gesamten zionistischen Projekt führen muss – womit denn die Versicherungspolizze, die sich Charlotte Knobloch als lebensgeschichtlich begründetes Abstraktum bar aller zur Debatte stehenden Realitätsbezüge zurechtargumentiert, von Grund auf infrage gestellt sein dürfte. Die Behauptung, die jüdischen Gemeinden in Deutschland hätten „schlicht keine Wahl", zur israelischen Politik Stellung zu nehmen, „weil ihre nichtjüdischen Gesprächspartner in diesen Diskussionen nicht zwischen Juden und Israelis" unterschieden, darf entsprechend als eine der vielen Widersprüche in Knoblochs Argumentation abgebucht werden: Sie hat recht mit der (zumindest latent) suggerierten Forderung, dass man zwischen Juden und Israelis unterscheiden müsse, aber sie selbst hält sich mitnichten an diese Forderung: Die Schlussfolgerung aus ihrer eigenen jüdischen Leiderfahrung lässt doch gerade sie zum Postulat eines jüdischen Staates Israel gerinnen. Typisch dabei die Doppelbödigkeit ihrer Sicht, dass sie als Präsidentin einer Institution, die die Neuetablierung jüdischen Lebens in Deutschland auf ihre Fahnen geschrieben hat, sich zugleich auch des zur paranoiden Ideologie verfestigten Arguments bedienen darf, dass die Juden nicht wüssten, „was die Zukunft in anderen Ländern für sie bereithält".

Den von Charlotte Knobloch erkannten Antisemitismus der Linken machte ihr Zentralratskollege, Generalsekretär Stephan J. Kramer, am 16. Mai 2010 allgemeiner in Teilen der deutschen Medienlandschaft aus. Freilich seien „nicht nur rechte, sondern auch linke Blätter" betroffen, wie er im Interview mit dem Nachrichtenmagazin „Focus" sagte: „Er nannte die ‚Tageszeitung' (taz), ‚Junge Welt' und ‚Neues Deutschland' als Beispiele. Der Antisemitismus zeige sich im linken Medienspektrum in ‚einer kompromisslosen Parteinahme für die palästinensische Position'. Israel werde dabei als rassistischer und imperialistischer Kolonialstaat gezeichnet. Kramer zufolge gebe es antisemitische Passagen auch im Berliner ‚Tagesspiegel' und in der ‚Frankfurter Allgemeinen Zeitung'. Der Ton gegenüber Juden sei härter geworden, kritisierte er".[151] Dass Kramer eine von ihm als solche apostrophierte „kompromisslose Parteinahme für die palästinensische Position" gleich als Antisemitismus deuten musste, wundert nicht. Gerade weil die deutsche unter allen „diasporischen" Gemeinschaften der israelischen politischen Kultur die missliebigste, um nicht zu sagen: verachtetste, ist, kann sich die etablierte Repräsentanz dieser Gemeinschaft in ihrer performativen Israelsolidarität nicht hoch genug tun. Dass sich Kramer nie einfallen ließe, „kompromisslose Parteinahme" für die israelische Position als kruden Philosemitismus zu deuten (welcher bekanntlich im Hinblick auf das Ressentiment Juden gegenüber dem Antisemitismus in nichts nachsteht), sei nur nebenbei erwähnt. Von zentraler Bedeutung ist jedoch, dass der Generalsekretär mit seiner Besudelung der deutschen Presseorgane sich dem proklamierten Zeitgeist der hohen deutschen Politik verschwistert wissen darf (im April 2010 warnte die deutsche Bundeskanzlerin „vor neuem Antisemitismus in Deutschland"[152]), sich „Israel" zudem andienen und sich zugleich als mutiger Vertreter der Juden in Deutschland profilieren kann, lässt ihn dabei mehrere Fliegen mit einer Klappe schlagen. Verdenken kann man es ihm nicht. Er und seinesgleichen leben ja öffentlich davon, dass sie den Antisemitismus-Vorwurf zur Mehrung ihres nur in Deutschland ihnen ermöglichten politischen Kapitals immer wieder instrumentalisieren. Dass es aber offenbar keinen Aufschrei der betroffenen Presseorgane gegen den Vorwurf gegeben hat (beispielsweise der „Tageszeitung", die sich zwei Monate zuvor gerade mit einem Artikel gegen die

Israelkritiker Norman Finkelstein und Iris Hefets hervortat[153]), indiziert zum einen, wie weit die Wirkmächtigkeit der durch den Antisemitismus-Vorwurf hervorgerufenen Einschüchterung mittlerweile gediehen ist, zum anderen aber auch, wie beliebig einsetzbar dieses perfide Mittel des manipulativen politischen Kampfes, mithin, wie entleert der Antisemitismusbegriff selbst inzwischen geworden ist.

Aber nicht nur „antisemitische" Druckmedien sind in letzter Zeit zu Lieblingskindern eines zensorisch-paranoiden Diskurses des deutschjüdischen Establishments avanciert. Fast noch größerer Beliebtheit erfreut sich unter seinen Vertretern die Rede von „jüdischem Selbsthass" als Mittel der Desavouierung von unliebsamen jüdischen Israelkritikern. So sah sich der Historiker Arno Lustiger bemüßigt, seinen deutschen Lesern einen „kurzen Lehrgang" über „jüdischen Antisemitismus" und besagten „Selbsthass" zu verabreichen, gleichsam als Matrix der historischen Verwurzelung des aktuell Anzuprangenden.[154] Die Verleihung des Bundesverdienstkreuzes an die israelische Menschenrechtlerin Felicia Langer ließ den Journalisten Benjamin Weinthal seinen Kommentar über die gewürdigte Jüdin gleich unverhohlen pointiert mit „Jüdischer Selbsthass" betiteln.[155] Von „angewandter Judäophobie" sprach Henryk M. Broder mit Bezug auf den jüdischen Verleger Abraham Melzer und dessen Autor, den von ihm als solchen apostrophierten „Berufsüberlebenden", Hajo Meyer, weil dieser in einem Buch Aussagen über Israel und Juden traf, die Henryk Broder nicht in seinen ideologischen Kram passten.[156] Man kann sich die Auflistung weiterer Auslassungen dieser Art ersparen; sie allein könnten ein ganzes Buch füllen, was an sich schon auf den Genuss verweisen mag, mit dem die etablierte jüdische Prominenz Deutschlands ihr alt-neues Steckenpferd der schmähenden Besudelung ideologisch unverträglicher Juden auskostet. Dass solche Anmaßungen in letzter Zeit nicht mehr unwidersprochen hingenommen werden – wie etwa bei der Podiumsveranstaltung im April 2010, bei der die Vorsitzende der jüdischen Gemeinde Berlin, Lala Süsskind, einen in der „taz" erschienenen israelkritischen Artikel von der (in Deutschland lebenden) israelischen Journalistin Iris Hefets zum Anlass nahm, um sich über die Autorin kräftig auszulassen[157] –, darf nebenbei erwähnt werden, widerspiegelt aber im übrigen nicht die wirklichen Macht- und ideologischen Manipulationsverhältnisse im vorherrschenden Diskurs. Darum geht es aber auch gar nicht, sondern um Fragen, die Wesentlicheres belangen.

Historisch hat es zweifellos Erscheinungen jüdischen Selbsthasses gegeben und gibt sie vielleicht auch noch immer. Das sei gar nicht erst in Abrede gestellt. Die begrifflich-theoretische Auseinandersetzung mit diesem Phänomen hat bekanntlich Theodor Lessing bereits in den 1930er Jahren geleistet.[158] Zu fragen bleibt gleichwohl, was das, wovon Lessing sprach, mit dem zu tun haben soll, was Lustiger, Broder, Weinthal, Süsskind und ihresgleichen in der heutigen deutsch-jüdischen Prominenz israelkritischen Israelis vorwerfen. Der Selbsthass, den Theodor Lessing im Blick hatte, rührte von einem Grundzustand diasporischen Daseins her, in dem die Juden seit Beginn der *Haskala* (der jüdischen Aufklärung) innerhalb der bürgerlichen Gesellschaft lebten, in welche sie sich zu integrieren trachteten. Die Diskrepanz zwischen dem Anspruch auf Assimilation und der realen (Un)möglichkeit, diesen zu verwirklichen; zwischen dem mitgeschleppten „Makel" der Herkunft und der Mühsal seiner Verleugnung; zwischen dem, was man wollte, und dem, was man nicht durfte – diese Diskrepanz war es, die dem Hass der Juden auf sich selbst als paradigmatische Träger eines kränkend-frustrierenden gesellschaftlichen Widerspruchs zugrunde lag, und je mehr sich ihre subjektiven Ansprüche steigerten, während die objektiven Chancen ihrer Realisierung sich als perspektivlos erwiesen, schlug die Verzweiflung darüber entweder in Hass auf „die Gojim" oder eben in verinnerlichten Selbsthass um. Den Hass auf „die Gojim", welche die Emanzipation der Juden in ihren Residenzgesellschaften nicht gewährten, kanalisierte man in den Eros der zionistischen Selbstbefreiung. Hass bzw. Verachtung empfanden die im Zionismus aufgehenden Juden, wenn überhaupt, den diasporischen Juden gegenüber – Israels politische Kultur zehrt teilweise bis zum heutigen Tag davon. Den Selbsthass, den man im Zionismus ja gerade überwinden wollte, überließ man entsprechend den in der Diaspora verbliebenen Juden. In Israel lebende Zionisten pflegen sich nicht gegenseitig zu hassen, jedenfalls nicht den Juden im Gehassten – und wenn sie einander zuweilen des Selbsthasses bezichtigen, dann vor allem um das Diasporische am Sich-selbst-Hassenden hervorzuheben.

Wie also ist es zu erklären, dass in Deutschland lebende Juden vom Schlage Broders, Lustigers, Knoblochs oder Süsskinds sich das Recht herausnehmen, israelkritische Israelis als von Selbsthass angefressene Juden oder gar als „jüdische Antisemiten" zu apostrophieren? Die Antwort liegt auf der Hand: Diesen diasporischen Juden will es offenbar gar nicht in den Sinn kommen, dass sich israelische *Bürger* um *ihr* Land sorgen könnten; dass sie den von ihm beschrittenen historischen Weg fürchten, weil sie den Abgrund absehen, in den dieser Weg historisch führen muss; dass sie von den sich verfestigenden Strukturen angewidert sind, die die Zivilgesellschaft dieses Landes zerstören, seine ökonomischen, ethnischen und kulturellen Klüfte fortwährend erweitern und dabei Fremdenfeindschaft, Alltagsrassismus, Chauvinismus und Militarismus speisen und fördern. Dies kann ihnen gar nicht in den Sinn kommen, weil sie Israel nur als ein Abstraktum wahrnehmen, als Projektionsfläche ihrer diasporischen Idiosynkrasien, als das große fremde Projekt des Zionismus, dem sie letztlich nicht angehören – sie als *in Deutschland* lebende Juden am allerwenigsten. Sie müssen diejenigen besudeln, die ihnen ihre Nichtzugehörigkeit zur israelischen Realität widerspiegeln; ihre Solidarität mit Israel ist nichts als die Kompensation des Grundmangels dessen, was noch der israelkritischste aller Israelis ihnen vor hat. Und so holen sie sich dort, wo sie sich lebensgeschichtlich eingerichtet haben, das, was ihnen ihr jüdisches Sein ansonsten versagt hat: die reale Anbindung an das von ihnen selbst gesetzte Kriterium der Loyalität zum Judentum, welche sich für sie in der Israelsolidarität-aus-der-Ferne festmacht. Weil sie in Deutschland und Österreich (und nur dort) das kulturelle Kapital des Judeseins horten dürfen (das ist es ja, was die Deutschen an ihnen „wiedergutmachen"), sehen sie sich darin bestätigt, dass sie israelkritische Juden und zionismuskritische Israelis angreifen; des Wohlwollens der deutschen politischen Kultur dürfen sie sich dabei allemal gewiss sein.

„Hass" ist im hier erörterten Zusammenhang ohnehin eine unzulängliche Kategorie. Man kann auch ohne sie auskommen, um das Problem der polarisierten Kontroverse, ja selbst der Unvereinbarkeit diametral entgegengesetzter Gesinnungen zu erörtern. Aber wenn sie schon so inflationär gebraucht wird, sollte auch Folgendes klargestellt werden: So wie Broder und seinesgleichen nicht sich selbst hassen, wenn sie Felicia Langer oder Evelyn Hecht-Galinski besudeln, sondern eben die von ihnen Besudelten, so hassen auch die vermeintlich von Selbsthass zerfressenen Juden nicht sich selbst, sondern – wenn überhaupt – eben jene, die sie in kritischen Beschuss nehmen. Dass Lustiger (und wer ihm immer in seinem „Lehrgang" folgt) davon ausgeht, einen solchen Selbsthass bei jüdischen Israelkritikern ausmachen zu dürfen, basiert auf der unhaltbaren Annahme, dass das Jüdische der von ihm Geschmähten sich an „Israel" festmacht, vor allem aber auf der vollkommen irrigen Voraussetzung, dass es eine essenzielle jüdische Grundsolidarität gebe, die über allen Meinungsverschiedenheiten und Anschauungskollisionen stehe und eine stille Übereinkunft „unter Juden" von vornherein garantiere. Eine solche stille Verschworenheit gab es vielleicht beim alten diasporischen Judentum, das sich von seiner Umwelt bedroht sah. In Israel wird sie (hypokritisch genug und lippenbekenntnishaft) von politisch Rechten und paranoiden Nationalchauvinisten weiterhin gehegt. Wenn die Broders, Lustigers, Süss-

kinds und andere Ideologen des „jüdischen Selbsthasses" sich ihnen
verschwistert wissen wollen, sei es ihnen von Herzen gegönnt – in diese politische Ecke gehören sie in der Tat hin. Aber sie sollten sich stets
darüber im klaren sein, dass es genügend Juden gibt, die sich von der
Ideologie und der politischen Praxis gerade *dieser* Juden (und ihrer in
Deutschland agierenden jüdischen Apologeten) abzugrenzen trachten,
ja von der schieren Vorstellung angewidert sind, sich ihnen – als Juden
– zugezählt zu wissen. Dass Juden durch den historischen Antisemitismus und seine Exzesse „homogenisiert" worden sind, hat selbst nach
Auschwitz die innere Heterogenität der Juden nicht zu verwischen
vermocht. Was könnte mehr davon zeugen, als die lebensgeschichtliche Entscheidung von Shoah-Überlebenden, sich gerade in dem Land
niederzulassen, welches sie in eliminatorischer Absicht zum vermeintlich monolithischen Kollektiv zusammengeschweißt hatte.

Dies sollten „antideutsche" Israelbegeisterte und selbsternannte
„Antisemitenjäger" allmählich auch beherzigen lernen, wenn sie den
Antisemitismus-Begriff nicht endgültig verkommen lassen und völ-
lig entleeren möchten. Wie wollen sie sonst damit umgehen, dass sich
in den USA „JStreet",[159] eine „Israel-Lobby" kritischer Juden, und in
Europa „JCall"[160], eine sich ihr anschließende, ähnlich gesinnte Bewe-
gung, gebildet haben, die gerade aus Sorge um die Zukunft von Isra-
el und Palästina sich genötigt sehen, Israels Handhabung des blutigen
Konflikts zu kritisieren, und nicht mehr bereit sind, sich vom perfiden
Vorwurf des „Verrats" und des „Selbsthasses" einschüchtern zu lassen?
Was wollen sie mit den friedensgeleiteten Vorstellungen eines antizionistischen orthodoxen Juden vom Schlage eines Reuven Cabelman anfangen, der ganz andere Vorstellungen von Judentum, Staatlichkeit und
Menschlichkeit hat, als die, die von Israels Politik (mit wohlbekannten
Wirkungen) vertreten und verwirklicht werden?[161] Und wie wollen sie
die bemerkenswerte Aussage eines Bernard-Henri Lévy bewerten, der
sich in seiner Israelbegeisterung kaum euphorischer geben könnte und
dennoch behauptet: „Ihr habt riesige Denker, einige der Welt größten
Schriftsteller, bewundernswerte Lyriker, wundervolle Zeitungen, Inge-
nieure – aber eine schreckliche politische Schicht. Sie setzt sich aus bril-
lanten Einzelpersonen zusammen, aber sobald sie sich in der Politik
zusammentun, erweisen sie sich als Nieten"?[162] – Sind all diese Personen „jüdische Antisemiten"? Sind die kritischen Bewegungen, denen
sie sich dezidiert angeschlossen haben, von „Selbsthass" angefressen?

Wenn Juden diese Fragen bejahen zu sollen meinen, kann man kopf-
schüttelnd davon ausgehen, dass sie ihre eigene jüdisch-diasporische
Instabilität (und paranoide Weltsicht) auf andere Juden, die ihrem Um-

gang mit eigenen „jüdischen" Defiziten in die Quere gekommen sind, projizieren. Das ist erbärmlich, aber verständlich. Man kann in der Tat nur milde lächeln, wenn ein Broder, ein Weinthal oder eine Süsskind meinen, Uri Avnery, Felicia Langer oder jedem anderen Israeli ihres Kalibers, die für Israels Anstand und Moralität lebensgeschichtlich unendlich mehr getan haben, als was ihre deutsch-jüdischen Besudler je für Israels „Sicherheit" phantasiert haben, „Selbsthass" vorwerfen zu dürfen. Wenn aber nichtjüdische Deutsche (die sich auf jene Besudlungsspezialisten stützen) diesen „Vorwurf" erheben, dann handelt es sich schon um besagte handfeste Perversität, von der in diesem Band bereits mehrmals die Rede war, die indes nicht oft genug hervorgehoben und wiederholt werden kann: Sie können sich noch so selbstgefällig als „antideutsch" gebärden, ihre zutiefst *deutsche* Pathologie ist es, die in ihnen ihre verquere „Solidarität" mit einer selbstgeschaffenen Projektionsfläche für ihre geschichtsneuralgischen Bedürfnissen hochsteigen lässt. Dass gerade sie sich die Selektion zwischen „guten" und „schlechten" Juden, zwischen den von ihnen als solche apostrophierten „Präsentier-" bzw. „antisemitischen Juden" und den ihren eigenen projektiven Bedürfnissen genehmen Juden anmaßen, ist mehr nur als eine Ironie der Geschichte – in der Tendenz des latenten Ressentiments ist es deren Wiederholung.

Schlusswort

Ein von Sophia Deeg und Hermann Dierkes im Februar 2010 herausgegebener Sammelband trägt den bezeichnenden Titel „Bedingungslos für Israel? Positionen und Aktionen jenseits deutscher Befindlichkeiten".[163] Dass die in ihm versammelten Autorinnen und Autoren gute Chancen haben, vom Netzwerk des israeleuphorisierten „Antideutschtums" und seinen passionierten Verbündeten im jüdischen Establishment Deutschlands als „Antisemiten", „sich selbsthassende Juden" oder „israelfeindliche Terroristen" verschrieen zu werden, versteht sich von selbst, darf mithin unerörtert bleiben. Was sich im Titel des Bandes kodiert, sollte gleichwohl zum Abschluss des vorliegenden Bandes nochmals hervorgehoben werden.

Die Deutschen haben an den Juden Ungeheures verbrochen; die Juden haben sich nationalstaatlich in Israel konstituiert. Daher die Forderung einer *bedingungslosen* Solidarität mit Israel. Nun haben aber die Juden auch einiges an den Palästinensern verbrochen. Kann man im Wissen darum das Postulat der Bedingungslosigkeit unhinterfragt aufrechterhalten? Ja, lautet die Antwort – wenn man sich nämlich als Deutscher der Hegemonie *deutscher Befindlichkeiten* unterwirft, und wenn man als Jude darauf insistiert, dass Deutsche sich dieser Hegemonie zu unterwerfen haben. Für Juden gilt dabei das amerikanische Schlagwort „Right or wrong, my country"; für Deutsche, die „Juden" zu ihrem psychohistorischen Fetisch erhoben haben, lautet die Maxime „Right or wrong, *their* country", wobei es ihnen stets um die Integrität ihrer Befindlichkeiten, selten, wenn überhaupt je, um das reale Israel, das reale Palästina, letztlich auch um die Realität von Juden und Arabern geht. Voraussetzung dafür ist die strikte Trennung des Realen (Israels, Palästinas und der Juden) von dem, was auf dieses abstrahierte Reale aus geschichtsgeschwängerten Befindlichkeitsimpulsen projiziert wird. Entsprechend sind deutsche Solidaritätsbekundungen mit „Israel" oft genug von einem frappierenden Realitätsverlust geschlagen bzw. entscheiden sich bewusst für die Ignorierung der Realität. Welchen Gefallen man damit Israel zu tun meint, ist letztlich unerheblich, denn es geht ja nicht um Israel, sondern um den Seelenhaushalt der deutschen Kollektivität. All dies gilt natürlich auch *reziprok* für wirkliche deutsche Antisemiten bzw. für jene Deutsche, die ihren öffentlich nicht artikulierbaren Antisemitismus mit Israelkritik und Dazugehörigem kaschieren zu können meinen. Beide zeichnen sich darin aus, dass ihnen das Schicksal der im Nahen Osten miteinander kämpfenden National-

kollektive der Juden und der Palästinenser letztlich egal ist. Der deutsche Antisemitismus und die „antideutsche" Israelsolidarität können
sich darin die Hand reichen.

Denn abgesehen davon, dass mit der bornierten „Right or wrong"-
Bedingungslosigkeit auch einem Staat Israel Solidarität bekundet wird,
der tendenziell auf den historischen Abgrund zutreibt (und wer weiß:
vielleicht liegt gerade darin der subkutane Antrieb für die realitätsferne
„Liebe" zum Judenstaat), müssten sich doch zumindest Linke eine kritische Rechenschaft über diverse israelische Alltagslapalien ablegen können – etwa die, dass ein Alan Dershowitz von der Tel-Aviver Universität
die Ehrendoktorwürde verliehen bekommt und sich in seiner Feierre-
de herausnimmt, DozentInnen der Universität, die die Regierungspolitik Israels kritisieren, scharf anzugreifen, zwei von ihnen namentlich
zu benennen, und ihnen vorzuwerfen, dass sie eine geistige Diktatur betreiben, weil sie ihre politischen Meinungen den Studierenden aufzwin-
gen, wobei er sich nicht entblödet, den Inhalt dieses haltlosen Vorwurfs
mit sexueller Belästigung zu vergleichen.[164] Zugleich brachten es israelische Behörden fertig, Noam Chomsky die Einreise ins Westjordanland zu einem Vortrag an der Universität Birzeit zu verweigern.[165] Nicht
von ungefähr hieß es im tags darauf publizierten Leitartikel der „Haaretz": „Der Vorfall der Aufhaltung des berühmten Sprachwissenschaft-
lers Prof. Noam Chomsky an der Allenby-Brücke und der Verhinderung seiner Einreise nach Israel ist ein neuer Höhepunkt im empörenden Verhalten Israels gegen jeden, der es wagt, seine Politik zu kritisieren. Israel nimmt sich als ein beleidigter Rohling aus, der versucht, den
Geist zu bekämpfen, ihn aufzuhalten und zu vertreiben".[166]

Das darf freilich nicht verwundern, wenn man bedenkt, welcher
Geist gegenwärtig Israels Politbühne dominiert. Übelste Schmähungen
im israelischen Parlament zeitigte etwa die (an sich moderate) JCall-
Petititon europäischer Juden. Die Unterzeichner wurden von rechten
Knesset-Mitgliedern pauschal des Antisemitismus und der Erweiterung
„des Risses" zwischen Europas Juden und Israel bezichtigt. Der ultra-
rechte Michael Ben-Ari verstieg sich gar zur Behauptung: „Das Phänomen des Autoantisemitismus ist eine wohlbekannte jüdische Krank-
heit. Der Selbsthass hat jüdischen Intellektuellen im nazistischen Berlin
nichts geholfen. Statt Moral zu predigen, ist es an der Zeit, dass sie ihre
Sachen packen und in ihre einzige Heimat emigrieren".[167] Und es ist
eben dieser Geist, mit dem sich die Vorsitzende der Berliner Jüdischen
Gemeinde, Lala Süsskind, verschwistert wissen darf, von der es hieß, sie
habe sich „in scharfen Worten von jüdischen Kritikern des Staates Israel distanziert. Zumindest teilweise seien das Antisemiten, mit denen

sie jede öffentliche Diskussion ablehne"; ebenso wenig würde sie den Vorsitzenden der NPD zum Gespräch einladen: „Ich möchte keine Kopiermaschine für deren Gedankengut sein". Den jüdischen Dachverband habe sie aufgerufen, sich im Nahostkonflikt deutlicher zu positionieren.[168] Angesichts solcher Gesinnungsverwandtschaft darf man sich fragen, wem der Vergleich mit dem NPD-Funktionär besser anstünde. Dass dieser Ungeist nicht nur israelische Politiker und jüdische Amtsträger in Deutschland erfasst hat, sondern im Sinne der Bedingungslosigkeits-Doktrin weite Teile der politischen Klasse Deutschlands bis hin zur Linken, ist längst bedrückend evident.[169]

Unterbelichtet bleibt dabei fast vollkommen, was der israelische Politologe Gabriel Scheffer in einem kurzen Artikel in der „Haaretz" mit der lapidaren Feststellung, Israel habe seinen eigenen Anteil daran, dass es sich internationaler Kritik ausgesetzt sehe, auf den Punkt brachte:[170] Israels einseitig abschätzige Einstellung gegenüber der UNO und internationalen Organisationen im allgemeinen, ein Zugang, der noch aus Ben Gurions Zeiten stamme, drücke sich auch im Antisemitismus-Vorwurf gegen nichtjüdische Personen, Parteien und Institutionen aus, und zwar selbst dann, wenn sie an Israel berechtigte Kritik übten. Solche Kritik hinge mit Israels unmoralischem Verhalten – etwa bei Waffenverkäufen an „aussätzige Staaten" in Südamerika, Afrika, Zentral- und Südasien – zusammen. Auch Obama und seine Regierung würden als antisemitisch apostrophiert, ohne zu bedenken, welchen Anlass Israels Politik zur US-amerikanischen Kritik an Israel gebe. Und so leiste Israel auch seinen eigenen Beitrag zur Nichtlösung und Perpetuierung des Konflikts mit den Palästinensern, was sich nicht zuletzt in der Diskrepanz zwischen Lippenbekenntnissen und der ausbleibenden Realisierung von Proklamiertem niederschlage. Ähnliches lasse sich über die erstrebte Verhinderung der Nuklearisierung Irans und Syriens sagen; Irans Reaktion erkläre sich nicht zuletzt aus dem Wissen um Israels nukleares Vermögen. Dies, behauptet Scheffer, seien nur einige Beispiele für Israels Beitrag zur begründeten Kritik an seiner Politik, was ihn zur Schlussfolgerung gelangen lässt: „Wenn die Regierung ernsthaft vorhat, das Verhältnis zu Israel von Grund auf zu verändern – was freilich als höchst zweifelhaft gelten darf –, muss es den Balken im eigenen Auge sehen und verstehen, dass jeder Konflikt und jede Kollision stets zweiseitig sind, und dass eben auch Israel, wie denn die andere Seite, Gravierendes zum Verlauf der Prozesse in seinem Umfeld beitrage".

Die von Gabriel Scheffer erörterte Ignorierung der eklatanten Selbstverschuldung dessen, wofür der Vorwurf des Antisemitismus allzeit bereitsteht, korrespondiert eng mit dem, „was die Israelis nicht wissen

wollen", wie es vom israelischen Autor und Publizisten Yitzhak Laor
benannt wird.[171] Eine vom Tami Steinmetz-Zentrum für Friedensfor-
schung an der Tel-Aviver Universität veröffentlichte Untersuchung
habe erwiesen, dass es ein Thema gebe, über welches der allergrößte
Teil der jüdischen Bevölkerung Israels nichts hören möchte: die Unterdrückung der Palästinenser. Nicht um Geheimhaltung handle es sich
dabei, sondern um Leugnung. Schlimmer: „Was sich in den besetzten
Gebieten ereignet, wird zum Tabu. Nicht nur will man nicht wissen,
weil es was zu wissen gibt (sonst würde man sich nicht zu wissen weigern). Das Militär wird für die einzig legitime Informationsquelle für
das erachtet, was sich in den besetzten Gebieten zuträgt. Aber das Militär lügt, gelinde gesagt. Die von ihm verwendete Sprache, um auf ge-
waltlose palästinensische Demonstranten abgefeuerte Schüsse zu be-
schreiben, ist voller Euphemismen; und selbst die Notwendigkeit, [Ge-
schehenes] zu erklären, kommt nur dann auf, wenn eine Organisation
wie ,B'Tselem' Photographien veröffentlicht, auf denen z.b. zu sehen
ist, wie die Siedler schießen und das Militär sich nicht rührt. Das ist ein
Beispiel für die Art von Taten, von denen die Israelis nichts wissen wollen". Laor erörtert diesen Zustand wie folgt: „Die [besetzten] Gebiete
sind fern. Die Palästinenser leben in der Ferne. Für dieses Trugbild ist
die Mauer verantwortlich, die separaten Straßen, das Militär und die
Fernsehnachrichten. ,Judäa und Samaria' sind nah. Die Siedler leben
unter uns. Sie werden aufgenommen, ihre Häuser werden aufgenommen. Sie sind im Militär. Sie sind das Militär. Aber die Trennung zwischen den ganz Nahen, den Wahlberechtigten, den Inhabern von Waffen, Rechten und Budgets, und denen, die in gleicher physischer Entfernung leben, aber entfernt bleiben müssen, jenseits der Mauern, der
Zäune, der Sperren – diese Trennung wird mithilfe der Weigerung zu
wissen vollzogen. Kraft der Leugnung". Die Auswirkung ist, wie Laor
aufzeigt, in jeglicher Hinsicht horrend: „Im Namen der Weigerung zu
wissen werden Menschenrechtsorganisationen schlicht und ergreifend
verfolgt. Wissensverbot bedeutet, dass das Bewusstsein sich nicht frei
an Tatsachen, Bildern, Stimmen und Optionen schärfen darf – all das
hätte das Bewusstsein des Israeli konstituieren sollen, der fünf Minuten
von einem unglaublichen Zustand lebt: 43 Jahre Militärdiktatur über
ein anderes Volk. Die sicherheitsmäßigen Argumente erweisen sich als
harmlos gegenüber dem Gegenargument: dass die Sicherheitslage sich
von der Vertreibung, der Beherrschung von Naturressourcen und den
über die Lebenswelten fortwährend verhängten Restriktionen ableitet.
Aber dieses andere Argument kommt gegen die israelische Denkweise
gar nicht erst an: Wir sind hier, und sie sind nicht hier. Die einzige Frei-

heit ist die Freiheit zu sein und das, was die Sicherheit des leugnenden Bewusstseins in Zweifel zieht, zu eliminieren".

Es gibt also „gute Gründe" für das falsche israelische Bewusstsein, welches eben vom falschen Sein bestimmt wird. Nicht nur gibt es kein richtiges Leben im falschen, sondern das ohnmächtige freie Bewusstsein kann diesen Grundumstand offenbar lediglich registrieren, ihn benennen, beklagen – *verändern* kann es ihn nicht, solange die Er- und Anerkennung dessen, was die Träger des falschen Bewusstseins anrichten, mithin dem israelischen Kollektiv selbst katastrophisch zufügen, ausbleibt. Darin manifestiert sich ja die Wirkmächtigkeit des falschen Bewusstseins: Mag der sich selbst setzende Judenstaat zugrunde gehen – Hauptsache, es wird dabei noch kräftig „Terror!" gebrüllt. Das gesamte zionistische Projekt kann kollabieren – wenn dabei nur „Antisemitismus!" gekreischt werden darf. Und wenn es schon den allermeisten Israelis anscheinend „egal" ist, ob sie auf ihre nationale Katastrophe zusteuern, kann es den ihnen im fernen Deutschland falsch Verbündeten erst recht gleichgültig sein. Sie sind ja, wie gesagt, nicht mit dem realen Israel befasst. Dass dabei das falsche Bewusstsein seine nicht immer absehbaren eigenen Wege zu gehen pflegt, müssten gerade diese Pseudoanhänger Israels, die sich von ehemaligen „antideutschen Kommunisten" zu Befürwortern der US-Geopolitik unter George W. Bush und des von ihr getragenen globalisierten Kapitalismus mit erbärmlicher Bravour entwickelt, mithin die Metamorphose von angeblichen Kommunisten zu gestandenen Neocons fertiggebracht haben, am besten wissen. Was will man ihnen aber auch vorwerfen? Gemessen daran, dass „Gute-Achse"-Juden und Vertreter der jüdischen Prominenz Deutschlands mit „Argumenten", die direkt aus dem polemischen Arsenal von Meir-Kahane-Anhängern in Israel entnommen sein könnten, aufwarten (und sich mit ihnen profilieren), ist es allzu folgerichtig, dass ihre schrillsten „antideutschen" Verbündeten über den Umweg der Islamophobie (die sich ihrerseits durchaus mit „klassischen" antisemitischen Ressentiments messen kann) in die ideologische Nähe des Kahane-Äquivalents in Europa, Neonazis in England, rücken.[172]

In der Tat, unerfindlich sind die gewundenen Wege des Antisemitismus-Vorwurfs als Herrschaftsinstrument. Dass sich Juden außerhalb Israels seiner bedienen, zeugt zumeist davon, dass sie mit ihrem „diasporischen" Dasein uneingestandenermaßen hadern. Dass er von jüdischen Israelis in Anschlag gebracht wird, indiziert, wie sehr man seiner bedarf, um die eigene Realität (samt des in dieser eigens Verbrochenen) zu bewältigen. Dass er aber zum ideologischen Modeschmuck von deutschen „Linken" verkommen konnte, bezeugt nicht nur das Elend der Linken in Deutschland, nicht nur die Misere der Bekämpfung des *realen* Antisemitismus in diesem Land, sondern auch die horrend-perfide ideologische Verdinglichung von „Shoah", „Juden", „Israel" und „Zionismus". Ein Gespenst geht um in Deutschland – das Gespenst regressiver Bewältigung der Vergangenheit.

Anmerkungen

1. Zitiert nach: Max Horkheimer, Über das Vorurteil, in: *Gesammelte Schriften*, Bd.8, Frankfurt/M 1985, S. 199.
2. *Ebd.*, S. 199f.
3. Theodor W. Adorno, *Minima Moralia. Reflexionen aus dem beschädigten Leben*, Anhang II, in: ders., *Gesammelte Schriften*, herausgegeben von Rolf Tiedemann, Bd. 4, Frankfurt/M 1997, S. 288f.
4. Shmuel Kniël, Zu spät, in: *Haaretz*, 30.12.2009, S. B2 (hebräisch).
5. http://www.nrg.co.il/online/1/ART1/749/766.html (hebräisch) [Zugriff: 1.1.2010]
6. Siehe hierzu: Tom Segev, *Die siebte Million. Der Holocaust und Israels Politik der Erinnerung*, Reinbek 1995; Moshe Zuckermann, *Zweierlei Holocaust. Der Holocaust in den politischen Kulturen Israels und Deutschlands*, Göttingen 1998; Idith Zertal, *Nation und Tod. Der Holocaust in der israelischen Öffentlichkeit*, Göttingen 2003.
7. Lily Galili, Ex-Premierministerin Golda Meir ersuchte Polen, die Einwanderung von Behinderten und Kranken zu verhindern, in: *Haaretz*, 9.12.2009, S. 1ff. (hebräisch).
8. Tom Segev, Über das Recht zur gewissen Grausamkeit, in: *Haaretz*, 10.12.2009, S. B2 (hebräisch).
9. Der Text der Rede wurde folgendem Link entnommen: http://www.meinews.net/netanyahus-t447518.html?s=aea350e9ee10fc612b6cebd73 44999e5& es handelt sich um den vom Außenministerium des Staates Israel am 24.9.2009 veröffentlichten deutschen Wortlaut der Rede. [Zugriff: 26.9.2009].
10. Gideon Levy, Netanjahus Rede in der UNO banalisiert das Andenken der Shoah, in: *Haaretz*, 25.9.2009, S. B1 (hebräisch).
11. *Ebd.*
12. http://www.ynet.co.il/articles/1,7340,L-1144208,00.html (hebräisch) [Zugriff: 16.1.2010].
13. http://www.haaretz.co.il/hasite/spages/1135501.html (hebräisch) [Zugriff: 17.1.2010].
14. Siehe hierzu: Moshe Zuckermann, Zwischen Israelkritik und Antisemitismus. Versuch einer jüdischen Positionsbestimmung, in: Hanno Loewy (Hrsg.), *Gerüchte über die Juden. Antisemitismus, Philosemitismus und aktuelle Verschwörungstheorien*, Essen 2005, S. 327-343.
15. http://www.dw-world.de/dw/article/0,,4191621,00.html [Zugriff: 17.1.2010].
16. Vgl. hierzu: Moshe Zuckermann, Dialektik des Zionismus, in: *Zeit der Lemminge. Aphorismen*, Wien 2007, S. 52
17. Gewaltbeseelte Diplomatie, in: *Haaretz*, 29.12.2009, S. B1 (hebräisch).
18. Barak Ravid, Außenminister Lieberman rügte die israelischen Botschafter: Hört auf, euch vor den Staaten der Welt zu erniedrigen, in: *Haaretz*, 3.1.2010, S. 1 (hebräisch).
19. *Ebd.*, S. 3.
20. Itamar Rabinovich, Mit dem Gesicht zur Türkei, in: *Haaretz*, 19.1.2010, S. B1 (hebräisch).
21. *Ebd.*
22. Barak Ravid und Zvi Barel, Vizeaußenminister Ayalon: Künftig werde ich mich diplomatischer ausdrücken, in: *Haaretz*, 13.1.2010, S. 3 (hebräisch).
23. Barak Ravid, Der Entschuldigungsbrief an den türkischen Botschafter verzögert sich aus Furcht vor einer Koalitionskrise mit Lieberman, in: *Haaretz*, 15.1.2010, S. 10 (hebräisch).
24. Eselei im Außenministerium, in: *Haaretz*, 13.1.2010, S. B1 (hebräisch).
25. Yossi Sarid, Wenn der Lieberman-Sklave zur Herrschaft gelangt, in: *Haaretz*, 13.1.2010, S. B1 (hebräisch).

26. Zvi Barel, Kleiner Stuhl, kleiner Mann, in: *Haaretz*, 14.1.2010, S. 4 (hebräisch).

27. Staatspolitik ist kein Zirkus", in: *Haaretz*, 15.1.2010, S. 24 (hebräisch); Doron Rosenblum, Als Narren (wenn man getrunken hat) fährt man keinen Wagen, in: *ebd.*; Yoel Marcus, Fünf Anmerkungen zur Lage, in: *ebd.*; Tom Segev, Meiner ist größer, in: *ebd.*, S. B10.

28. Benny Ziffer, Syndrom namens Antishemishmates, in: *ebd.*, S. B12.

29. Baraks Mission, , in: *Haaretz*, 17.1.2010, S. B1 (hebräisch).

30. Vgl. Zvi Barel, Ehre von Gangstern, in: *Haaretz*, 17.1.2010, S. B1 (hebräisch); Alon Edan, Arad Nir ist schuld; Immanuel Sivan, Das westliche „Höhenprinzip", in: *Haaretz*, 22.1.2010, S. 25 (hebräisch).

31. Yossi Sarid, Jetzt habt ihr euch erinnert?, in: *Haaretz*, 22.1.2010, S. 25 (hebräisch).

32. Sarid verwendet hier die Metapher von Simri und Pinchas: In der Bibel wird die Geschichte Simris erzählt, der zusammen mit seiner medianitischen Geliebten Kosbi vom Priester Pinchas getötet wurde, um Gottes Zorn über diese unstatthafte Verbindung zu lindern.

33. Shmaja Keidar, Das Israel von Deutschland angebotene Geld ist blutbeschmiert, in: *Maariv*, 29.1.1991, S. A1 (hebräisch); „Genscher: Wir werden diejenigen, die den Irak mit Waffen beliefern, vor Gericht stellen", in: *Maariv*, 29.1.1991, S. A1 (hebräisch); „Ich habe Kurs gehalten", in: *Der Spiegel*, 6 (1991), S. 23.

34. Amos Keinan, „An dich, Seite zwei", in: *Yedioth Ahronoth*, 5.3.1991, S. 19 (hebräisch).

35. Michael Rosolio, Genscher stand schockiert am Einschlagsort der Raketen, in: *Yedioth Ahronoth*, 25.1.1991, S. 2 (hebräisch); Arie Bender und Menahem Rahat, Genscher Lernte in Yad Vashem vom Gebrauch von Gas gegen Juden, in: *Maariv*, 27.1.1991, S. A11 (hebräisch).

36. Shimon Shiffer, Rami Tal und Danny Sade, Deutschland offeriert Israel Patriot-Raketen und deutsche Soldaten, in: *Yedioth Ahronoth*, 25.1.1991, S. 6 (hebräisch).

37. Avi Bettelheim, Die angekommene deutsche Lieferung ist sichtbar, andere bewegen sich im Geheimen, in: *Maariv*, 8.2.1991, Wochenendbeilage, S. 20 (hebräisch).

38. Amira Segev, David Levy errötete, aber der schamlose Shlomo Lahat schwenkte fröhlich den Umschlag, in: *Hadashot*, 25.1.1991, S. 9 (hebräisch).

39. Vgl. hierzu: http://www.themarker.com/tmc/article.jhtml?ElementId=mb20091220_29034346&from=haaretz (hebräisch) [Zugriff: 31.1.2010].

40. http://www.mdr.de/nachrichten/7044220.html [Zugriff: 1.2.2010].

41. Michael Handelsalz, Auf dem Haupt des Diebes brennt die Kippa, in: *Haaretz*, 19.1.2010, S. C3 (hebräisch).

42. Assaf Uni und Knaan Lipshitz, Netanjahu in Auschwitz: Man mus das Böse aufhalten, bevor es sein Ansinnen verwirklicht, in: *Haaretz*, 28.1.2010, S.1 (hebräisch).

43. http://www.neues-deutschland.de/artikel/164256.aufstehen-und-sitzenbleiben.html [Zugriff: 3.2.2010].

44. Ich übernehme hier die in der *fr-online* erschienene deutsche Fassung des Textes: http://www.fr-online.de/in_und_ausland/politik/meinung/?em_cnt=2243871&em_loc=1775 [Zugriff: 3.2.2010].

45. http://www.haaretz.com/hasen/spages/1146392.html [Zugriff: 6.2.2010].

46. Israel mogelt, in: *Haaretz*, 27.1.2010, S.B1 (hebräisch).

47. Amos Harel, Begründetet Antwort, , in: *Haaretz*, 1.2.2010, S.1 (hebräisch).

48. Israel entwindet sich schon wieder, in: *Haaretz*, 31.1.2010, S.B1 (hebräisch).

49. Akiva Eldar, Schabak-Direktor drohte Abbas: Verzichte auf Goldstone oder „wir verwandeln die Westbank in ein zweites Gaza", in: *Haaretz*, 17.1.2010, S.1 (hebräisch).

50. Barak Ravid, USA an Israel: Lockert die Abriegelung um den Goldstone-Bericht zu stoppen, in: *Haaretz*, 4.2.2010, S.3 (hebräisch).

51. http://www.ynet.co.il/articles/0,7340,L-3839006,00.html (hebräisch)
[Zugriff: 16.2.2010].
52. *Ebd.*
53. Anzeige, in: *Haaretz*, 4.2.2010, S.1 (hebräisch).
54. Haim Levinson, Der Preis: So vollführen die Siedler Rache an den Palästinensern, in: *Haaretz*, 27.1.2010, S.1 (hebräisch).
55. Haim Levinson, Rechte Knesset-Abgeordnete unterzeichnen einen Aufruf zur, Rebellion in der Westbank, in: *Haaretz*, 24.12.2009, S.5 (hebräisch).
56. Akiva Eldar, Die freudig Pflanzenden, in: *Haaretz*, 26.1.2010, S.B2 (hebräisch).
57. Trotz Verfügung des Obersten Gerichtshofes – der Bau in der Siedlung Kiryat Netafim wird fortgesetzt, in: *Haaretz*, 24.1.2010, S.3 (hebräisch).
58. http://www.haaretz.co.il/hasite/spages/1140120.html (hebräisch)
[Zugriff: 18.2.2010]
59. Akiva Eldar und Idith Zertal, *Herren des Landes. Israel und die Siedlerbewegung seit 1967*, München 2007.
60. Akiva Eldar, Sagt nicht Apartheid, in: *Haaretz*, 4.1.2010, S.B1 (hebräisch).Siehe auch: Seev Segal, Der oberste Gerichtshof zwingt eine Strase auf, in: *ebd.*
61. Karni Eldad, So wie Rosa Parks, in; *Haaretz*, 29.12.2010, S.B1 (hebräisch).
62. Siehe hierzu: Meron Benvenisti, Eine Lektion in Addition, in: *Wochenend- Magazin der Haaretz*, 22.1.2010, S.29ff. (hebräisch). Benvenistis Diagnose der Irreversibilität ist zwar nicht neu, ihre Triftigkeit scheint aber gegenwärtig an ihren historischen Kulminationspunkt gelangt zu sein.
63. Wir glauben ihm nicht, in: Haaretz, 30.12.2009, S.B1 (hebräisch); Uri Weiss, „Apartheid im Namen des Obersten Gerichtshofes", in: *Haaretz*, 17.1.2010, S.B2 (hebräisch); Shlomo Shamir und Haim Leninson, Der Sicherheitsausschuss der Vereinten Nationen tagt über Gewalt der Siedler, in: *Haaretz*, 28.1.2010, S.4 (hebräisch); Die Pflicht, in Bil'in zu demonstrieren, in: *Haaretz*, 22.2.2010, S.B1 (hebräisch).
64. Haim Levinson, Die Siedler: „Die neue palästinensische Stadt wird die Umgebung verschmutzen und Verkehrsstaus verursachen, in: *Haaretz*, 24.2.2010, S.10 (hebräisch); Haim Levinson und Avi Isasharov, Palästinenser in Konfrontation mit Soldaten in Hebron, und Siedler veranstalten eine Zeremonie zum Andenken Baruch Goldsteins, in: *Haaretz*, 28.2.2010, S.3 (hebräisch).
65. Shai Grinberg und Neta Achituv, Gehasst, in: *Ha'ir*, 11.12.2009, S.34-39 (hebräisch)
66. http://de.indymedia.org/2009/12/269408.shtml
67. Nir Hasson, Beinish rügte die Polizei und beschloss: Der Protest in Sheikh Jarrah muss zugelassen werden, in: *Haaretz*, 5.3.2010, S.1 (hebräisch).
68. Siehe hierzu: http://www.andremarty.com/index.php?/archives/475-Der-Krieg-gegen-das-Voelkerrecht.html
Siehe auch: Jonathan Lis, Naomi Chazan ist gerade stolz auf ihre Verbindung zum NIF, in: *Haaretz*, 5.2.2010, S.6 (hebräisch); Gideon Levy, Unsere Hörner, in *Haaretz*, 7.2.2010, S.B1 (hebräisch).
69. Unzulässiger Kampf gegen den Protest, in: *Haaretz*, 12.2.2010, S.B1 (hebräisch).
70. Akiva Eldar, Bei uns gibt es keine Hetze, in: *Haaretz*, 12.1.2010, S.B2 (hebräisch).
71. Siehe z.B.: Moshe Zuckermann, *Shoah ba'cheder ha'atum* (= *Shoah im abgedichteten Zimmer. Die "Shoah" in der israelischen Presse zur Zeit des Golfkrieges*), Tel-Aviv 1993 (hebräisch).
72. Barak Revid, Bericht des Außenministeriums: Die USA nähern sich den palästinensischen Positionen, in: *Haaretz*, 7.3.2010, S.1 (hebräisch).
73. Liel Kaiser, Avi Isasharov, Shlomo Shamir und Zvi Barel, Das erste Mal seit 9 Jahren: Steine sind an der Klagemauer geworfen worden, in: *ebd.*, S.2 (hebräisch).
74. Avi Isasharov, Olivenszweig und Stein, in: *ebd.*, S.1f. (hebräisch).

75. Amos Harel, EineWarnungsmission, in: *ebd.*, S.1f. (hebräisch).

76. Noa Koshrak und Nirit Enderman, Der Film „Ajami" wird heute nacht um den Oscar konkurrieren, im Stadtteil demonstrierte man gegen Polizeigewalt, in: *ebd.*, S.1f. (hebräisch).

77. http://e.walla.co.il/?w=/1/1650421 (hebräisch)

78. Or Kashti, Erhebung: Mehr als die Hälfte der Jugendlichen unterstützen die Beschränkung der Rechte arabischer Bürger, in: *Haaretz*, 11.3.2010, S.1f. (hebräisch).

79. Nirit Endernman, Bis sich die Realität ändern wird, in: *Haaretz*, 9.3.2010, S.C2 (hebräisch).

80. Anshil Pepper, März-Jahrgang 2010 beginnt seinen Weg: höchste Motivation, in Kampfeinheiten zu dienen, in: in: *Haaretz*, 7.3.2010, S.3 (hebräisch).

81. Or Kashti, Das Erziehungsministerium hat Anzeige bei der Polizei gegen aschkenasische Orthodoxe erstattet, die sich weigern, ihre Töchter zum Lernen mit orientalischen Schülerinnen zu schicken, in: : *ebd.*, S.6 (hebräisch).

82. Yair Ettinger und Jonathan Lis, Abmachungen zwischen Israel Beitenu und Shas werden eine Präzedenzveränderung im Rückkehrrecht zeitigen, in: *ebd.*, S.4 (hebräisch).

83. Alon Eidan, Wohlbehalten nach Hause zurückkehren, in: *ebd.*, S.12 (hebräisch); Jacky Houri, Familie Shalit über die TV-Serie „Die Entführten": „Gilad ist kein fiktionaler Soldat", in: *ebd.*, S.11 (hebräisch).

84. Or Kashti, Das israelische Militär verbietet seinen Soldaten, sich im Rahmen der Delegationen zu den Vernichtungslagern in Polen in Israelfahnen einzuhüllen, in: *Haaretz*, 3.3.2010, S.1 (hebräisch).

85. Zvi Barel, Erdoğan: Amerikanische Anerkennung des armenischen Genozids wird die türkisch-amerikanischen Beziehungen schädigen, in: *Haaretz*, 7.3.2010, S.5 (hebräisch).

86. Genug der Mißachtung des Obersten Gerichtshofes, in: *ebd.*, S.B1 (hebräisch).

87. Zvi Barel, Die Couch wird zurückgeholt, in: *ebd.*, (hebräisch).

88. Liron Liebman, Eine äußere Untersuchung ist nicht nötig, in: *ebd.*, (hebräisch).

89. Amira Hass, Der Sicherheitsmann-der-nicht-dort-war, ?", in: *ebd.*, S.B2 (hebräisch).

90. Avraham Burg, Wie wurde die treue Stadt zur Hure, in: *ebd.*, S.B1 (hebräisch).

91. Nir Hasson, „Nir Barkat, wirst du den Ausbruch der dritten Intifada verursachen?", in: *ebd.*, S.B2 (hebräisch).

92. Gideon Levy, Hat es nie gegeben, in: *ebd.*, S.B1 (hebräisch).93. Siehe hierzu: Moshe Zuckermann, Verdinglichte Sühne. Von Interessen und Befindlichkeiten. Anmerkungen zu den deutsch-israelischen Beziehungen, in: Klaus Holz, Heiko Kauffmann, Jobst Paul (Hrsg.), *Die Verneinung des Judentums. Antisemitismus als religiöse und säkulare Waffe*, Münster 2009, S.100ff.

94. Vgl. hierzu: Moshe Zuckermann, *Zweierlei Holocaust. Der Holocaust in den politischen Kulturen Israels und Deutschlands*, Göttingen 1998, S. 38ff.

95. Peter Sloterdijk, *Versprechen auf Deutsch*, Frankfurt/M 1990, S.17.

96. Siehe hierzu: Moshe Zuckermann, *Gedenken und Kulturindustrie. Ein Essay zur neuen deutschen Normalität*, Berlin & Bodenheim 1999, S.9ff.

97. Dazu: http://de.wikipedia.org/wiki/Tod_eines_Kritikers [Zugriff: 2.5.2010]

98. Vergleiche: http://pannwitzblick.com/infopool/politik/meinung/pmof0026.html [Zugriff: 2.5.2010]

99. Akiva Eldar, Plage der Finsternis, in: *Haaretz*, 29.3.2010, S.20 (hebräisch).

100. http://www.delikanforum.net/konu/39319-tv-doku-ueber-christliche-fundamentalisten-heute-23-30-ard.html. [Zugriff: 12.4.2010]
Vgl. auch: http://hamburg.blogsport.de/2009/10/02/obamaein-weltfremder-utopist/ [Zugriff: 26.4.2010]

101. Vergleiche: http://www.bookrags.com/tandf/ka-tzetnik-135633-tf/
[Zugriff: 26.4.2010]
102. Theodor W. Adorno, *Negative Dialektik*, Frankfurt/M. 1982, S.358.
103. Vgl. Anmerkung 3 in diesem Band.
104. Adorno, (wie Anm. 102), S.358.
105. http://www.taz.de/1/debatte/theorie/artikel/1/vergleichen-heisst-nicht-gleichset-
zen/ [Zugriff: 26.4.2010]
106. Max Horkheimer, Zur Kritik der instrumentellen Vernunft, in: ders., *Gesammelte
Schriften*, Bd.6, Frankfurt/M 1991, S.43.
107. Vilfredo Preto, Die Derivationen, in: kurt Lwnk (Hrsg.), *Ideologie: Ideologiekritik
und Wissenssoziologie*, Darmstadt und Neuwied 1978, S.175ff.
108. Der volle Wortlaut der Rede:
http://www.bundesregierung.de/Content/DE/Archiv16/Rede/2008/03/2008-
03-18-rede-merkel-vor-der-knesset.html [Zugriff: 30.4.2010]
109. http://www.haaretz.com/hasite/spages/965944.html?more=1 (hebräisch)
[Zugriff: 30.4.2010].
110. „Staatsräson", in: Dieter Nohlen (Hrsg.), *Kleines Lexikon der Politik*, München
2007.
111. Or Kashti, 2009: Anstieg von 100% in der Anzahl gewalttätiger antisemitischer
Vorfälle, in: *Haaretz*, 12.4.2010, S.4 (hebräisch).
112. Vgl. Anm. 66.
113. Die englische Fassung des Briefes findet sich in: http://www.facebook.com/
notes/the-elie-wiesel-foundation-for-humanity/for-jerusalem/381726563142 [Zugriff:
30.4.2010]
Wiesel selbst stellte zwar in Abrede, dass er mit seinem Brief Netanjahu und seine Politik unterstützen wollte; man darf gleichwohl seiner Beteuerung getrost misstrauen. Vergleiche: Natasha Mozgovaya, Der Kampf um Jerusalem, der Kampf um Washington, in:
Haaretz, 23.4.2010, S.B2 (hebräisch).
114. Yossi Sarid, Für Jerusalem, in: *Haaretz*, 18.4.2010, S.7 (hebräisch).
115. So etwa der Politikwissenschaftler Zeev Sternhell und der ehemalige Vorsitzende der Knesset, Avraham Burg, die Wiesel nach Sheikh Jarrah einluden, damit er sich
über die Zustände im Ostteil der israelischen Hauptstadt informiere. Vgl. hierzu: http://
www.haaretz.com/hasite/spages/1164716.html (hebräisch) [Zugriff: 30.4.2010].
116. http://www.haaretz.co.il/hasite/spages/1164116.html (hebräisch) [Zugriff:
30.4.2010].
117. Siehe exemplarisch:(a) http://www.haaretz.com/hasen/spages/1157061.html [Zu-
griff: 30.4.2010]; (b)http://www.spiegel.de/politik/ausland/0,1518,538276,00.html [Zu-
griff: 30.4.2010]; (c) http://www.kultur-fibel.de/Kultur%20Fibel%20Magazin%20Lite
ratur,Essays,Philosophie,Notizen_9_1.htm [Zugriff: 30.4.2010]; und auch:
http://www.faz.net/s/RubCF3AEB154CE64960822FA5429A182360/Doc~E3E9
C9E863D284A03AD229EF34A846359~ATpl~Ecommon~Scontent.html [Zugriff:
30.4.2010].
118. http://www.schattenblick.de/infopool/politik/report/prber025.html [Zugriff:
25.4.2010]
119. Naomi Gal, „Ich hatte ein inneres Bedürfnis zu kommen", in: *Yedioth Ahronoth*,
25.1.1991, S. 8 (hebräisch).
120. Vardi Ben-Yaakov, „Wir dürfen und an die Gewöhnung nicht gewöhnen", in:
Maariv, 31.1.1991, S. B1 (hebräisch).
121. Yaron London, „Ich kehre jetzt nach 1940 zurück", in: *Yedioth Ahronoth*, 1.2.1991,
Magazin *7 Tage*, S. 10 (hebräisch). London charakterisierte Lanzmann als einen „mü-
den, pessimistischen Juden, für den sich unser Schicksal in überhistorischen Kategori-

en entscheide. ‚Etwas' am jüdischen Schicksal, das sich in keinem rationalen Maßstab erfassen lasse".
122. Evelyn Finger, Darum Israel, in: http://www.zeit.de/2010/03/Lanzmann [Zugriff: 16.1.2010]
123. Romain Leick, Der fremde Blick, in: http://www.spiegel.de/kultur/gesellschaft/0,1518,673719,00.html [Zugriff: 2.5.2010].
124. Henryk Broder, Geschichten von der Waterkant, in: http://www.achgut.com/dadgdx/index.php/dadgd/article/geschichten_von_der_waterkant/
125. Vergleiche: http://www.badische-zeitung.de/waldkirch/junge-union-will-filmzeigen--26051398.html [Zugriff: 2.5.2010].
126. Moishe Postone, Hamburg 2009 – another German Autumn, in: http://b-g-h-u.blogspot.com/2009/12/moishe-postone-hamburg-2009-another.html [Zugriff: 2.5.2010]. Und wenn sich Postone schon zu hanebüchenen Vergleichen meinte versteigen zu sollen, konnte kein Zweifel darüber bestehen, wie gestandene Vertreter „antideutscher" Gesinnung die Hysterie schüren und ausschlachten würden: In einer Sendung des Hamburger Freies Sender Kombinat (FSK) vom 2.3.2010 wurde die Verhinderung des Lanzmann-Films als „volksgemeinschaftliche Tat" bezeichnet, die sich „unter für die Täter günstigeren Umständen zum Pogrom ausweitet". Darüber hinaus wurden den Aktivisten des Internationalen Zentrums und seinem politischen Umfeld Tötungsabsichten unterstellt. Vgl. hierzu:
http://www.freie-radios.net/portal/content.php?id=32478
http://www.freie-radios.net/portal/content.php?id=32479 [Zugriff: 10.5.2010].
127. Doris Akrap, Wie halten wir's mit Israel, Genossen, in: http://www.taz.de/1/politik/deutschland/artikel/1/wie-halten-wirs-mit-israel-genossen/ [Zugriff: 2.5.2010].
128. Lena Kaiser, Aufklärung gescheitert, in: http://www.taz.de/1/nord/artikel/1/aufklaerung-gescheitert/ [Zugriff: 2.5.2010]; Kommentar im „Freitag": http://www.freitag.de/community/blogs/mondoprinte/hamburger-streit-um-pourquoi-israel-palaestina--israel [Zugriff: 2.5.2010].
129. Siehe etwa: Karl Reitter, Hamburger Verhältnisse, in: http://homepage.univie.ac.at/Karl.Reitter/Hamburger_Verhaeltnisse.htm [Zugriff: 1.5.2010]; oder die pointierte Persiflage: http://b-g-h-u.blog.de/2009/12/03/antisemitische-schlaeger-unmoeglich-linke-7507043/comment_ID/11691000/comment_level/1/ [Zugriff: 21.4.2010]
130. Will man sich diesem verbalen Wust aussetzen – hier eine kleine Link-Auswahl [Zugriff: 2.5.2010]. Angemerkt sei indes, dass sich noch viele Seiten mit solchen Link-Verweisen füllen ließen:
http://antiislam.wordpress.com/2009/12/07/antisemitismus-in-hamburg-linkegrohlen-wie-einst-die-sa-ss-judenschweine-und-schwuchteln/
http://archiv.mopo.de/archiv/2009/20091120/hamburg/panorama/vermummte_greifen_kino_besucher_an.html
http://austria.indymedia.org/node/16331
http://b-g-h-u.blogspot.com/2009/11/antisemitische-schlager-unmoglich.html
http://beautifulnightmare-killumbus.blogspot.com/2009/11/germans-violently-protest-opening-why.html
http://blog.zeit.de/stoerungsmelder/2009/11/04/antisemiten-verhindern-lanzmann-film-auf-st-pauli_1776
http://bonjourtristesse.wordpress.com/2009/12/13/scheis-magdeburg/
http://centurean2.wordpress.com/2009/11/22/peace-in-europe-germany-nazis-scream-%E2%80%9Cjewish-pigs%E2%80%9D-and-prevent-showing-of-documentary/

http://contested-terrain.net/blockade-of-claude-lanzmanns-film-why-israel/
http://cosmoproletarian-solidarity.blogspot.com/2009/10/wie-antizionistische-
wehrdorfler-ihren.html
http://de.indymedia.org/2009/12/268684.shtml
http://die-gruene-pest.com/showthread.php?t=23303
http://diepresse.com/home/kultur/film/523578/index.do?from=gl.home_kultur
http://die-rote-fahne.eu/headline432.html
http://www.spiegel.de/kultur/gesellschaft/0,1518,661980,00.html
http://martinblumentritt.blog-service.de/?p=27
http://www.welt.de/die-welt/kultur/literatur/article5364878/Man-haette-denen-eins-
auf-die-Muetze-geben-muessen.html
http://www.taz.de/1/nord/hamburg/artikel/1/anti-deutsche-ausgegrenzt/
http://www.pi-news.net/2009/11/linker-antisemitismus-ihr-judenschweine/
http://nokrauts.antifa.net/texte/2009-12_ScheissMagdeburg.pdf
http://www.die-linke-hh.de/politik/diskussionen/detail/mehr/2/artikel/diskussionen/
eine-inakzeptable-aktion.html
131. Grußadresse von Claude Lanzmann, in: http://www.kritikmaximierung.de/
[Zugriff: 28.4.2010].
132. Siehe hierzu: Diskussion mit Claude Lanzmann – Zu viel Ehrfurcht vor dem Star-
gast, in: http://www.abendblatt.de/kultur-live/article1348619/Zu-viel-Ehrfurcht-vor-
dem-Stargast.html [Zugriff: 22.3.2010]; Günther Jacob, Ein Ende DIESER Zensur, in:
http://www.wadinet.de/blog/?p=2460#more-2460 [Zugriff: 16.4.2010]; Hamburger
Musikclub Übel & Gefährlich und Regisseur Claude Lanzmann beteiligen sich an „antideutscher" Kampagne gegen Linke. Zur Vorführung des Films „Warum Israel" am 18.
Januar 2010, in: http://kommunistischeassoziation.wordpress.com/presseerklarungen/
hamburger-musikclub-ubel-gefahrlich-und-regisseur-claude-lanzmann-beteiligen-
sich-an-antideutscher-kampagne-gegen-linke-zur-vorfuhrung-des-films-warum-
israel-am-18-januar-2010/ [Zugriff: 2.5.2010]; die audiale Aufnahme der Debatte zwischen Claude Lanzmann, Max Dax, Klaus Theweleit und Hermann Gremliza, in:
http://podster.de/episode/1245713 [Zugriff: 2.5.2010].
133. Spielt nie mehr die Herren, in: *Der Freitag*, 10.12.2009, S. 15.
134. Es darf keine antisemitische Filmzensur in Hamburg geben!, in:
http://blog.zeit.de/stoerungsmelder/2009/12/01/es-darf-keine-antisemitische-
filmzensur-in-hamburg-geben_2053 [Zugriff: 2.5.2010].
135. Finkelstein und die Instrumentalisierung der Vergangenheit. Reflexionen aus israelischer Sicht, in: Rolf Surmann (Hrsg.), *Das Finkelstein-Alibi. "Holocaust-Industrie"
und Tätergesellschaft*, Köln 2001, S.72ff.
136. Norman Finkelstein, *Die Holocaustindustrie. Wie das Leiden der Juden ausgebeu-
tet wird*, München 2001.
137. Norman Finkelstein, *Antisemitismus als politische Waffe. Israel, Amerika und der
Missbrauch der Geschichte*, München 2006.
138. Absage: Finkelstein kommt nicht, in:
 http://www.uni-kassel.de/fb5/frieden/themen/Rassismus/finkelstein.html
[Zugriff: 15.5.2010].
139. Zitiert nach: http://www.rosalux.de/themen/nachricht/datum/2010/02/17/
finkelstein-vortrag-nicht-bei-der-rls.html [Zugriff: 15.5.2010]
140. http://bak-shalom.de/index.php/2010/02/22/norman-finkelstein-erfolgreich-
verhindert/ [Zugriff: 15.5.2010].
141. Die fatale Rolle der Rosa-Luxemburg-Stiftung, in:
http://steinbergrecherche.com/08dielinke.htm [Zugriff: 15.5.2010].
142. Siehe etwa den Bericht Benjamin Weinthals in der rechtslastigen englischsprachi-

gen israelischen Zeitung „Jerusalem Post". Der Autor entblödete sich nicht, auf das Niveau der Assoziation des Namens „Finkelstein" mit „Frankenstein" bzw. seinem entstellten Gehilfen (im Film: Marty Feldmann) zu degenerieren: http://www.jpost.com/JewishWorld/JewishNews/Article.aspx?id=169271 [Zugriff: 15.5.2010]; demgegenüber ein Bericht Charly Kneffels über die unmittelbaren Folgen der Finkelstein-Absage: http://www.berlinerumschau.com/index.php?set_language=de&cccpage=27022010Art ikelPolitikKneffel1 [Zugriff: 15.5.2010]; dazu auch die beschwichtigende Reaktion der Leiterin der RLS-Stiftung in Israel, Dr. Angelika Timm: http://www.neues-deutschland.de/artikel/165799.eine-neue-finkelstein-debatte.html [Zugriff: 15.5.2010].

143. Vgl. hierzu: Moshe Zuckermann, *Sechzig Jahre Israel. Die Genesis einer politischen Krise des Zionismus*, Bonn 2009, S.12ff., S.138ff.

144. Vgl. dazu: http://www.trend.infopartisan.net/trd7803/t027803.html [Zugriff: 17.5.2010].

145. http://www.trend.infopartisan.net/trd1209/t321209.html (zugriff: 17.5.2010).

146. Vgl. hierzu: http://www.nytimes.com/2007/09/06/world/middleeast/06stalags.html [Zugriff: 20.5.2010].

147. Siehe hierzu: http://en.wikipedia.org/wiki/The_Night_Porter [Zugriff: 20.5.2010].

148. Siehe hierzu: http://arbeitskreisktp.ar.ohost.de/?cat=16 [Zugriff: 12.6.2010].

149. http://lipstickisrael.blogsport.de/ [Zugriff: 11.12.2008]. Der Link existiert nicht mehr, weil der Betreiber sein Archiv offenbar (mit gutem Grund) gesäubert hat.

150. http://www.welt.de/politik/deutschland/article7586554/Knobloch-warnt-vor-linkem-Antisemitismus.html [Zugriff: 19.5.2010].

151. http://www.zentralratderjuden.de/de/topic/70.html [Zugriff: 28.5.2010].

152. *Ebd.*

153. Alexander Hasgall, Lehren aus dem Holocaust, in: http://www.taz.de/1/archiv/digitaz/artikel/?ressort=me&dig=2010%2F03%2F18%2Fa0178&cHash=3c06434df5 [Zugriff: 28.5.2010].

154. Arno Lustiger, Jüdischer Antisemitismus – Kurzer Lehrgang über den Selbsthass, in: http://www.faz.net/s/RubCF3AEB154CE64960822FA5429A182360/Doc~EE3683 FD3B4784A4F96BCD6F57DE78243~ATpl~Ecommon~Scontent.html [Zugriff: 30.5.2010].

155. http://www.welt.de/die-welt/debatte/article4206689/Juedischer-Selbsthass.html [Zugriff: 30.5.2010].

156. Siehe dazu den Beitrag in FAZ.NET: http://www.faz.net/s/RubFAE83B7DDEFD4F2882ED5B3C15AC43E2/Doc~E5FD6 9AB95AE54C788A846B7F12FA731A~ATpl~Ecommon~Scontent.html [Zugriff: 30.5.2010].

157. Vgl. hierzu: http://www.taz.de/1/debatte/theorie/artikel/1/spucken-und-schreien/ [Zugriff: 30.5.2010]; http://www.palaestina-portal.eu/Stimmen_deutsch/pilgerfahrt_nach_auschwitz_Iris_%20Hefets_und_die_juedische_gemeinde_berlin.htm [Zugriff: 30.5.2010]; http://www.taz.de/1/debatte/kommentar/artikel/1/pilgerfahrt-nach-auschwitz/ [Zugriff: 30.5.2010].

158. Theodor Lessing, *Der jüdische* Selbsthaß, Berlin 1930.

159. http://jstreet.org/ [Zugriff: 31.5.2010].

160. http://www.jcall.eu/?lang=de [Zugriff: 31.5.2010].

161. Vgl. hierzu ein mit ihm geführtes Interview: http://209.85.129.132/search?q=cache:nnxjNlqEerkJ:www.schattenblick.de/infopool/politik/report/prber023.html+Interview+Cabelman&cd=4&hl=de&ct=clnk&gl=de [Zugriff: 31.5.2010].

162. Seffi Hendler, Große Demokratie, kleine Politiker, in: *Haaretz*, 28.5.2010, S.B2 (hebräisch).
163. Sophia Deeg und Hermann Dierkes (Hrsg.), *Bedingungslos für Israel? Positionen und Aktionen jenseits deutscher Befindlichkeiten*, Köln/Karlsruhe 2010.
164. Siehe: http://2nd-ops.com/reuven/?p=61756 (hebräisch) [Zugriff: 4.6.2010].
165. Amira Hass, Israel hielt Noam Chomsky an der Allenby-Brücke auf und verhinderte seine Einreise, in: *Haaretz*, 17.5.2010, S.1 (hebräisch).
166. Gegen den Geist, in: *Haaretz*, 18.5.2010, S.18 (hebräisch).
167. Jonathan Lis, Knesset-Mitglieder: Die europäischen Intellektuellen mögen Israel nicht sagen, was zu tun sei, in: *Haaretz*, 3.5.2010, S.8 (hebräisch).
168. http://www.epd.de/ost/ost_index_75566.html [Zugriff: 4.6.2010].
169. Vgl. etwa: http://www.hintergrund.de/20100308743/politik/inland/sind-juedische-dissidenten-in-deutschland-unerwuenscht.html [Zugriff: 4.6.2010]; dazu auch: http://www.linkezeitung.de/cms/index.php?option=com_content&task=view&id=8062&Itemid=257 [Zugriff: 4.6.2010]; http://www.hintergrund.de/20100317759/politik/inland/die-linke-von-innen-umzingelt.html [Zugriff: 4.6.2010].
170. Gabi Scheffer, Sind wirklich alle nur Antisemiten?, in: *Haaretz*, 28.4.2010, S. B1 (hebräisch).
171. Yitzhak Laor, Was die Israelis nicht wissen wollen, in: *Haaretz*, 12.5.2010, S.B1 (hebräisch).
172. Vgl. hierzu: http://www.redaktion-bahamas.org/auswahl/web59-2.html [Zugriff: 5.6.2010].

Anhang

Aus Schattenblick 025 (16. Dezember 2009):
„Kein Streit unter Linken ...
Demo der Antideutschen in Hamburg"

Strategien des Konformismus

Die Auseinandersetzung mit Ideologie und Praxis der Antideut-schen scheint angesichts des offenen Bündnisses dieser Kräfte mit im-perialistischen Mächten Zeitverschwendung zu sein. Zu eindeutig ist die Befürwortung vernichtender Aggressionen der USA und Israels, zu feindselig das Verhältnis zu den Opfern dieser Kriege, zu abgehoben der Umgang mit der sozialen Frage, als dass diese Gruppierung als et-was anderes wahrgenommen werden könnte denn als Fleisch vom Flei-sche der Herrschenden. Allein der unter vielen Antideutschen ange-sagte Habitus modebewusster Selbstinszenierung demonstriert, dass sie dem Problem der Entfremdung weniger mit dem Anspruch auf Auf-hebung des Kapitalverhältnisses entgegentreten denn sich ihm mit der konsumistischen Affirmation der Warenform ausliefern. Wo Kapitalis-muskritik dazu instrumentalisiert wird, Linke unter Verdacht zu stel-len, einem strukturellen Antisemitismus zu frönen, wo die Unterstüt-zung antikolonialer Befreiungsbewegungen generell mit dem Vorwurf des völkischen Nationalismus kontaminiert, wo Antirassismus für die Apologie israelischer Besatzungspolitik vereinnahmt wird und in einen als fortschrittlich ausgewiesenen Antiislamismus umschlägt, da wird die beanspruchte emanzipatorische Substanz in dem kaum noch lar-vierten Anspruch auf Teilhaberschaft an der Stärke der Herrschenden gegen sich selbst gekehrt.

Die von der antideutschen Rechten ausgehende Kampfansage, die sich in konkreten Drohungen und Ausgrenzungsforderungen gegen radikale Linke, Sozialisten und Kommunisten artikuliert, ist in ihrer destruktiven Wirkung dennoch nicht zu unterschätzen. Das zeigt sich schon an der Hartnäckigkeit, mit der das lange Zeit marginale Phäno-men dieser Strömung es schafft, hegemoniale Positionen in linken Zu-sammenhängen zu erobern und neokonservativ zu transformieren. In-dem die Mitglieder dieser Bewegung, einen in die luftige Sphäre ab-strakter Beliebigkeit entrückten und daher nicht mehr auf die Überwin-dung herrschender Verhältnisse anwendbaren Begriff des Kommunis-mus auf den Lippen führend, ihren Platz auf der Seite der Sieger im So-

zialkampf des kapitalistischen Weltsystems einnehmen, beleidigen sie
alle Menschen und Bewegungen mit der Mimikry bloßer Posen, die es
ernst meinen mit dem Eintreten für die Schwachen und der Überwindung von Ausbeutung und Unterdrückung.

Längst nehmen nicht mehr nur bürgerliche Medien die Auseinandersetzung zwischen Linken und Antideutschen als Konflikt innerhalb
der radikalen Linken wahr. Fernab jedes streitbaren Begriffs, auf den
herrschende Gewaltverhältnisse zu bringen sind, um eindeutig Position
beziehen und in den Kampf um die gesellschaftliche Hegemonie ein-
bringen zu können, lassen sich nicht nur junge Aktivistinnen und Aktivisten mit kulturalistischen, identitätspolitischen und postmodernen
Theoremen indoktrinieren, die die zum Begreifen und Weiterentwick-
keln sozialer Widerspruchslagen erforderliche Kritikfähigkeit schon
im Ansatz negieren. Simple, für jeden Menschen nachvollziehbare
Überzeugungen wie die, dass es inakzeptabel ist, andere Menschen zu
quälen, zu ermorden und ihrer Lebensgrundlagen zu berauben, werden
beim Erwirtschaften konformistischer Anschlussmöglichkeiten nicht
nur vergessen. Sie schlagen, wie die Gutheißung US-amerikanischer
und israelischer Kriegführung zeigt, in der Praxis sozialdarwinistischer
Selbstbehauptung in ihr Gegenteil um.

So absurd es erscheinen mag, die Verfechter internationalistischer
Positionen mit antinationalen Parolen niederzumachen und dabei US-
amerikanische und israelische Nationalfahnen zu schwenken, so zweckrational ist die Kombination von linker Rhetorik und proisraelischer
Parteinahme. In beiden Fällen werden Kategorien verabsolutiert, um
Scheinwidersprüche zu postulieren, die die Aktualität des globalen So-
zialkampfs überlagern und die Bruchlinien dieser Auseinandersetzung
mit national aufgestellten Kollektivideologien aufladen. So können die
Antideutschen den Versuch der Palästinenser, das zerrissene Gewebe
ihrer Gesellschaft im Notfall auch mit militanten Mitteln in eine staatlich verfasste Lebensgrundlage zu fassen, ohne die sie dem militärisch
durchgesetzten israelischen Siedlerkolonialismus ohnmächtig ausgelie-
fert sind, nur als Ausdruck antisemitischen Hasses überzeichnen, weil
sie die Gewalt der Besatzer mit dem Anspruch, damit werde ein weiterer Holocaust verhindert, als exklusives Privileg heiligen.

Wie sehr diese Exklusivität auch immer in der Geschichte der Massenvernichtung der europäischen Juden verankert sein mag, sie unterstellt eine konstitutive Rangordnung der Menschen nach Maßgabe der
nationalen Zugehörigkeit, des religiösen Bekenntnisses, der ethnischen
Herkunft. Ohne die Verallgemeinerung zur nationalen Schicksalsge-
meinschaft lässt sich die Missachtung menschlichen Leids auf der Sei-

te der als fremd und feindlich ausgemachten anderen nicht glaubhaft
vertreten. In Israel lebende Holocaustopfer und Antizionisten werden
vereinnahmt für eine Staatsdoktrin, deren nationaler Anspruch in dem
Atemzug bestritten wird, als er gegen andere ins Feld geführt wird. Mit
dem gleichen geschichtsphilosophischen Automatismus, anhand dessen
Idealismus und Romantik als Ideologien der Massenvernichtung für das
genuin Deutsche am Holocaust verantwortlich gemacht werden, wird
der Mythos eines in den USA und Israel angesiedelten Antinationalis-
mus geschaffen, anhand dessen ein als historischer Fortschritt ausge-
wiesener qualitativer Unterschied zu allen anderen postuliert wird, der
wiederum die Basis zur völlig konträren Bewertung qualitativ gleichar-
tiger Vergehen bildet.

Dass dieser Fortschritt darin bestehen soll, die Welt nicht nur den
Raubzügen der kapitalistischen Globalisierung auszusetzen, sondern die
Durchsetzung ihrer Geschäftsordnung mit vernichtender Gewalt zu erzwingen, bildet den materiellen Kern antideutscher Ideologie. Der Bundesrepublik wird in diesem Zusammenhang zur Last gelegt, nicht rabiat
genug gegen diejenigen Länder des Südens zu Felde zu ziehen, die sich
dieser Geschäftsordnung durch Insistieren auf traditionelle Lebensfor-
men oder andere Entwürfe eigenständiger Entwicklung widersetzen.

Für das antideutsche Umerziehungsprogramm sind die Bundesbür-
ger noch nicht geschichtsvergessen genug, um die Schuld am Holocaust
eins zu eins in die Gutheißung israelischer Regierungspolitik zu übersetzen. Ihnen wird mit dem Vorwurf des „linken Antisemitismus" suggeriert, Solidarität mit den Opfern des kapitalistischen Weltsystems
stelle per se einen Angriff auf die Interessen der USA und Israels dar.
Während die selbstgewählte Rolle dieser Staaten wie der EU als Sachwalter einer ihren Interessen zuarbeitenden und damit zu Lasten aller
anderen gehenden Weltordnung kategorisch zu kritisieren ist, trifft der
von den Antideutschen erhobene Vorwurf, damit würden diese Staaten
und ihre Bürger aus ideologischen Gründen pauschal diffamiert, nicht
zu. Dies lässt sich kein in seiner Analyse an Klassenwidersprüchen und
Machtinteressen ausgerichteter Linker zuschulden kommen. Genauge-
nommen trifft dieser Vorwurf seine Urheber, berufen sie sich doch auf
nationale Kategorien und überhöhen diese zu qualitativen Kriterien.

Bei der antideutschen Rechten entspricht die Ankopplung an das hegemoniale, seinen Wahrheitsanspruch so total erhebende wie das historische Material willkürlich selektierende Geschichtsbild der Abkopplung
von einer herrschaftskritischen Gesellschaftsanalyse, die keinen Unterschied unter ihren Subjekten macht, sondern Raub und Zerstörung beim
Namen der sie treibenden Interessen nennt. Der ideologische Schaum,

mit dem die Unvereinbarkeiten ihres angeblich linken Anspruchs zu-
gedeckt werden, zeichnet sich bei aller Verwirrung seiner Urheber stets
dadurch aus, dass er Anschlussfähigkeit für globalhegemoniale Interessen herstellt. Die Widersprüchlichkeit des antideutschen Argumentati-
onskonstrukts hat Methode, weil es, wenn nur offensiv genug vertreten,
den andern immer auf dem falschen Fuß erwischt. Gerade die Aporie der
Argumente, mit denen die Antideutschen das Feld einer nicht wirklich
stattfindenden, da mit Unterwerfung unter die eigenen zivilreligiösen
Dogmen oder aber Ausschluss Andersdenkender operierenden Debatte
strategisch besetzen, macht deren Kraft aus. Der Signalcharakter von ne-
gativer Empathie besetzter Begriffe wie „Nazi" oder „Schläger" wird in
Kombination mit unbelegten Vorwürfen wie dem, der andere habe „Ju-
denschwein" gerufen, zu wirkmächtigen, da für die antikommunistische
Rechtfertigungslogik verwertbare symbolpolitische Stereotypien wie
dem des „linken Antisemitismus" verdichtet, um den andern schlicht in
die Defensive zu drängen und vor der Instanz einer im politischen Main-
stream verorteten Wahrheit zu diffamieren.

Gesetzt den Fall, es gäbe unter Linken „antisemitische Schläger",
dann wäre es Sache der betroffenen Gruppierung, dieses Problem zu
beheben. Anstelle dessen jedoch werden Maximalforderungen wie die
permanente Ausgrenzung der inkriminierten Gruppe und die Schließung ihres Zentrums erhoben. Wie unschwer zu erkennen ist, verrichten die Antideutschen damit das Geschäft derjenigen, die sie von links
zu kritisieren behaupten. Dieses Vorgehen ähnelt nicht von ungefähr
dem der israelischen Regierung, die den im Verhältnis zur eigenen Zer-
störungsmacht weitgehend wirkungslosen Beschuss mit Kassam-Raketen zum Anlass nahm, ein Massaker unter der Bevölkerung Gazas
anzurichten und das auch noch als unerlässliche Maßnahme nationaler
Verteidigung auszuweisen.

Geleugnet wird in beiden Fällen das konstitutive gesellschaftliche Ge-
waltverhältnis. Linksradikale Aktivisten stehen stets einer Übermacht
staatlicher Repression gegenüber, wenn sie versuchen, die Interessen der
Opfer von Kapitalismus und Imperialismus kämpferisch zu vertreten.
Ihnen die Solidarität aufgrund ideologischer Differenzen aufzukündigen,
während dieser Kampf geführt wird, heißt nichts anderes, als die Seite zu
wechseln, so man jemals auf derselben stand. Mit welchen Windungen
und Verdrehungen konterrevolutionäre Entwicklungen Platz greifen, ist
durch das Scheitern revolutionärer Bewegungen in aller Welt hinreichend
dokumentiert. Letzten Endes siegt das bourgeoise Interesse am eigenen
Wohlergehen, das in Akzeptanz herrschender Verhältnisse und dabei insbesondere des Eigentumsbegriffs zu Lasten des andern geht, über die hu-

manistischen Prinzipien zugrundeliegende Einsicht, dass der Schmerz ohnmächtigen Ausgeliefertseins unteilbar ist.

Die Palästinenser unterliegen seit vielen Jahren der Übermacht israelischer Waffen, wenn sie versuchen, ihre erklärten Rechte durchzusetzen. Zweifellos steht ihnen, sollten sie es jemals schaffen, ob in einem gemeinsamen Staat oder zwei Staaten, unter demokratischen Bedingungen zu leben, die Auseinandersetzung um eine gerechte Gesellschaftsordnung noch bevor. Die inneren Widersprüche der Palästinenser allerdings zum Anlass zu nehmen, ihren Befreiungskampf insgesamt zu diskreditieren und ihr willkürlich in den Staub getretenes Schicksal als kulturell determinierten Entwicklungsrückstand gegenüber der aufgeklärten demokratischen Gesellschaft Israels zu erklären, ist Ausdruck einer rassistischen Suprematie, die sich universeller Werte bedient, um diese als Instrument der Unterdrückung einzusetzen und zu verraten.

Das Bejubeln Israels und der USA als vorderste Front zivilisatorischer Entwicklung hat mit dem Holocaust nichts zu tun. Dieser dient lediglich als Brückenfunktion, um den Spagat zwischen aggressiver Staatspraxis und postulierter gesellschaftlicher Emanzipation vollziehen zu können. Der aus der angeblich mit anderen Opfern genozidaler Maßnahmen unvergleichlichen Betroffenheit jüdischer Menschen abgeleitete Opfermythos antideutscher Aktivisten erweist sich durch den Versuch, als ideologische Feinde ausgemachte Linke zu aggressiven Handlungen zu provozieren, als ganz und gar nicht defensive Strategie. Wenn man es schafft, den anderen so sehr zu reizen, dass er sich zu einer unbedachten Handlung hinreißen lässt, dann hat das Opfer vermeintlich jedes Recht, nun mit allen Mitteln loszuschlagen. Das Elend dieser Rechtfertigungslogik liegt darin, nicht ad hoc aus prinzipiellen Gründen ohne jedes Kalkül auf Erfolg und Anerkennung gegen menschenfeindliche und zerstörerische Praktiken aufzustehen, sondern der Legitimation einer von herrschenden Interessen bestimmten Moral zu bedürfen.

Ganz offensichtlich wollen die Antideutschen nicht durchschauen, dass die von ihnen in Anspruch genommene Opferrolle einem hegemonialen Diskurs entspringt, der unter dem Schlagwort vom „linken Antisemitismus" nicht erst seit Aufkommen dieser Spaltungstendenz in den neunziger Jahren, sondern bereits im antikommunistischen Klima der siebziger Jahre virulent wurde. An Bewusstsein über die Methode antikommunistischer Propaganda, wie bereits in den fünfziger Jahren im Rahmen des Kongresses für kulturelle Freiheit linke Intellektuelle für sich zu rekrutieren, die sich aufgrund ihrer früheren Begeisterung für den Sowjetkommunismus besonders effizient gegen diesen einsetzen ließen, fehlt es ihnen schon deshalb, weil sie nichts anderes vorhaben, denn als organische Intellektuelle ihre Klasseninteressen gegen das sozialdelinquente Element durchzusetzen.

Der Anspruch der namen- und sprachlosen Mehrheit dieser Welt auf ein Leben unter angemessenen Bedingungen wird von den Antideutschen mit einer derartigen Selbstverständlichkeit negiert, dass die Hinwendung zu den USA und Israel nur konsequent ist. Es ist kein Zufall, dass sie damit bei sozial unterprivilegierten Minderheiten in den USA auf blankes Unverständnis stießen, sind diese doch von der neokolonialistischen Weltpolitik ihres Landes auch innerhalb seiner Grenzen mittelbar betroffen. Der Internationalismus, den Antideutsche unter Verweis auf die Multikulturalität der US-Gesellschaft und die historische Staatenlosigkeit der Juden in den USA und Israel verorten, ist ethnisch und nicht sozial determiniert. In ihm scheint genau das auf, was sie bei antiimperialistischen Internationalisten als völkische Ideologie brandmarken. Nur so lassen sich zwei hochkapitalistische, von extremen sozialen Widersprüchen gezeichnete Gesellschaften als Vorbilder idealisieren, während die nicht minder von den sozialen Problemen kapitalistischer Verwertung bestimmte Bundesrepublik zum negativen Gegenentwurf hochstilisiert wird.

Im Ergebnis geht es darum, soziale Ausgrenzung frei nach den neokonservativen Herolden Thilo Sarrazin, Henryk M. Broder und Peter Sloterdijk zu betreiben und dabei bella figura zu machen. So gering der Lohn für diese Anpassungsleistung auch sein mag, im sozialrassistischen Weltbild der Antideutschen wirkt er allemal verheißungsvoller als die Aussicht darauf, vielleicht unumkehrbar auf der Seite der Verlierer zu stehen. Antideutsche nehmen antiimperialistische Linke aufs Korn, weil deren humanistische und emanzipatorische Ideale nicht durch den Sozialdünkel der besseren Gesellschaft zu korrumpieren sind. Wenn im Namen des Antiimperialismus fragwürdige Bündnisse und Assoziationen eingegangen werden, lässt sich darüber innerhalb der Linken trefflich streiten. Antisemitische Ausfälle ebenso wie andere Formen rassistischer Diskriminierung bekämpfende internationalistische Linke als „Nazis" zu stigmatisieren und die Schließung ihrer Räumlichkeiten - was im übrigen wohl nur mit staatlicher Hilfe möglich wäre - zu fordern vollzieht den Bruch mit linker Tradition durch eindeutige Parteinahme auf der Seite der Herrschenden.

In dem seit dem 25. Oktober in internationale Dimensionen getriebenen Streit um die Verhinderung der Vorführung des Films „Warum Israel" des Regisseurs Claude Lanzmann in Hamburg geht es im Kern um den Versuch einer Schwächung der Linken. Dennoch ist es für die Widerlegung des dabei erhobenen Vorwurfs, die gegen diesen Film auf-

tretenden Aktivistinnen und Aktivisten seien „antisemitische Schläger", unerlässlich, auf die mit einer persönlichen Stellungnahme an dieser Auseinandersetzung beteiligte Person dieses berühmten Filmschaffenden einzugehen.

Claude Lanzmann - vom Résistancekämpfer zum Kriegsverklärer

Der heute 83jährige jüdische Regisseur Claude Lanzmann verkörpert in seiner Lebensgeschichte auf geradezu beispielhafte Weise die
außerordentlich erfolgreiche Überführung einer linken Vergangenheit
in eine prominente Positionierung im zeitgenössischen Medienbetrieb,
der sich in den Dienst herrschender Interessen stellt. Als Kämpfer der
Résistance, Unterzeichner des Manifests der 121 gegen den Algerien-
krieg, Mitstreiter Jean-Paul Sartres, langjähriger Lebensgefährte Simo-
ne de Beauvoirs und Herausgeber von Les Temps Modernes kann er auf
eine Vita verweisen, die ihn als genuinen Parteigänger der französischen
Linken kenntlich macht. Während aber Sartre seinen Überzeugungen
bis an sein Lebensende treu geblieben ist, verwandelte sich Lanzmann
im Laufe der Jahre von einem Widerstandskämpfer und Kommunisten
in einen überzeugten Neokonservativen.

Berühmtheit erlangte er durch seine Karriere als Filmschaffender, die
er der Auseinandersetzung mit jüdischer Identität gewidmet hat. Sein
erster Film „Warum Israel" aus dem Jahr 1972 beschäftigt sich mit dem
Staat Israel und seinem Selbstverständnis, seinem religiösen und politischen Fundament und seinen Bürgern. Dies war der Auftakt zu einer Trilogie, die mit „Shoah" (1985), worin von der Vernichtung des
europäischen Judentums und der Vorgeschichte des Staates Israel berichtet wird, fortgesetzt wurde und mit dem Film „Tsahal" (1994) ihren vorläufigen Abschluss fand. Darin befasst sich Lanzmann mit der
israelischen Armee und der Verteidigung der Existenz Israels. In dem
2001 uraufgeführten „Sobibór, 14. Oktober 1943, 16 Uhr" verarbeitete
Lanzmann Material über den Aufstand im Vernichtungslager Sobibór,
das in „Shoah" keine Verwendung gefunden hatte. Dieser Film handelt
von dem einzigen und zugleich gelungenen Aufstand, den es je in einem
solchen Lager gegeben hat.

Als Claude Lanzmanns Memoiren im März 2009 in Frankreich erschienen, stieß das umfangreiche Werk auf so viel positive Resonanz,
dass er als Literaturstar seines Landes eindrucksvoll bestätigt wurde. Wie
kann es ein ehemaliger Widerstandskämpfer und Kommunist, der für die
Unterdrückten und Entrechteten Partei ergriffen hat, zu einer derartigen Anerkennung in der bürgerlichen Gesellschaft bringen, die ihm seine

Vergangenheit nicht als Makel ankreidet, sondern im Gegenteil als un-
verzichtbare Voraussetzung einer vollendeten Konversion zugute hält?
Die Beantwortung der Frage nach den konstituierenden Elementen seiner ideologischen Transformation lässt sich aus den Schlussfolgerungen
seiner langjährigen Erforschung jüdischer Selbstbehauptung, die sich wie
ein roter Faden durch sein Filmschaffen zieht, rückschlüsseln.

In einem Interview mit der Berliner Zeitung vom 24. Januar 2009
rechtfertigte Lanzmann das vorangegangene Massaker der israelischen
Streitkräfte im Gazastreifen mit den Worten: „Die Israelis sind keine
Killer. Definitiv nicht. Sie töten, aber sie sind keine Killer, das ist nicht
in ihrem Blut." Die von ihm postulierte grundsätzliche Andersartig-
keit, wenn nicht gar Einzigartigkeit des israelischen Soldaten emanzi-
piert sich von aller denkbaren Kritik, indem sie diese Ausnahmestel-
lung aus der vorgeblichen Unvergleichlichkeit jüdischer Opfer abzuleiten versucht. Er habe sich in seinem Film „Tsahal" der israelischen
Armee gewidmet, weil die Juden fähig seien, sich selbst zu verteidigen:
„Sie haben aufgehört, Opfer zu sein. Die Shoah war nicht nur ein Massaker an Unschuldigen, sie war auch ein Massaker an wehrlosen Menschen. Und die Tatsache, dass es den Israelis gelungen ist, eine eigene Armee aufzubauen, geht genau darauf zurück. Sie haben besondere
Strategien und Taktiken, um das Leben ihrer Soldaten so gut wie möglich zu schützen. Das ist einer der Gründe, weshalb sie Luftwaffen nut-
zen. Und bombardieren."

Dass Lanzmann die unschuldigen und wehrlosen Opfer auf palästinensischer Seite nicht nur in keinerlei Zusammenhang mit seinen Aussagen zur Shoah zu bringen vermag, ja sie geradezu als Notwendigkeit
zur Verteidigung des Staates Israel einfordert, dokumentiert, auf welche
Seite sich der gerade deswegen so erfolgreiche Regisseur geschlagen hat.
Lanzmann, der „Sobibór" selbst als „Wiederinbesitznahme der Gewalt
durch die Juden" bezeichnet hat, verherrlicht diese Gewalt, sofern sie
nur von jener Seite ausgeübt wird, die sich als die stärkere durchgesetzt
hat. Auf die Frage, ob er die zuvor entstandene und sehr umstrittene
Dokumentation „Tsahal" vor dem Hintergrund aktueller Gewaltexzes-
se heute anders drehen würde, verneint Lanzmann dies mit Nachdruck:
„Nein, ich würde den Film genauso drehen. Trotz allem, was man erzählt, und trotz der Propaganda, die heute verbreitet wird und in der
man die Israelis als Schlächter und Mörder darstellt. In ‚Tsahal' ging es
mir darum zu zeigen, dass diese Armee einen nicht gewalttätigen Ursprung hat. Natürlich gibt es auch in der israelischen Armee Sadisten
und Typen, die gerne töten, aber ich bin davon überzeugt, dass es weniger sind als anderswo - und ich kenne diese Armee sehr gut."

Noch deutlicher wird Claude Lanzmann in einem Gespräch mit der taz vom 9. Juni 2009. Er sei in „Tsahal" der Frage nachgegangen, warum man die Armee Israels mit anderen Augen betrachten müsse als andere Armeen und warum ein Menschenleben in Israel für wertvoller erachtet wird als anderswo. „Das hat seinen Ursprung in der Shoah, der Ermordung der Juden im Zweiten Weltkrieg. Es gibt kaum eine Familie in Israel, die nicht einen oder mehrere Tote aus der Shoah zu beklagen hätte. Die Zahl der jüdischen Todesopfer in Kriegen und bei Anschlägen muss daher um jeden Preis - und das meine ich wortwörtlich, egal wie hoch dieser sein mag - so niedrig wie möglich gehalten werden. Das ist die Maxime." Den Einwand, dass die israelischen Verluste trotz Tausender abgeschossener Raketen aus Gaza und dem Südlibanon geradezu winzig seien, will Lanzmann nicht gelten lassen. In allen Kriegen gegen Israel gehe es um dessen Vernichtung, weshalb die israelische Armee niemals verlieren dürfe. „Normale Armeen machen Gefangene. Israels Feinde machen keine Gefangenen. In meinem Film begebe ich mich in die Seele des Soldaten, der weiß, dass er verloren ist, wenn er überwältigt wird. Der Druck ist unmenschlich."

Obgleich Ariel Sharon in dem Film eine zentrale Rolle spielt, werden die Massaker von Sabra und Shatila während des ersten Libanonkriegs mit keinem Wort erwähnt. Statt dessen sieht man den späteren Premierminister Israels als Hirten in einer Herde von Schafen. Auch mit dieser höchst befremdlichen Darstellung hat Lanzmann keinerlei Probleme. Sharon habe ihm im Krieg von 1968 an der Südfront das Leben gerettet und sei ein mutiger Mann, dessen Friedensbemühungen ihn nicht überrascht hätten, weshalb dieses Motiv völlig zutreffend gewesen sei.

Hat Claude Lanzmann erst einmal die Instrumentalisierung der Shoah als einzigartige Rüstung, die jede Kritik abzuwehren vermag, durch die Staatsdoktrin Israels mitvollzogen, kennt seine Begeisterung für den Krieg keine Grenzen mehr. Dessen Logik laute: Töten, um nicht getötet zu werden. Alle redeten immer nur vom Frieden, doch gebracht habe das bis heute nichts. In „Tsahal" habe er genau gewusst, was er zu erzählen hatte: „Die Erfindung einer Armee, den Aufbau einer Armee, die Erfindung des Mutes. Diese Armee war ein Sieg des jüdischen Volkes über sich selbst. (...) In der israelischen Armee wird das Leben über alles andere gesetzt. Und gleichzeitig ist jeder Soldat der Tsahal bereit, sein Leben zu geben. Anders als in anderen Armeen dieser Welt stirbt man in der Tsahal nicht für die Ehre oder das Vaterland, sondern allein für das Leben."

Wer wie Lanzmann vollständig auszublenden vermag, dass vor den Läufen israelischer Waffen Menschen stehen, die ebenfalls um ihr Leben kämpfen, hat keine Probleme damit, den Panzer Merkava zum zentralen Motiv seines Films zu machen und die Perspektive dieser waffenstarrenden Kriegsmaschine einzunehmen: „Man kann mit Fug und Recht festhalten, dass dieser Panzer eine ganz und gar außergewöhnliche Maschine ist. Und am außergewöhnlichsten von allen Panzern ist der israelische Merkava, denn er wurde unter geradezu unmöglichen Bedingungen hergestellt. Die Panzerkommandeure lieben ihre Merkavas." Selbstverständlich sei er während der Arbeiten am Film in einem Panzer mitgefahren und habe Granaten verschossen. Auch in einem Düsenjäger sei er geflogen und habe die ersten Prototypen der Drohne gesehen. Die schlagfertige Frage des Redakteurs, ob er denn auch die Atombombe gesehen habe, verneint Lanzmann natürlich, doch fügt er rasch hinzu: „Aber ich habe die Raketen gesehen. Das waren sehr beeindruckende, kraftvolle Waffen."

Verglichen mit seinen späteren Werken, an denen man Claude Lanzmann heute messen muss, kommt „Warum Israel" vergleichsweise harmlos daher. Rückblickend findet man jedoch angelegt, was der Regisseur dabei entdeckt und für seinen weiteren Werdegang vereinnahmt hat. Dem Zweifel ehemaliger Mitstreiter im antikolonialen Kampf, ob man den neuen Gegner nach dem Sechstagekrieg nicht in der israelischen Führung verorten müsse, hielt er den Film als Beschwichtigung entgegen, dass „Israel kein Volk von Mördern, sondern ein Volk von Flüchtlingen ist." Wenn es ein gemeinsames Grundmotiv in diesem filmischen Kaleidoskop unterschiedlicher Antworten auf die Frage, was jüdisch sei, zu entdecken gibt, so ist es die Identifikation mit dem Staat Israel, der sich des Opfermythos bemächtigt hat.

Bezeichnenderweise kommen weder die Vertreibung der Palästinenser, der Landraub und die Okkupation, noch die Unterscheidung zwischen Juden und jüdischen Israelis, die Benachteiligung israelischer Palästinenser oder anderer Minderheiten zu Worte. Vordergründig ein beschwingter Streifzug durch einen Hort voller Flüchtlinge aus aller Herren Länder, die sich trotz aller Ungereimtheiten auf unerklärliche Weise immer wieder neu zusammenraufen, blendet die Hommage an die pulsierende Heimstatt der Juden die fundamentalen Widersprüche und dauerhaften Opfer dieser Staatsgründung vollkommen aus, als existierten sie nicht.

Sieht man „Warum Israel" aus heutiger Sicht, erkennt man die darin bereits deutlich angelegte ausschließliche Parteinahme für die Interessen des Staates Israel, die Lanzmann später mit der uneingeschränkten Bewunderung und Glorifizierung seiner militärischen Stärke auf die neokonservative Spitze getrieben hat.

Sozialrassisten fordern Schließung eines internationalistischen Zentrums

Obgleich Claude Lanzmann angesichts seiner Verherrlichung des Staates Israel, in der die Palästinenser allenfalls in der Zieloptik eines israelischen Panzervisiers vorkommen, ein Regisseur nach dem Geschmack der antideutschen Fraktion ist, dreht sich die aktuelle Kontroverse nicht um seinen Film „Warum Israel". Dessen Aufführung im Kino B-Movie in der Hamburger Brigittenstraße war am 25. Oktober 2009 von Aktivistinnen und Aktivisten der antiimperialistischen Linken, die sich gegen die Instrumentalisierung des Films durch die antideutsche Gruppe Kritikmaximierung verwahrten, verhindert worden. Im Internationalen Zentrum B5, dessen Räume vom benachbarten Kino B-Movie mitbenutzt werden, wollte man schlichtweg keine erklärten politischen Gegner haben, welche den israelischen und US-amerikanischen Imperialismus verherrlichen, eine bellizistische Ideologie verbreiten und islamophobe Vorurteile befördern.

Auf die Frage des Schattenblick, ob das Tischtuch zwischen den beiden Fraktionen damit endgültig zerschnitten sei, gaben die Betreiber des B5 die aufschlussreiche Antwort, dass es nie ein gemeinsames Tischtuch gegeben habe. Während Internationalisten sehr genau zwischen dem Staat Israel, dessen Regierung, den verschiedenen Teilen der israelischen Bevölkerung und Juden zu unterscheiden wüssten und daraus eine differenzierte Position ableiteten, arbeite die Gegenseite mit der platten und unzutreffenden Gleichsetzung von jüdischem Interesse mit Israel, weshalb sie jede Kritik an der Politik der israelischen Regierung und in letzter Konsequenz jede linke Position als antisemitisch diffamiere.

Bei dem Aufbau eines israelischen Checkpoints vor dem Eingang zum Kino und dessen Blockierung handelte es sich um eine aktionistische Inszenierung, die auf die aktuellen Verhältnisse in den Palästinensergebieten hinweisen sollte, die Claude Lanzmann in seinem Film „vergessen" habe. Erst nachdem die Filmaufführung abgesagt worden war und das B-Movie-Team die Szenerie verlassen hatte, kam es zu einer Auseinandersetzung zwischen Antiimperialisten und Antideutschen, in deren Verlauf Beschimpfungen und Handgreiflichkeiten ausgetauscht wurden. Zum genauen Hergang gibt es naturgemäß einander widersprechende Aussagen, wobei die herbeigerufene Polizei die später erhobenen Vorwürfe antisemitischer Schmähungen nicht bestätigen konnte. Letztere wurden von Seiten der B5-Aktivistinnen und Aktivisten nachdrücklich dementiert, wobei die Gruppe ausdrücklich betonte, dass sie ein solches Verhalten nicht tolerieren würde, da ihrer Überzeugung nach Linkssein und Antisemitismus unvereinbar seien.

Die Darstellung, ein zum Äußersten bereiter und bewaffneter linker Schlägertrupp habe Kinobesucher mit ungezügelter Brutalität traktiert, stilisiert eine Rempelei und Schubserei unter beiderseitiger Beteiligung zum Auftritt eines Sturmtrupps hoch, der eine Prügelaktion herbeigeführt habe. Diese Version ist nicht nur übertrieben, sondern verfälscht den Vorfall offenbar in der Absicht, daraus ein Wiederaufleben antisemitischer Gewalttaten - diesmal unter Beteiligung der antiimperialistischen Linken - zu konstruieren. Nachdem angebliche „antisemitische Pöbeleien" zunächst weder polizeilich festgestellt noch zur Anzeige gebracht wurden, trat Tage später ein gewisser „Lennart K." in Erscheinung, der als angeblicher Augenzeuge Vorwürfe erhob, die sofort die Runde durch die Medien machten. Zumal es sich bei dieser Person um einen erklärten Parteigänger der antideutschen Fraktion handelt, dürfte unter den geschilderten Umständen eine seriöse journalistische Bewertung des Vorfalls anhand einseitig erhobener und durch nichts bestätigter Vorwürfe allenfalls unter größten Vorbehalten und jedenfalls nicht ohne den Versuch, die Meinung der Gegenseite einzuholen, stattfinden.

Am 9. Dezember zeigte die Gruppe Sozialistische Linke (SoL) den Film „Warum Israel" im Internationalen Zentrum B5, worauf dessen Inhalt kritisch, aber in sachlicher und ruhiger Atmosphäre diskutiert wurde. Damit machte sie noch einmal deutlich, dass ihr keineswegs an einer Verhinderung der Aufführung, sondern vielmehr an einer Auseinandersetzung mit dem Werk Claude Lanzmanns gelegen ist. Dennoch zu behaupten, hier seien antisemitisch motivierte Aggressionen am Werk, die sich mit den Auftritten der SA und der Judenverfolgung unter dem Nationalsozialismus vergleichen ließen, verharmlost nicht nur auf unerträgliche Weise die damaligen Gräuel, sondern funktionalisiert sie überdies zur Bezichtigung aller Kritiker israelischer Regierungspolitik. Während Vergleiche zwischen der Besatzungspolitik Israels und der Vernichtungspolitik des NS-Staates von Antideutschen stets als Verharmlosung des Holocaust gebrandmarkt werden, fehlt ihnen die Sensibilität für historische Proportionen bei entsprechender Polemik gegen die andere Seite völlig.

Dabei bedienen szenebekannte neokonservative Fraktionen wie die Zeitschrift Bahamas, die Antideutsche Gruppe Hamburg oder die Gruppe Kritikmaximierung einen breiten Konsens des Bürgertums, der sich den Mut zum Engagement gegen den Faschismus auf die Fahnen schreibt und dabei doch völlig konform mit deutscher Regierungspolitik geht. Die bedingungslose Verteidigung des Staates Israel und dessen Gleichsetzung mit jüdischen Interessen gibt breiten Raum zur Rechtfertigung imperialistischer Kriege, Drangsalierung von Menschen is-

lamischen Glaubens und nicht zuletzt Verteufelung der Linken unter
dem fingierten Vorwurf des Antisemitismus.

So wurde aus der Mücke der Rangelei vor dem Eingang zum B-
Movie fast über Nacht der Elefant „linken antisemitischen Schläger-
tums", an dem sich das Bündnis gegen Hamburger Unzumutbarkeiten ergötzt, dessen Ergüsse von der deutschen Presselandschaft begierig aufgegriffen und endgültig zu einem Skandal überzeichnet wurden. Bedauerlicherweise schlossen sich dieser Kampagne beträchtliche Teile der ehemaligen Linken, Vertreter jüdischer Gemeinden und
Organisationen, Hochschuldozenten, Politiker jeder Couleur von
Mitgliedern der Linkspartei bis zur CDU, Künstler und zahlreiche
andere Bürger an, wie die ellenlange Auflistung der Unterstützer der
Forderung „Es darf keine antisemitische Filmzensur in Hamburg geben!" unterstreicht.

Im Rahmen der Kampagne gegen das Internationale Zentrum B5
wurde bundesweit für eine Demonstration mobilisiert, die am 13. Dezember vor der Roten Flora im Hamburger Schanzenviertel begann.
Der auf dem Aufruf der Kritikmaximierung Hamburg erhobene Vorwurf der Zensur mündete schon zu Beginn der Demo in die zentrale Forderung nach Schließung des B5. Die Unterzeichnerinnen und
Unterzeichner des Aufrufs geben ihren Namen also nicht nur für den
Schutz der Meinungsfreiheit her, sondern haben an dem Versuch Teil,
eine linksradikale Strömung mit staatsautoritärer Gewalt zu überzie-
hen. So wäre eine offizielle Verfügung zur Schließung des B5 wohl
kaum anders zu begründen als mit Hilfe eines Staatsschutzparagraphen,
der seine Betreiber als terroristische Vereinigung kriminalisiert.

Der Demonstrationszug, dessen Teilnehmerzahl je nach Quelle zwischen 200 und 500 Personen betrug, bewegte sich von der Roten Flora direkt zum B-Movie und dem im Vorhaus angesiedelten Internationalen Zentrum B5. Selbst ohne nähere Kenntnis der Positionen und
Fraktionen, die dabei aufeinander trafen, gaben Fahnen, Transparen-
te und Parolen des Demonstrationszugs über die Einstellung der Teil-
nehmer hinreichend Aufschluss. Man sah zahlreiche Flaggen Israels
und der USA, was belegte, dass es sich nur dem Schein nach um eine
Fraktion der Linken oder die Parteinahme für bedrohte Minderheiten
handelte. Hier brach sich eine Mehrheitsmeinung Bahn, die sich der
Herrschaftssicherung unter dem Deckmantel andient, für „alle Unterdrückten dieser Welt" einzustehen, wie es in einer der skandierten Parolen hieß, die in unvereinbarem Widerspruch mit der offensichtlichen
Glorifizierung neoimperialistischer Führungsmächte stand. „Wer Israel
schützt, schützt nicht nur den Staat der Juden, er schützt die westliche

Wertegemeinschaft", erklärte an anderer Stelle schon treffend Mathias Döpfner, Vorstandschef der Axel Springer AG.

Von einem großen Polizeiaufgebot begleitet und abgeschirmt, hielten die Demonstranten ihre Schlusskundgebung am Anfang der Brittenstraße ab, so dass zunächst eine beträchtliche Entfernung zwischen ihnen und den Antiimperialisten lag, die sich vor dem B5 und dem Durchgang zum B-Movie versammelt hatten. So wenig an der Wahrnehmung des Demonstrationsrechts zu rütteln ist, rückten doch größere Gruppen Antideutscher nach und nach immer näher heran, so dass am Ende nur wenige Meter zwischen den beiderseits von einer Polizeikette zurückgehaltenen Fraktionen lag. Vermutlich wäre es beim Abtausch stimmgewaltig vorgetragener Parolen geblieben, hätte nicht ein Antideutscher die Gelegenheit genutzt, um, eine Israelfahne vor sich hertragend, auf die kleinere Schar der Menschen loszustürmen, die gekommen waren, um Solidarität mit dem B5 zu bekunden. Sofort kam es zu einer Rangelei, die von der Polizei aufgelöst wurde.

Die Eskalation ging zweifelsfrei von antideutscher Seite aus, wo man offensichtlich Zwischenfälle provozieren wollte, die sich hinterher als „antisemitische Gewaltausbrüche" verwerten ließen. Die Verteidiger des B5 blieben jedoch besonnen und hielten die Stellung, ohne auf die Provokationen einzugehen. Somit ging die Strategie nicht auf, weitere Vorwände zu schaffen, um das Bündnis gegen Hamburger Unzumutbarkeiten aufzumunitionieren und der einschlägigen Pressekampagne neues Futter zu liefern. Von der Polizei freigehalten, konnte der Zugang zum B-Movie von den Besuchern ungehindert passiert werden, so dass der Film „Warum Israel" diesmal wie geplant gezeigt wurde.

Flucht in die Sicherheit der besseren Gesellschaft

Die Ausweitung eines Anlasses, bei dem die eine Seite den Fehler beging, eine Grundregel im demokratischen Diskurs zu verletzen, während die andere dies zum Anlass umfassender Ausgrenzungsforderungen nimmt, zu einem die ganze Linke und weite Teile des bürgerlichen Lagers beschäftigenden Eklat ist Symptom einer fortgesetzten und beschleunigten Fluchtbewegung. Geflohen wird die antagonistische Positionierung in einem Sozialkampf, der immer mehr zu Lasten der davon Betroffenen geht. Der seit jeher in der Linken schwelende Streit um die Frage, wie halte ich es mit Israel und den Palästinensern, hat sich spätestens mit dem Aufkommen der Antideutschen zum Katalysator linker Spaltungen entwickelt, mit denen sich die Absetzbewegung der späten siebziger Jahre, als einst radikale Linke in opportunistischen Parteien wie der der Grünen den Weg an die Macht suchten oder ihr Heil direkt in der Sicherheit bürgerlicher Karrieren fanden, beschleunigt fortsetzt. Vor dem Hintergrund mehrerer synchron verlaufender globaler Krisen und der Delegitimation des kapitalistischen Verwertungsmodells geht es mehr denn je um die Sicherung verknappter Lebensgrundlagen unter der Bedingung autoritärer Staatlichkeit. Die Hegemonie neokonservativer Ideologie in den USA hat niemals geendet, sondern übersetzt sich, durch geringfügige Kulissenverschiebungen nur leicht moderiert, auf realpolitische Konzepte ökonomischer Regulation und sozialer Organisation, die die Gestalt eines Mangelregimes annehmen.

Um die als permanentes Krisenmanagement verfasste Verteilungsordnung legitimieren zu können, bedienen sich die Herrschenden soziobiologischer Unterscheidungskriterien, anhand derer der ethnischreligiöse Rassismus die unverdächtigere Form einer wissenschaftlichen Definition der Ein- und Ausschlusskriterien kapitalistischer Vergesellschaftung annimmt. Integriert und alimentiert wird nur, wer die dazu erforderlichen Anpassungsleistungen erbringt. Wer dies nicht tut, soll selbst an seiner Misere schuld sein, wie etwa die Doktrin des Förderns und Forderns der deutschen Arbeitsgesellschaft belegt. Im Ergebnis bildet sich eine Ordnung der Gesellschaft heraus, in der klassische Kriterien sozialer Zugehörigkeit mit statistisch verifizierten Merkmalen der Delinquenz neue Stereotypien sozialrassistischen Gehalts produzieren. Wer arm, erwerbslos, alleinerziehende Mutter, Muslimin und Migrantin ist, rangiert auf der Evaluationsskala der Sozialingenieure deutlich weiter unten als derjenige, der arm, erwerbslos, Mann, Christ und Deutscher ist. Indikatoren wie Übergewicht, Nikotinkonsum und Krankheitsprävention gesellen sich den Bewertungskriterien einer Armutsverwaltung hinzu, für die allein entscheidend ist, ob sich mit derartigen Profilen Zwangsmaßnahmen erwirtschaften lassen.

Das Distinktionsstreben in westlichen Gesellschaften erklärt sich zu einem Gutteil aus dem Wissen um die Verfestigung sozialer Gegensätze, die gerade in der anwachsenden Armutsbevölkerung unumkehrbare Verhältnisse produziert. Dementsprechend vergrößert sich die Anziehungskraft der Möglichkeit, zu den Siegern zu gehören. Was angebliche Linke an den USA und Israel besonders fasziniert, ist die Hoffnung auf erfolgreiches Entkommen aus dem Sog sozialer Kämpfe, die zu führen auf der Seite der Unterlegenen immer aussichtsloser erscheint. Als geradezu notorische Verlierer symbolisieren die Palästinenser ein Schicksal, das ein Mensch aus den reichen Metropolenregionen Westeuropas keinesfalls erleiden will. Indem Antideutsche suggerieren, die Palästinenser wären selbst an ihrem desolaten Schicksal schuld, adaptieren sie

das der Krise des Kapitals gemäße Paradigma sozialrassistischer Ausgrenzung und wenden es auf einen Kolonialkonflikt an, dessen Opfer
darüber in doppelter Hinsicht, als für die Kapitalverwertung überflüs-
sige und bei der imperialistischen Landnahme störende Faktoren, ent-
menschlicht werden.

Der die Linke in Deutschland zersetzende Konflikt, mit dem der
Aufbruch der 68er-Generation vollends zunichte gemacht werden soll,
ist daher nur bedingt ideologischer Art. Er wurzelt in dem grundlegenden sozialen Antagonismus kapitalistischer Gesellschaften, wird aber
durch kulturalistische und identitätspolitische Dogmen derart über-
formt, dass sich antiemanzipatorische und antikritische Praktiken erfolgreich als fortschrittliche Positionen tarnen können. Dies gelingt allerdings nur, wenn das Interesse, sich aus systemantagonistischen Positionen zu entfernen, den Geist vernebelt und den Blick verengt. Wie
sonst als in einem Zustand geistiger Insuffizienz könnte der Vorwurf
der Zensur zu einem Opfermythos überhöht werden, während gleichzeitig mörderische Kriege, mit denen die Stimme der Betroffenen endgültig zum Schweigen gebracht wird, befürwortet werden?

Dass diese Fluchtbewegung große Anziehungskraft hat, zeigt sich
auch an der Selbstverständlichkeit, mit der das B5 als Treffpunkt von
Menschen, die vor allem gemeinsam haben, dass sie zu den Unterprivilegierten und Ausgegrenzten gehören, diffamiert wird. Wo Migran-
tinnen und Migranten, Hartz-IV-Geschädigte und linke Aktivistinnen
und Aktivisten aus und ein gehen, und sei es nur um eine warme Mahl-
zeit zu erhalten, besteht die Chance, dass sich neue Strukturen des sozialen Widerstands formieren. Eben daran scheinen immer weniger Linke
Interesse zu haben, wie auch die Absetzbewegungen in der Partei dieses
Namens zeigen.

Dass der Antisemitismusvorwurf durch eine reaktionäre Bewegung,
die schon häufig in grundlegenden und umfassenden Analysen auf diesen Begriff gebracht wurde, instrumentalisiert werden kann und eine
wachsende Anzahl bislang unentschiedener Menschen des linken Spek-
trums darin ihre politische Heimat sucht, könnte die Destruktivität des
neokonservativen Sozialrassismus nicht besser belegen. Wer es hingegen nicht nötig hat, sich über andere zu erheben, weil er niemals woan-
ders als ganz unten war, der bedarf auch in Zukunft keiner Insignien sozialer Zugehörigkeit, keiner Anerkennung der gesellschaftlichen Mehrheit und keiner Unterstützung mächtiger Hintermänner, um streitbar
für diejenigen einzutreten, die in den Annalen der Herrschenden nicht
vorkommen.